復刻版 戦争放棄編

参議院事務局編

『帝国憲法改正審議録　戦争放棄編』抜粋

（1952年）

寺島俊穂
抜粋・解説

三和書籍

まえがき

本書は、参議院事務局編『帝国憲法改正審議録　戦争放棄編』（新日本法規出版、一九五二年）を抜粋し、復刻出版したものである。原本は、本書の序文に収めた、市川正義の「「帝国憲法改正審議録」編纂について」に書かれているように、『分類帝国憲法改正審議録』のなかの一編として企画・編集され、最初に公刊されたものである。原本は、新憲法制定の精神と政府の見解を知るうえで最適の資料として、第九〇回帝国議会における貴衆両院本会議および特別委員会の議事録を国民誰しもが容易に通読し理解できるようにするために編まれた本であるが、貴重な資料であるにもかかわらず、入手困難な状況にあった。

原本を編集した参議院事務局の市川正義が記しているように、もともとの速記録は、カタカナ書きであり、漢字も旧漢字が多用されており、文末にも読点が使われていたりして、そのままのかたちでは読みづらいので、カタカナ書きをひらがな書きにし、旧字を新字に変えたりして、読者に読みやすくしている。それでも原本は、序文と目次など冒頭部分だけで二二四頁、審議録（「審議経過及び審議要録」）と附録で六六四頁、索引は一六頁で、総頁九〇〇頁を超える大著であり、複雑な構成になっているので、さらに編集を加えなければ、現代の読者には読みづらいと思われた。

そこで、本書は、原本の審議録、序文、附録などから重要部分を抜粋し、さらに解説を付け加えて作成したものである。原本には、「戦争放棄の論理構造」と題する事項別目次も付いているが、帝国議会での個別の発言に照らし合わせると理解しやすくなるので、巻末に移し、索引として用いることができるようにした。原本では、審議録には発言内容の要旨を欄外に示しているが、本書では、これを小見出しにして文中に組み込んだ。傍点やルビはそのままにしたが、小見出しはゴシック体にした。小見出しにゴシック体を使ったので、原本ではゴシック体になっている人名・件名は普通字体にした。現在ではほとんど使わない旧字や表記は、復刻版という性格上、そのままにしたが、明らかな誤植は訂正した。また、読みやすさを考慮して、難読漢字には適宜ふりがなを付けた。

このような改訂を加えているが、本書は、原本の根本精神をできうるかぎり現代の読者の益になるようなかたちで伝えることを目指して作成したものである。その際、重点を置いたのは、あくまで帝国議会での審議過程である。資料をもって語らせるという意味で、この部分はできる限り残すことにした。とはいえ、審議録自体、かなりの分量があるので、帝国憲法改正案の審議の過程でいかに質疑応答が交わされ、改正案に対する理解が深まり、第九条の条文修正に至ったかを示す部分を中心に選び、しかも、議場の臨場感が伝わるように拍手や野次などの状況記載も残した。戦争放棄の条項に関する議論の多面性を損なわないようにしたが、国体や主権や最高法規をめぐる議論は、現代からみて重要性が薄れているので、大部分割愛した。審議過程に重点を置いたのは、もとより民主主義において重要なのは決定に至るまでの過程だからである。原本では、冒頭に幣原喜重郎の「軍備全廃の決意」が載せられ、序文は吉田茂をはじめとして六人が寄稿し、そのあとに編集意図を示す「「帝国憲法改正審議録」編纂について」が載せられており、附録は、補遺も含めて二九の資料から構成されているが、それらのうち、本書では、修正箇所が明記された「大日本帝国憲法改正案」と、憲法第九条制定に重要な役割を果たしたアクターである幣原喜重郎、吉田茂、ダグラス・マッカーサー、GHQ民政局の文書を選択し、原本刊行時に作られた、参議院事務総長、近藤英明の「刊行の辞」も附録に組み込んだ。

日本国憲法の制定過程に関する資料はこれまで数多く公刊されてきたが、戦争放棄に絞って議事録をまとめたのは原本しかない。しかも、原本は、たんに記録として公刊されたのではなく、編集した参議院事務局および刊行に協力した政府関係者がいかに情熱をもって戦争放棄に関する審議過程と政府見解を一般の人びとに伝えようとしたかが伝わってくる点で、傑出した本であった。

ところで、戦後の日本政治において改憲の動きは繰り返し起こってきたが、そのターゲットが、戦争放棄を規定した第九条にあることに変わりはない。改憲に賛成か反対かは別にして、どのような議論によって戦争放棄についての認識が深められ、反対意見や疑念も率直に表明されたうえで、大多数の議員が合意するに至ったのかを知っておく必要があるだろう。帝国議会において、自衛権や安全保障についても真剣な議論がなされ、現在まで続く議論の原型が形づくられている。とくに重要なのは、帝国議会での審議をとおして戦争放棄についての立法者意思が明らかにされていることである。第九条を中心に改憲の議論を行なうとしても、先人の叡智に学び、どのような方向に進むべきかを熟慮のうえ決めていくことが、私たちの責務であろう。それこそが、戦争放棄に関する審議に焦点を当てた本を一般読者にとっても読みやすく、わかりやすいかたちで復刻出版するに至った理由である。

三和書籍が原本を抜粋して復刻出版することに決め、制作に当たった。私は、三和書籍社長の高橋考氏から依頼を受け、抜粋箇所の選択と解説の執筆に当たった。本書は、先人の努力にふたたび光を当てようとして作成した本であり、今後、憲法の改定があるとしても、過去から学び、深い議論と幅広い合意のもとでなされるための一助となることを期待している

二〇一七年九月一〇日

寺島　俊穂

復刻版　戦争放棄編　目次

参議院事務局編『帝国憲法改正審議録　戦争放棄編』（一九五二年）抜粋

索引 399

Ⅰ 序文

軍備全廃の決意

元内閣総理大臣
元衆議院議長
幣原喜重郎

あゝ八月十五日

戦後の混とんたる世相の中で、私の内閣の仕事は山ほどあつた。中でも一番重要なものは新しい憲法を起草することであつた。そしてその憲法の主眼は、世界に例のない戦争放棄、軍備全廃ということで、日本を再建するにはどうしてもこれで行かなければならんという堅い決心であつた。

これより前、私は長い浪人生活をしていて、あまり用事がないので、よく日本クラブへ出かけた。ちょうど昭和二十年八月十五日の終戦の日の朝も行つていた。すると事務員がやつて来て、今日正午に陛下の玉音放送がありますという。私は前もつてポツダム宣言受諾の事など聞いていなかつたので、何の放送ですかと訊くと、それは判りませんが、とにかくそういう予定だそうですという。二階の図書室に備付の受信機の側へ行くと、もう沢山の人が集まつている。時報が終ると、放送局のアナウンサーはこれより玉音の放送ですと告げた。一同期せずして起立した。この放送で、無条件降伏ということが判つて、みな色を失つた。放送が済んでも、黙つて立つていて、一言も発する者がない。隅の方に女の事務員が三、四人立つていたが、それがわあっと泣き出した。それで沈黙が破られ、みなハンケチを取り出して眼を拭いた。それは実に一生忘れられない、深い深い感動であつた。

聞け野人の声

もうクラブなどに居る気がしない、心中おうおうとして楽まない。家へ帰ろうと、クラブを出て電車に乗つた。そしてその電車の中で、私は再び非常な感激の場面に出逢つたのであつた。それは乗客の中に、三十代ぐらいの元気のいゝ男がいて、大きな声で、向側の乗客を呼びこう叫んだのである。

「一たい君は、こうまで、日本が追いつめられたのを知つていたのか。なぜ戦争をしなければならなかつたのか。おれは政府の発表したものを熱心に読んだが、なぜこんな大きな戦争をしなければならなかつたのか、ちつとも判らない。戦争は勝つた勝つたで、敵をひどく叩きつけたとばかり思つていると、何だ、無条件降伏じやないか。足も腰も立たぬほど負けたんじやないか。おれたちは知らん間に戦争に引入れられて、知らん間に降参する。自分は目隠しをされて屠殺場に追込まれる牛のような目に逢わされたのである。怪しからんのはわれわれを騙し討ちにした当局の連中だ」

と、盛んに怒鳴つていたが、しまいにはオイオイ泣き出した。車内の群集もこれに呼応して、そうだそうだといつてワイワイ騒ぐ。

私はこの光景を見て、深く心を打たれた。彼らのいうことはもつとも至極だと思つた。彼らの憤慨するのも無理はない。戦争はしても、それは国民全体の同意も納得も得ていない。国民は何も知らずに踊らされ、自分が戦争をしているのでなくて、軍人だけが戦争をしている。それをまるで芝居でも見るように、昨日も勝つた、今日も勝つたと、面白半分に眺めていた。そういう精神分裂の揚句、今日惨たんたる破滅の淵に突き落とされたのである。もちろんわれわれはこの苦難を克復して、日本の国家を再興しなければならんが、それにつけてもわれわれの子孫をして、再びこのような、自らの意思でもない戦争の悲惨事を味わしめぬよう、政治の組立から改めなければならぬということを、私はその時深く感じたのであつた。

日露戦争の時、私は外務省の役人をしていて、よく当時の実際を知つているが、あの時は本当に国民が政府と一緒に、あるいは軍隊と一緒に、戦争をしているという気持になつていた。その有様というものは、まあ日夜提灯行列とか、旗行列とかいうものが、何千人も外務省へやつて来て、万歳々々といつて騒いだものだ。夜になると私らの任務の一つは、玄関のところまで出て、その一行に応答することであつた。その人たちの顔を見ると、みな満面に感動と喜悦とをたたえて、その事が自分らの已むに已まれぬ仕事のように見えた。ところが今度は違う。みな黙つている。こんどの戦争では、そんな行列が外務省へやつて来なかつたと思う。それだけ国民の気持が違う。

軍備全廃の決意

私は図らずも内閣組織を命ぜられ、総理の職に就いたとき、すぐに私の頭に浮んだのは、あの電車の中の光景であつた。これは何とかしてあの野に叫ぶ国民の意思を実現すべく努めなくちやいかんと、堅く決心したのであつた。それで憲法の中に、未来永ごうそのような戦争をしないようにし、政治のやり方を変えることにした。つまり戦争を放棄し、軍備を全廃して、どこまでも民主主義に徹しなければならんということは、外の人は知らんが、私だけに関する限り、前に述べた信念からであつた。それは一種の魔力とでもいうか、見えざる力が私の頭を支配したのであつた。よくアメリカの人が日本へやつて来て、こんどの新憲法というものは、日本人の意思に反して、総司令部の方から迫られたんじやありませんかと聞かれるのだが、それは私の関する限りそうじやない、決して誰からも強いられたんじやないのである。

軍備に関しては、日本の立場からいえば、少しばかりの軍隊を持つことは、ほとんど意味がないのである。将校の任に当つてみれば幾らかでもその任務を効果的のものにしたいと考えるのは、それは当然の事であろう。外国と戦争をすれば必ず負けるに決まつているような劣弱な軍隊ならば、誰だつて真面目に軍人となつて身命を賭するような気にはならん。それでだんだんと深入りして、立派な軍隊を拵えようとする。戦争の主な原因はそこにある。中途半端な、役にも立たない軍備を持つよりも、むしろ積極的に軍備を全廃し、戦争を放棄してしまうのが、一番確実な方法だと思うのである。

も一つ、私の考えたことは、軍備などよりも強力なものは、国民の一致協力ということである。武器を持たない国民でも、それが一団となつて精神的に結束すれば、軍隊よりも強いのである。例えば現在マッカーサー元帥の占領軍が占領政策を行つている。日本の国民がそれに協力しようと努めているから、政治、経済、その他すべてが円滑に取り行われているのである。しかしもし国民すべてが彼らと協力しないという気持になつたら、果してどうなるか。占領軍としては不協力者を捕えて、占領政策違反として、これを殺すことが出来る。しかし八千万人という人間を全部殺すことは、何としたつて出来ない。数が物を言う。事実上不可能である。だから国民各自が、一つの信念、自分は正しいという気持で進むならば、徒手空拳でも恐れることはないのだ。暴漢が来て私の手をねじつて、おれに従えといつても、嫌だといつて従わなければ、最後の手段は殺すばかりである。だから日本の生きる道は、軍備よりも何よりも、正義の本道を辿つて、天下の公論に訴える、これ以外にはないと思う。

あるイギリス人の書いた「コンディションズ・オブ・ピース」（講和条件）という本を私は読んだことがあるが、その中にこういうことが書いてあつた。第一次世界大戦の際、イギリスの兵隊がドイツに侵入した。その時のやり方からして、その著者は、向うが本当の非協力主義というものでやつて来たら、何も出来るものじやないという真理を悟つた。それを司令官にいつたということである。私はこれを読んで深く感じたのであるが、日本においても、生きるか殺されるかという問題になると、今の戦争のやり方で行けば、たとえ兵隊を持つていても、殺されるときは殺される。しかも多くの武力を持つことは、財政を破綻させ、従つて、われわれは飯が食えなくなるのであるから、むしろ手に一兵をも持たない方が、かえつて安心だということになるのである。日本の行く道はこの外にない。僅かばかりの兵隊を持つよりも、むしろ軍備を全廃すべきだという不動の信念に、私は達したのである。

難航した憲法の起草

いよいよ憲法草案の審議に取りかかると、ある規定のごときは少し進み過ぎて、世の非難を受けるだろうという多少の心配もあつた。起草に関係した人たちは二晩も徹夜したことがあり、相当難航を続けたこともあり、戦争の放棄ということもその一つであつた。また憲法草案については、その文句だとか、書き方など、専門的の問題については、起草関係者が総司令部と連絡しておつたが、これも相当議論があつた。

新憲法において、天皇は日本の象徴であるといつて、「象徴」という字を用いた。私もこれはすこぶる適切な言葉だと思つた。象徴ということは、イギリスのスタチュート・オブ・ウエストミンスターという法律、これは連邦制度になつてからだから、そう古い法律じやない。その法律の中に、キングは英連邦（ブリティッシュ・コモンウェルス・オブ・ネーションズ）すなわちカナダやオーストラリアや南アフリカなどの国の主権の象徴（シンボル）であると書いてある。それから得たヒントであつた。

（幣原喜重郎著『外交五十年』より）

編者注

幣原氏のこの稿と共に、入江俊郎氏が、『時の法令』(五一号、昭二七、三、三)に寄せられた『幣原さんと戦争放棄』を併せ読まれたい。入江氏は、総司令部の『日本の新憲法』(国家学会雑誌六五巻一号、昭二六、六)、マーク・ゲインの『ニッポン日記』、および、昨年五月上院軍事外交合同委員会席上、マックアーサー元帥が試みた証言等を引用して、日本国憲法の戦争放棄について、そのイニシアティヴを取ったのは、幣原氏かマ元帥かを問題とされ、「既に幣原さんもなくなられてしまって、その間の事情をきき質すすべも失われた」となし、「少しばかり想像の翼を拡げ」て、「マックアーサー元帥は、幣原さんと会談中、よく幣原さんの真意をつかみ、おそらくは百万の味方を得たごとく感じ、自信をもつて、戦争放棄の条項を総司令部側より日本側に提出すべき参考草案の中に盛りこむことを部下に求めたのではなかろうか。」といつておられる。この想像は当らずと雖《いへど》も遠からざるものと思われるのであるが、しかし、幣原氏に「その間の事情をきき質すすべも失われた」のではない。幣原氏は幸いにして、「その間の事情」を立派に書いて遺しておかれたのである。それが、即ち、この稿である。また、最近、わが国でも問題になつた、マーク・ゲインの『ニッポン日記』によれば、「アメリカ製日本国憲法」などといつているが、幣原氏のこの稿を見れば、それが全く皮相の見に過ぎないことがわかる。この稿を本書に転載した所以である。

なお、総司令部民政局の報告書および上院軍事外交合同委員会におけるマックアーサー元帥の証言については、本書附録を参照せられたい。

序

内閣総理大臣 吉田 茂

帝国憲法改正案の審議に当つた第九十回帝国議会における貴衆両院の本会議および特別委員会の議事速記録の学問的価値については、今更ここにことあげするまでもない。

それは、単にわが国史ないし政治史上の歴史的文献たるにとどまるものではなく、日本国憲法の逐条解説書として、最も権威あるものであり、また最も綜合的な、かつ最も懇切な註釈書ともいうべきであろう。ただ何分にもそれがあまりに尨大なもので発行部数も非常に限定されていたものであるから、これを繙読《はんどく》する機会をもつことは、一般国民にとつては、極めて困難であつた。

今般参議院事務局においてこれら速記録の全部を、合理的に分類し、詳細な目次と索引を附し、ここにその刊行を見るに至つたことは、新生日本のためにまことに喜びに堪えない。

本書は、伊藤公の憲法義解にも比すべきものであり、日本国憲法義解ともいうべきものではあるが、しかし、かくいうは、決してこれをもつて永遠に日本国憲法の解釈を公定し、これ以外の解釈を許さないというようなことを意味するのではない。

憲法義解《ぎげ》の序文において、伊藤公は特に、「名つけて義解と謂ふ。敢て大典の註疏《ちゅうそ》と為すにあらず、聊備考の一《いささかびこうのいちにあ》に充てむことを冀《こいねが》ふのみ。若夫貫穿《かんせん》疏通して、類を推し、義を衍《やすん》ずるに至つては、之を後人に望むことあり。而して博文の敢て企つる所に非ざるなり。」といい、その版権を国家学会に寄附して、わが国憲法学ないし公法学の興隆に資せられたのである。本書の刊行に際し、私は当時の内閣総理大臣として、ここに伊藤公のこの言葉を繰返し強調して置きたいと思う。本書はつとに世に出ずべくして、いまだ世に出ることのなかつたものである。今回、講和記念出版として、その刊行を見るに至つたことは、まことに時宜を得たものであつて、衷心よろこびに堪えない。すなわち、そのよろこびを述べて序とする次第である。

昭和二十六年十一月十九日　講和条約批准の日

「帝国憲法改正審議録」編纂について

資料課長　市川　正義

一

本書は、帝国憲法改正案の審議にあたつた第九十回帝国議会における貴族院および衆議院の本会議録並に委員会議事速記録を、純客観的立場から、その内容に応じて分類し、詳細なる目次および索引を附し、日本国憲法の解釈に際し、随時、迅速に所要事項を検索し得るように、編纂したものである。かくして、帝国憲法の改正、即ち日本国憲法制定の理由と経緯とを闡明《せんめい》し、もつて日本国憲法義解たらしめんことを期するものである。

もちろん、第九十回帝国議会における政府の答弁をもつて、日本国憲法の解釈を公定したもの、もしくは、日本国憲法の精神そのものと速断してはならない。立法者の意思が解釈の基礎たる立法目的を明かにするための重要な参考となり、理由書・議事録等が立法者の意思を窺わせる貴重な資料であることは、固よりいうまでもないが、立法者の意思が法律そのものではなく、解釈の対象は飽くまで法文自体であることは、特に留意しなければならないところである。それ故、法令の文字から合理的に解釈されて、しかも社会の要求に適合する結論に対しては、それが単に立法者の思い設けたかつたところだ、というだけで反対するのは間違つている。（穂積重遠博士『法学通論』参照。その他、田中耕太郎博士『法律学とは何ぞや』の「立法者意思か法の意思か」、美濃部達吉博士『逐条憲法精義』の憲法解釈論、同博士『憲法及憲法史研究』『人権宣言論』中の「憲法の改正と憲法の変遷」等参照せられたい。）

這般《しゃはん》の消息を深く念頭に留め、日本国憲法の解釈に際し、みだりに当時の政府の答弁にとらわれてはならない。政府自体においても、また必ずしも曩《さき》の答弁に膠着《こうちゃく》し、これを墨守するを要しないのである。けれども、日本国憲法起草の任に当つた政府の、立法当時に於ける公式の見解と、これに対する議会の批判とを知悉して置くことは、憲法を合理的に解釈するに必要なことであり、これがためには、専ら本書によるのほかはないのである。本書を日本国憲法義解というのはこの意味においてであり、またこの意味において、これを日本国憲法義解と称するも、必ずしも溢美《いつび》の言ではあるまい。

二

本書の題名については、『日本国憲法制定審議録』とした方が通りがよいかも知れない。けれども、慎重考慮の末、結局、『帝国憲法改正審議録』を択ぶことにした。

帝国憲法第七十三条によれば、「将来此ノ憲法ノ条項ヲ改正スルノ必要アルトキハ勅命ヲ以テ議案ヲ帝国議会ノ議ニ付スヘシ」とあるが、日本国憲法草案を帝国議会に付議された勅書（衆議院議事録第一号による）によれば、「帝国憲法第七十三条によつて、帝国憲法の改正案を帝国議会の議に付する」といわれており、また、日本国憲法公布の上諭を見ても、

朕は、日本国民の総意に基いて、新日本建設の礎が、定まるに至つたことを、深くよろこび、枢密顧問の諮詢及び帝国憲法第七十三条による帝国議会の議決を経た帝国憲法の改正を裁可し、ここにこれを公布

せしめる。

とあり、日本国憲法とはいわれていない。日本国憲法草案は、即ち、帝国憲法第七十三条による帝国憲法改正案にほかならない。これが審議に当つたのは、帝国憲法によつて設置された従来の帝国議会であり、その議事録は従来通りの帝国議会議事録である。本書がその議事録をそのままに再現することを期するからには、当然「帝国憲法改正審議録」を択ばざるをえないわけであろう。帝国憲法の法理によれば、第七十三条所定の諸要件に従つて憲法を改正する以外には、これが如何なる紛更《ふんこう》をも許されていないのである。

また、連合軍最高司令官マックアーサー元帥は、憲法改正案審議の開始に際し、特に声明を発して、やがて成立すべき日本国意法は、明治二十二年公布の帝国憲法と「完全なる法的連続性」complete legal continuityを「確保」assureしたものでなければならないとして、わが朝野の注意を喚起されたことは、周知の通りであるが、日本国憲法が、帝国憲法と完全なる法的連続性を確保するためには、結局、帝国憲法第七十三条による帝国憲法の改正として、成立する以外に途はないわけである。日本国憲法の民主性を強調しなければならないことは、固より当然であるが、これを強調するのあまり、それが帝国憲法第七十三条により、帝国憲法の改正されたものであることを、軽視ないし看過するは、取りも直さず、日本国憲法と帝国憲法との「完全なる法的連続性」を、軽視ないし看過する所以にほかならず、これを軽視ないし看過するは、単に日本国憲法の解釈を誤るばかりでなく、法論理的にいつて、実際的にも由々しき結論を誘導するに至る惧れなしとしない。

本書の題名として、『帝国憲法改正審議録』を択んだ所以のものは、即ち、這般《しゃはん》の消息に鑑みるところあり、何よりも正確を第一義とする本書編纂の根本方針を貫こうとする以外に他意があるわけではない。題して、帝国憲法改正審議録というけれども、その実質において、日本国憲法制定審議録にほかならないことは、固よりいうまでもない。

三

帝国憲法の改正、即ち日本国憲法制定に関する第九十回帝国議会における貴衆両院の本会議録並に委員会議事速記録は、目下の計画によれば、大体左記の一〇編にこれを分類して刊行する予定である。但しこれは予定であるから、実際に事に当つて見れば、多少の移動があるかも知れない。各編はそれぞれおよそ七〇〇頁を目標し、左記諸編にして七〇〇頁に満たず、両編を合せてこれに達するような場合には、これを合せて一冊として刊行する。また、一編にて千数百頁を超えるような場合には、これを二冊として刊行する。従つて、本書の巻数は一〇巻を超えるわけである。この点あらかじめ御諒承願つて置く。

なお、本書全巻の刊行を了えたならば、後記第二案により、改めて全巻の要旨を抜萃して、『日本国憲法制定審議録撮要』を編纂する予定である。

総論編　国体及天皇編　戦争放棄編　基本的人権編　雑纂編
内閣編　司法編　財政編　地方自治編　国会編

四

本書は、即ち、『戦争放棄編』であつて、両院の本会議および委員会の議事速記録全体を閲覧し、戦争放棄に関する質疑・応答を細大漏さず輯録《しゅうろく》したものである。その核心をなすものが第九条であることは、固よりいうまでもないが、しかし、日本国憲法における戦争放棄に関する条規が第九条の一箇条に尽きるわけではない。これに関連して、憲法前文および第九十八条第二項等を看過してはならないであろう。これに関する両院の論議をも、本巻に輯録したのは、これがためである。

本書を刊行するに当り、まず本編を上梓する所以のものは、専ら時局の要請に応えようとするにほかならない。次回には、『国会編』を、引き続いて『内閣編』を出し、以下はすべて時宜による方針である。

五

本書編纂の根本方針は、「正確・便利・典雅」というにある。本書の刊行は、戦後の本邦出版界における歴史的・画期的なものであるから、その組版・用紙・装幀等についても、なるべく典雅・優美なものを作るようにつとめた。けれども、本書はもともと国会・政府・裁判所はいうに及ばず、日本国憲法下の国民たるものは、ひとしく座右に備えて、随時繙《ひもと》くべきものであるから、何よりも、正確で、読み易く、質疑・応答の論旨を把握するに便利なものでなければならない。本書の編纂はすべてこの見地から企画されたものである。

六

本書の編纂に当っては、前記の根本方針に基き、左の三案について、具《つぶ》さにその利便・得失を比較検討した。

第一案、本書の台本たる両院の本会議および委員会の議事速記録がそうであるように、本書もまた、これを貴族院編および衆議院編となし、それぞれ別冊として、これを刊行すること。

しかし、これによれば、常に二冊を携行し、若くはこれを座右に備えて彼此参照しなければならない不便がある。のみならず、徒らにコストとを増嵩《ぞうすう》せしめるの不利がある。

第二案、両院の速記録を打つて一丸とし、同一事項に関する質疑・応答は、すべてこれを当該事項別に輯録すること。これは、専ら、ある事項に関する政府と議会との質疑・応答を知ろうとする立場だけから見れば確かに便利なものであり、又必要なものでもあるに相違ない。けれども、いやしくも二院制度を採つているからには、ある事項に関する質疑・応答を知ると同時に、両院の質疑・応答がそれぞれ幾許の量に達するか、またその内容の学問的価値等を、比較対照して見ることもまた必要であろう。世上、往々にして、わが国の議会制度に関して一院制を主張するもののあるを見る。かかる議論の当否を実証的に検討するためにも、両院の質疑・応答は、一応これを明確に区別して置くことがよいのではあるまいか。さればといつて第一案では、既述の如き不利・不便を免れない。

第三案、前記二案の利弊・得失に鑑み、両院の質疑・応答は截然これを区別し、衆議院編および貴族院編として、これを輯録《しゅうろく》する。但し、第一案の不便を避けんがためにこれを一冊とする。——但し、国会編の如く二冊として刊行するほかないものは、貴族院編、衆議院編をそれぞれ別冊としてこれを刊行する。——しかも、第二案の長所・利点は充分にこれを取り入れて生かして行きたい。

第三案は、要するに、前記二案の折衷案であつて、本書が即ち、これである。そこで、本書においては、巻末に人名および件名索引をつけたばかりでなく、総目次と、事項別目次と日記目次との三種の目次を掲げることにした。事項別目次は第二条の長所を取り入れんがためであり、日記体目次は、質疑・応答の骨子を手取早く会得すると同時に、両院における審議の進捗状況を一目にして瞭然たらしめんがためである。この両目次の作成こそ、編者の最も苦心したところである。*

七

本書は、両院の速記録を、一字一句も省略することなく、すべて原文のまま、これを分類する方針とした。例を『戦争放棄編』に取つていえば、戦争放棄に関係なく、これを他編に輯録するを適当とするものは、それぞれ適当の他編に輯録することにした。しかし、戦争放棄にも直接関係はないが、さりとて他の諸編に輯録すべき筋のものでないものは、これを本書に輯録するの方針をとつた。また、質疑・応答にして、戦争放棄をはじめ幾多の論点を包含しており、直接戦争放棄に関する部分のみを摘録するにおいては、文脈上、不都合を生ずるような場合には、直接戦争放棄に関係のない部分をも摘録することにした。しかし、直接戦争放棄に関係のない部分は、一ポイント小さい活字を用いて、これを一目瞭然たらしめた。従つて、本書の全巻を合計すれば、速記録そのものとなるわけである。固より多少の重複はあるわけだが、一字一句も省略されてはいない筈である。分類に際し、省略した部分はすべて……をもつて現わし、速記原文中の……は《ママ》……として、これを区別した。即ち本書の特色の一は、一字一句も省略することなく、両院の議事録を分類した点に存するのであり、編者の苦心もまたそこに存するわけである。

八

本書を繙読されるに際しては、更に、あらかじめ左記の諸点を御承知置き願いたい。

両院速記録の原文は、従来の慣行に従い、すべて片仮名であるが、本書においては、これを平仮名に改めた。親しみ易く、読み易いものたらしめんがためである。但し、仮名遣は新制によらず、旧制によることとした。漢字については、現行「当用漢字」に拘泥しないことにした。いずれも原文そのままに再現しようとするの方針に基く。但し、原文中の漢字にして、「当用漢字字体表」によつて定められた略字に該当するものある場合には、略字を用いることにした。略字を用いることは、必ずしも原文の正確を害するものでないばかりでなく、却つて印刷を鮮明ならしめる上に効果があるからである。原文にはコムマはあるけれども、ピリオッドはない。けれども、本書においては、編者の見るところによつて、適宜これをつけて置いた。質疑および答弁の骨子と目すべき部分には、傍点（・・・・）を施し、且つ欄外にはその要旨を摘記することにした。迅速・的確に、質疑・応答の骨子を把握するに便せんがためである。また、人名及び件名には、ゴジック体の活字を用いた。索引による検出に便せんがためである。いづれも編者の老婆心によるものであつて、原文にはないものである。原文を読みもて行くに、往々にして明白に誤謬ないし誤植と見るべきものがある。けれども、これも一応原文のままとして置き、その右側に？若しくは、ママとして、これを指摘することにした。

また、質疑応答者の官職もしくは所属党派を明記することにした。これも原文にはないものだが、いささか読者の参考にもなれば幸である。なお、原文は、閣僚はすべて国務大臣と呼び慣わしているが、本書においては、いわゆる無任所大臣のほかは、それぞれその所管を示すように改めた。

原文にして、「註」を要するものには、「註」をつけた。「註」の簡単なるものは、本文中に挿入し、然らざるものは、これを一括して、巻末の附録に載せることにした。

各頁の柱には、憲法草案並に現行憲法の条章と共に、速記録の番号を明記することにした。これによつて、読者は容易に原文の所在を探求し得る便宜を有する筈である。**

本書編輯の方針は以上の通りである。要するに、読者に対して、飽くまで正確で、便利な、しかも典雅荘厳なる日本国憲法義解を提供しようとするにほかならない。しかし、編者のこの意図が果たしてどの程度まで成功したか否かは、大方の批判にまつのほかはない。忌憚なき御高評を仰いで、編纂の完璧を期したいと思う。

九

帝国憲法の改正が、厳然たる歴史的現実であり、日本国民の何人もが夢想だもしなかつた曠古《こうこ》の大事件であつたとすれば、本書の刊行は、歴史的出版というも過言ではあるまい。そこで、憲法改正の重責にあたられた当時の顕官、並に憲法の施行について、現に重責を担われている高官の各位には、特に序文をお願いすることにし、憲法改正の経緯・挿話・所感ないし将来に対する御希望等を御執筆願うことにした。幸にして、吉田総理・佐藤参議院議長・田中最高裁判所長官・金森国立国会図書館長（その他の御芳名は、本文の簡潔を期するため、列挙を割愛させて頂く）をはじめ、憲法の改正に重要な役割を演ぜられた朝野の各位が本書刊行の挙を賛せられ、公務多端なる折柄にも拘わらず、それぞれ懇篤なる序文を寄せられたことは、感銘措く能わないところである。現在までに頂いた序文は、全部本編の巻頭に掲載したが、そのほかは、随時他の諸編のいづれかに掲載し、総論編には、頂いた序文を全部掲載させて頂きたいと思う。

なお、吉田総理からは、序文のほかに特に題簽《だいせん》を賜わり、金森国会図書館長および近藤参議院事務総長からは、見返しの御染筆をいただき、錦上更に花を添えたことは、まことに感謝に堪えないところである。***

本書の編纂に際し、うたた追懐の念に堪えないのは、故幣原喜重郎氏である。戦後、内閣総理大臣として、その筋からはじめて憲法改正の必要を示唆されたのは、実に同氏であり、帝国憲法改正案としての日本国憲法草案は、同内閣の手によつて起草され、公表されたのである。第九十回議会に際しては、吉田内閣の国務大臣として、しばしば答弁にも起ち、日本国憲法の制定に極めて重要な役割を演ぜられたのであるが、今やすでに故人となられたことは、かえすがえすも痛惜に堪えない。ただ不幸中の幸とすべきは、生前『外交五十年』（昭和二十六年四月、読売新聞社発行）を発表して置かれたことである。その第一部末尾の「組閣と憲法」は、日本国憲法制定の経緯・精神ないし戦争放棄に関する同氏およびその内閣の真意を知るに、最も権威ある貴重な文献であるから、御遺族の御諒解を得て、これを同書から転載して本書の巻頭に掲げ、もつて氏の御冥福を祈りたてまつると共に、読者の参考に資することにした。

なほ、本書の読者各位には、昨（一九五〇）年九月、連合軍最高司令部民政局から公表された報告書『リオリエンテーション・オブ・ジャパン』（二冊）の一読をおすすめいたしたい。原書の購入は、為替等の関係から目下困難であるが、幸いにして同報告書中の、日本国憲法制定の経緯に関する部分は、『日本の憲法』と題し宮澤俊義教授の懇切なる解説を附けて、国家学会雑誌（第六五巻第一号昭二六、六、一）に訳載されている。本書、特に、幣原氏の所説と併せ読まれたならば、真相の把握に裨補《ひほ》するところ尠《すくな》くないであろう。

一〇

本書の編纂に際し、前内閣総理大臣芦田均博士が憲法改正当時の衆議院特別委員長として、種々有益なる御教示を与えられたのみならず、躬《みずか》ら何かと御斡旋の労をおとり下さつたことは、特記して深く感謝しなくてはならない。御教示の件についていては、衆議院事務総長大池眞氏から、格別の御高配をいただき、まことに感謝に堪えない次第であるが、結局、時期尚早であるのみならず、法理的にも疑義があり、しばらく割愛するのやむなきに至つた。衆議院議事速記録が、龍を描いて点晴を欠き、聊《いささ》か隔靴掻痒の憾あるを免れないのは、専らかかる事情によるものであることを予め御承知置き願いたい。

なお、衆議院法制局長入江俊郎氏、および法務府法制意見長官佐藤達夫氏は、それぞれ憲法改正当時の内閣法制局長官ないし同次長としての貴重なる体験にもとづき、しばしば懇切なる助言を与えられたことは、深く肝に銘じて、嗚謝するところである。

近藤総長・奥野法制局長・芥川事務次長をはじめ本院事務局並に法制局の先輩、同僚から諸般の協力をいただいたことは、固より申すまでもない。編者不敏にして、どの程度まで、各位の御期待に添い得たかは、省みて忸怩たるところであるが、本書の刊行は、偏《ひと》えに前記各位の御教示と御協力のたまものといわねばならない。

二

本書の編纂に際し、朝野の識者各位から有益なる御教示と御協力をいただいたことは、上来縷述した通りであるが、編纂の実務に当つたものは、本院事務局資料課の課員諸氏であることを特記しなければならない。即ち、原文の書写・索引の作製・数次にわたる校正等については、林朝門・丸山利雄・小林克己の三氏主としてこれに当り、鈴木實・南部愛子・吉岡みどり・須磨禮子・末吉治彦等諸氏の助力を得た。就中《なかんずく》丸山・小林両君の労を多とせざるをえない。時あたかも三伏の酷暑耐え難きに克く耐え、それぞれ年次休暇をも返上して、事に当られた課員諸氏の熱誠と努力とに対して、ここに心からなる感謝を表する次第である。但し、本書の企画・監修に関する一切の責任は、専らわたくし一己において、これを負担すべきものであることは、更めて申すまでもない。この際、わたくしは、当時の両院速記者諸氏の隠れたる奮闘と努力とに対しても、労苦を回想し、深く敬意を表したいと思う。帝国憲法の改正は、昭和二一年、すなわち終戦直後の大混乱の真只中に行われたのである。当時は、食糧難・住宅難・交通難・練達せる技能者の不足等、あらゆる困難と支障とが輻湊して深刻を極めていたことは、周知の通りである。酷暑の候にあたり、これらの困難と支障とを克服して、この浩瀚《こうかん》にして、貴重なる議事録を成就した速記者諸氏の労苦は、筆紙に尽し難いものがある。

華かな国会の舞台裏には、両院事務局並びに政府職員の涙ぐましき努力の黙々として働いていることを常に想起せられたいと思う。

一一

最後に、もろもろの困難なる諸事情の輻湊《ふくそう》する戦後出版界において、本書一〇編の刊行を決意し、しかも、この歴史的出版に相応しいように、本書の用紙・活字・組版・クロース・装幀等に最善を期して、鋭意尽力された新日本法規出版株式会社社長河合善次郎氏・同社取締役渡邊孝幸・同服部春治・同馬淵佐太郎の四氏および企劃部長北村光年氏の出版良心と文化報国の熱意とに対して、深甚なる敬意を表する。

本書がかくの如き体裁を整うるまでには、校正六回、組版を組み替うること数回に及んだのであるが、常に唯々としてこれを甘受された岩田宗十郎・林健次・高屋常作の諸氏および同社々員各位の労苦と忍耐とに対しても、わたくしはここに深く感謝の意を表さなくてはならない。

観じ来れば、本書の刊行は、まことに一朝一夕にして成るものにあらず、また一人一己の能くするところではない。

本書編纂の業を畢《お》え、わたくしは、感謝と感激との交流の裡に、この書をわが八千万同胞に送りて大方の清鑒《せいかん》を待つ。

昭和二六年一一月三日 文化の日

これはこれたからの文献《ふみ》ぞ書庫内《くらぬち》に空しく埋れはてまく惜しも

ことゝはに命あらたに変若《をち》につつわが日の本は栄え行くがね
喬《たか》松の常盤《ときは》堅盤《かきは》にたらちねのみおやの国はおふし立てむぞ

参議院事務局総務部資料課

編集部注

＊「まえがき」に書かれているように、本復刻版では、原本の目次や索引を簡略化し、「戦争放棄の論理構造」と題する事項別目次は「事項別索引」として巻末に移した。その関係で「件名索引」は割愛した。

＊＊　原本では、原文を確認できるように、各ページの柱に速記録の番号が付けられているが、本復刻版ではこれを載せていない。現在、帝国議会の速記録は国会図書館の「帝国議会会議録検索システム」（http://teikokugikai-i.ndl.go.jp/）で閲覧することができるので、インターネットを通じて原文に当たってほしい。

＊＊＊　本復刻版では、原本に載っている佐藤尚武参議院議長らの序文は割愛し、吉田茂の題箋なども省略した。

II　衆議院の部

衆議院本会議

昭和二一年六月二〇日（木）

議長　樋貝詮三君（日本自由党）

只今帝国憲法改正案が提出せられました。之には勅書がございます。之を朗読致します。諸君の御起立を望みます。

〔総員起立〕

帝国憲法改正案に対する勅書の朗読

朕は、国民の至高の総意に基いて、基本的人権を尊重し、国民の自由の福祉を永久に確保し、民主主義的傾向の強化に対する一切の障害を除去し、進んで戦争を抛棄《ほうき》して、世界永遠の平和を希求し、これにより国家再建の礎を固めるために、国民の自由に表明した意思による憲法の全面的改正を意図し、ここに帝国憲法第七十三条によつて、帝国憲法の改正案を帝国議会の議に付する。

御名　御璽

〔総員敬礼〕

明二十一日は先例に依りまして午前十時より本会議を開きます。議事日程は公報を以て通知致します。

本日は是にて散会致します。

衆議院本会議

昭和二一年六月二一日（金）

内閣総理大臣　吉田茂君

内閣総理大臣施政方針演説

不肖今般図らずも大命を拝して内閣を組織致しました。洵《まこと》に恐懼に堪へませぬ。唯渾身の力を捧げて奉公を致す覚悟でございます。……

諸君、今議会の劈頭《へきとう》に於て、新生日本の建設の基盤たるべき憲法改正案が勅命に依つて付議せられましたのであります。幸ひにして今議会は新選挙法に依る総選挙の結果成立したる歴史的民主議会であります。政府は此の機会に諸君と共に国家最高の法典たる憲法改正を議することを無上の光栄と致します。而《しこう》して政府は速かに民主主義と平和主義とに依る政治の運営、並に行政と経済の全般に亙つて再検討を行ひ、是が改革を実行し、真に平和的国際社会の一員たるの資格と実質を贏《か》ち得んことを期して居るのであります。（「ヒヤヒヤ」拍手）随《したが》つて憲法の改正を俟つまでもなく、軍国主義と極端なる国家主義との色彩を完全に払拭し、其の将来に於ける再生を防止する為め、教育の内容と、制度の全面にも亙つて根本的刷新を行はんとして居るのであります。……

最後に戦災の復興に付きましては、政府の特に重点を置いて居る所であります。戦災者、在外同胞及び其の帰還者並に復員者等の援護等に能ふる限りの手を尽し、特に是等の人々が安定して業務に就いて経済的基礎を固め得るやうにしたいと思つて居るのであります。（拍手）　以上施政の大綱と所信とを述べ、諸君の御協力を切望する次第であります。（拍手）……

議長　樋貝詮三君（日本自由党）　是より国務大臣の演説に対する質疑に入ります。――片山哲君

〔片山哲君登壇〕

片山哲君（日本社会党）

第二次世界戦争と戦争の徹底的根絶

私は日本社会党を代表致しまして、此の意義深き民主議会に於て、民主主義を中心と致しまして吉田内閣総理大臣に質問致したいのであります。……

第一次世界戦争が終りましたる時に、世界は挙げて戦争の惨禍を避けたい、平和へ将来進んで行かなければならない。斯う云ふ問題を繞《めぐ》つて色々論議致しました。併《しか》しながら御覧の通りもつと凄惨を極めました第二次世界戦争へ突き進んだのであります。酸鼻を極めましたる第二次世界戦争は、今度こそは戦争の徹底的な根絶を図らなければならない、世界恒久平和の確立を致さなければならない、斯う云ふことに一致致しましたることは言ふまでもないのであります。そこで此の戦争の根絶と世界平和の確立の為には、戦勝国は枢軸国に対する政治機構から変へて行かなければならない、各国の政治機構に対しまして新しき政治理論を要求致したのであります。新しき政治理論は言ふまでもなく民主主義政治の確立であります。此の際今まで言はれて居つた民主主義より、更に前進した戦争根絶と、世界平和の確立の為の政治理論としての民主主義体制を確立せしめなければならないと云ふことになつたことは当然のことと思ふのであります。

ポツダム宣言の実施と民主主義の履行

戦敗国でありまする我が国に於ても、ポツダム宣言を忠実に実施しなければならない建前に於きまして、同様民主主義の忠実なる履行者にならなければならないのは是亦当然であります。戦敗国として民主主義を政治理論となし、新しく出発をする、根柢は言ふまでもなく戦争の根絶であり、世界平和への前進であることは言ふまでもありませぬが、諸君御体験の通り、今日は敗戦のどん底に突落され、食糧危機は正に日を逐うて其の危急を告げつつあるやうな状態であると共に、各種の経済問題も洵《まこと》に不安動揺のどん底に突落されて居るのであります。此の民主主義は単なる政治機構の問題ではなくして、生活上の問題に食入つて行かなければならない、生活上の叫び声を民主主義の中に表はして行かなければならない状態となりました。（拍手）国民に自由を与へる、国民を平等に取扱ふと申しましても、実際に金を持つて居ります人と、持たざる人との間に於て自由は平等に行はれて居りませうか。（拍手）持てる者の自由と、持たざる者の自由が今日のやうな自由競争の認められやうとして居る時に於ては、持たざる者は不自由のどん底に突落さる丶ことは当然であります。

新しき各国の民主主義の特色は、生活上の民主主義、経済上の民主主義、産業上の民主主義にある

茲《ここ》に於て敗戦国たる各国の民主主義は、生活上の民主主義、経済上の民主主義、産業上の民主主義として新しく出発しなければならなくなつて参りますのは当然であります。戦争の根絶、世界平和、其の他に強く生活上の叫び声を民主主義の中に入れて居ることを新しき民主主義の特色と致すのであります。（拍手）今一つ縦に之を見たいと思ふのであります。昔のことを今更言ふ必要はありませぬけれども、ギリシヤ文化がヨーロッパ文明を支配し、或はローマ法学の思想がヨーロッパの政治社会を支配した後に於て、キリスト教

文明が現はれまして、初めて人類の生活に犠牲の精神と愛の精神を強く吹込み、当初はキリスト教を非常に迫害致したのでありますけれども、二千年後の今日に於ても、尙ほキリスト教文明として一つの大きな力を持つて居ることを、我々は深く考へて行かなければならぬと思ふのであります。

民主主義の歴史的考察

其の他三権分立でありまするとか、立憲思想、天賦人権説等の幾多の波瀾経過を経ました後に於て、唯物史観、或はソ聯の革命、是等を織入れ、世界第一次戦争、第二次戦争を経過した後に、新しく人類生活の指標と致しまして現はれた此の民主主義を考へて見まする時に、歴史的に之を考へることは非常に意義あることと思ふのであります。ギリシヤ哲学文明より世界第二次戦争に至るまでの経過を経た後に現はれた此の民主主義は、今までの経過を積み重ねて其の綜合として現はれて居ることを考へまする時に、多分に精神的な要素を持つて居るし、社会主義的な要素も持つて居る経過の綜合体であると云ふことを私は考へるのであります。（拍手）

民主主義は多分に精神的要素を持つと同時に、社会主義的要素を持つ経過の綜合体

言換へて見まするならば、今現はれて居りまする民主主義は、戦争の根絶、平和主義への徹底と切れない関係を持つて居るし、生活に食入つたる経済的産業的関係を持つて居るし、且又長き歴史的発展に依る所の精神的文化と、人間の生活の微妙なる作用に付て食入つて居りまする所の民主主義であると云ふ、綜合的な新しき意識を我々は考へて行かなければならないと思ふのであります。（拍手）此の意義深き民主主義、之を我々が最も真剣に深刻に此の意義を考へて行かなければならないのでありまするから、民主主義は各国に

於て国民自らの総意を以て自らの歴史的発展と国情に即した建前を以て、此の民主主義を自分達の政治の原理として、生活の原理として、経済機構の原理として積上げることは、我々敗戦国に於ても最も必要なることと思ふのであります。我々は此の意味に於きまして、是から此の民主主義が本当に実際政治の上に現はれて来なければならないし、又実際生活の上に既に現はれて来つつあるのであると思ふのであります。斯う云ふ意味から政府の執つて居りまする諸政策の方針、政府の根本的な指導精神等を是から質問致したいと思ふのであります。

平和条約・講和条約についての政府の方針と見透し如何

先づ第一に質問致したい点は、我が国が聯合国《れんごうこく》へ求むべき平和復興への方策、言換へて見まするならば、講話条約或は平和条約、此の締結に付きまして政府は如何なる方針を立て、如何に之に努力し、如何なる見透しを付けて居るか、斯う云ふ点に付て首相の所見及び其の見透しを聴きたいのであります。前述の通り我々日本国民は何等の偽りなく民主主義に徹し、平和国として再出発することを望み、一日も早く其の達成を急ぎ、文化国として飾らざる姿を現はして行かなければならぬと考へて居るのであります。それが為には一日も早く其の真剣なる有様を心から望んで居ると云ふ実情を世界に示し、国際的にも早く容認せしめなければならぬと思ふのであります。且つ其の国際的信用を回復せられるやうに大努力を払つて行かなければならぬと考へるのであります。是が為には我が国が一日も早く世界平和国の仲間入りを致しましてさうして平和国として我が国が国際的の文化の為に、平和の為に、活動する機会を与へて貰はなければならぬと思ふのであります。我が国はそれが為に聯合国に向つて出来るだけ誠意を披瀝し、早く講和条約、平和条約に関する締結の希望あることを表明し更に又国内的にも具体的な方針を定めて、之を国民に示さなければならぬと思ふのであります。（拍手）国民に之を示しまして、国民の心からなる協力を求める、さうして一体となつて平和国としての再建に進まなければならぬと私は考へるのであります。平和条約締結が順調に進行し、国際信用の回復が一日早ければ一日早い程、国内産業の復興の上に於きましても、海外貿易に於きましても、其の他一切の経済関係の好調を来しますることは言ふまでもないことと考へるのであります。それのみならず日本国民に与へまする所の精神的な作用に至つては、蓋し大なるものありと云ふことは言ふを俟たないと信ずるのであります。政府は一日も早く其の準備に著手しなければならないと考へて居りまするが、果して現内閣の如き陣容で、其の政治的性格と其の政策を以て、国内的信頼と国際的信用を博し得るものであるかどうか疑ひがあるのであります。（拍手）是が為には民主主義に徹しなければならない。

〔「心配無用」「黙れ」と呼び其の他発言する者多し〕

議長　樋貝詮三君（日本自由党）　静粛に

片山哲君（続）（日本社会党）　本当に我々は、一致したる建前を以て進んで行かなければならないと云ふことを言ふ所以は此処にあるのであります。政府の其の誠意ある態度を以て所信を披瀝致しまして国民の協力を求められるならば、国民は之に協力するに吝《やぶさ》かではないと私は考へるのであります。其の見透しに付て吉田首相の所見を伺ひたいのであります。

憲法改正案は新憲法の制定を意味する

憲法議会とも称すべき特殊の機会を与へよ

第二点であります。政府は本議会の劈頭《へきとう》に於きまして、新憲法制定を意味しまする憲法改正案を提出せられました。民主主義日本建設の為の基石となるべき新憲法は、日本の再建を世界に声明するものでありまするから、極めて重大であることは言ふまでもありませぬ。広く国民の総意を集める、慎重審議するものでなければならないのであります。我々は此の会期中に於きましても、特に其の為に憲法議会とも称すべき特殊なる機会の与へられることを望むのでありますが、要は其の取扱ひに於きまして、国民の総意を集め慎重審議の方法を執ることを可と致すのであります。（拍手）

改正案は相当広範囲に修正されなければならないが、政府はこれに応ずる用意があるか

民主主義、平和主義に更に拡充する、更に徹底せしむると云ふ趣旨でありまするならば、相当広範囲に修正されなければならないと思ふのであります。（拍手）政府は之に応ずるの用意ありや否や、勿論修正の箇所、内容等は其の委員会或は其の機会に於て判明致すことでありますが、総括的に言つて、且つより善き民主憲法制定の本旨に鑑みまして、予め之を本日声明せられんことを望むのであります。（拍手）尤も金森国務相は、就任の際其の旨を説明せられたのでありまするが、改めて政府の所見を伺ひたいのであります。

民主憲法は積極的に世界に向つての平和宣言を必要とする

国政は公正と信義を基本とすることを中外に声明する必要がある

次に其の内容でありまするが、一々細かいことを本日申述べる積りはありませぬ。其の主なる点を申述べ

まして、政府の所見を伺ひたいのであります、民主憲法は積極的に、日本国は平和国として出発するものであることを明示する、世界に向つての平和宣言を必要とすると私は考へるのであります。例へば第二章の戦争拋棄の前に別条を設けることも宜しいと思ひますが、日本国及び日本国民は平和愛好者たることを世界に向つて宣言する世界恒久平和の為に努力する、且つ国際信義を尊重する建前であることを声明することが必要なりと私は考へて居るのであります。（拍手）……

以上根本問題、最も我が国に於て敗戦日本に取つて重大なる民主主義の性質に付て私の所見を申述べつつ、且つ政府の所信を聴き質したいと考へるのであります。以上の点に付て吉田首相より御答弁を御願ひ致したいと思ふ次第であります。（拍手）

衆議院本会議

昭和二一年六月二二日（土）

内閣総理大臣　吉田茂君

民主政治は広く民意に立脚し、且つ現実に即した政治

昨日の片山哲氏の質問に御答へを致します。民主主義に付ての解釈でありますが、私は之を広く民意に立脚して、且つ現実に即した政治を致すと、斯う心得て居ります。

第二点の、民主主義国家となりて国際的信用を高めるが宜いと云ふ御意見は、洵《まこと》に御尤もであり、私と致しましては満腔の賛意を表します。国際的信用を高める為に民主化を徹底せしむることは勿論でありますが、秩序と道義を重んじ、他国より信用と尊敬とを贏《か》ち得るが如き国家となるやう、国民全体が政府と共に協力せらるゝことが最も必要であり、政府と致しましては最も希望致す所であります。

国際信用の高揚は最も希望する所

講和会議の開催は一に国際関係による

又平和会議に付きましては、是が一日も速かに開かれて、日本国が平和的国際団体の一員となつて、再び世界各国の間に伍することが出来まするの一日も早からんことは切に希望する所でありますが、此の平和会議開催と云ふことは一に聯合国其の他の国際的関係にも依ることでありますから、今日に於て直ちに見透し如何を御話する機会にまだ達して居らないと思ふのであります。暫《しばら》く此の問題に対する意見は差控へた

いと思ひます。……

理論的には、議会は修正権を認められて居るが、内外の諸事情を考慮、判断願ひたい

憲法改正案に対して政府は修正に応ずるの用意ありや否やと云ふ御尋ねでありますが、憲法改正案に対しましては、理論的には広く議会に於て修正権を認められて居ることは勿論であります。併し此の憲法草案に付きましては、政府は内外の各種の事態を考慮に入れまして、慎重審議茲に至つたものであります、随て各位に於かれても、現在の国際状況及び国内の事情等を能く御判断下さつて、慎重に修正なり考慮をして戴きたいものだと考へます。

戦争抛棄の規定以外に、平和宣言を必要とするや否やは今後の国際情勢の推移による

憲法に戦争抛棄を明記して居るが、更に積極的に世界に向つて平和宣言をなす用意ありや否やと云ふ御尋ねであります。憲法に戦争抛棄を明記したことに付きましては、日本は実に世界平和を念願する為の一大決心に基いたものでありまして、其の趣意を以て世界に既に呼び掛けて居る訳であります。更に宣言をなすとの用意ありや否や、なすべきや否やと云ふことは暫く今後の国際事情の発展に待ちたいと思ひます、一応御答へを致します。（拍手）

国務大臣　金森徳次郎君

片山君の趣旨に全く同感。但し憲法の規定自体に其の趣旨は現はれて居る

昨日の片山君の御質問に対し、総理大臣及び司法大臣の触れられなかつた憲法関係の諸問題に付て御答へを致します。

先づ第一に片山君は、既に国際関係に於て平和宣言の主張をはつきりせよと言ふのに加へられまして、国内に於ても国家の政治は公正と信義を中核とする旨を明かにすべきであると云ふ趣旨を以て御質疑になりました。私共其の御趣旨に付きましては全く同感である訳であります。併しながら此の憲法自体が公正と信義を国政の中核とする建前を以て出来て居りまするが故に、規定自体は是で其の趣旨が現はれて居るのではなからうかと考へて居ります。……

衆議院本会議

昭和二一年六月二四日（月）

議長　樋貝詮三君（日本自由党）

是より会議を開きます、国務大臣の演説に対する質疑を継続致します。——松原一彦君

〔松原一彦君登壇〕

松原一彦君（新光倶楽部）

日本政治の根本理念とその実践の見透し如何

私は主として吉田内閣総理大臣並に文部大臣、大蔵大臣に対して質問致します。新光倶楽部は、倶楽部であつて政党ではございませぬが、私の質問は新光倶楽部全員の意思であり、又全員に於て責任を負ふものであることを御断り申上げて置きます。

第一に天皇の御事に付きまして、私は伺ひたいと思ひます。……

第二に日本政治の根本理念に付て、併せて其の実践の見透しに付きまして、吉田首相に質問を致します。ポツダム宣言受諾の結果、日本は戦争を抛棄致したのであります。万世の為に太平を開く、民主的平和国家を建設する使命を担つたのであります。人権を重んじて民主主義の平和国家を建設する、洵《まこと》に人類久遠の要求、ユートピアの建設であります。

戦争抛棄は談容易にして実行困難

併しながら此の問題は、談容易にして実行如何に難きものでありませうか。顧みますれば世界の歴史は悉《ことごと》く戦争の歴史であります。三十年戦争、七十年戦争、英仏戦争の如きに至りましては百年戦争と称へられて居る。斯くの如く人間のある所に戦争があり、国と国とのある所には必ずここに衝突が今日まで起り続けて参つたのであります。

人間は戦争を好まない。併し、国と国とのある所、必ず戦争の起るは、歴史の示す通り

併しながら人間と申すものは決して戦争を好むものではございませぬ。七千二百万の我が日本国民は、今日餓莩《がひょう》道に横たはる非常な窮迫状態に陥つて居りまするけれども、恐らく此の中一人と雖も再び戦争をしたいと思ふ者はございますまい。私はないことを確信致します。人間は戦争は好まないのであります。併しながら是が集団となつて生活する時には、好まない戦争をもやらねばならない事実が起るのが此の歴史に示す通りなのであります。どうかして戦争のない国を作りたい、平和の国を作り上げたい、それは階級もなく、搾取もなく、万人悉く働き、万人悉く其の所を得る理想の極致であります。

世界環視の裡に、前古未曾有の重大使命、政治責任を負う

其の実現を望み続けて参つて居るのではございますけれども、過去の歴史に照して、斯かる難事業、それは何処の国も未だ嘗て果したことのない此の仕事をば、今回日本は世界環視の裡に果さねばならない重大なる使命を負つたのであります。随て茲に新たに生れましたる日本は、此の重大使命を果すべき重大なる政治責任を負うたのであります。此の重大なる責任を果す為には、非常に高遠なる理想と、之に対する所の徹底

したる政治政策の根本理念がなくてはならないものであると私は信ずるのであります。（拍手）嘗て釈迦は之を仏教に求め、キリストも亦宗教に依つて理想の天国を作らうと致しました。孔子は道徳に依つて之を求めましたが、行はれませぬ。近代社会主義の勃興に依つてマルクスの社会的科学が徹底せられまするると共に、新しき社会科学に依りまする理想の社会の建設が認めらるるやうになつては参りましたけれども、果して此の社会科学の理論のみに依つて、真の人類の住み心地好い社会が出来得るであらうかどうか、私は疑ひなきを得ないのであります。洵《まこと》に難かしい課題であります。

議会、国会こそ日本の政治の中心を握る機関

第九十議会、只今は議会でありまするが、軈《やが》て国会と改められませう。此の国会こそ日本の政治の中心を握る機関であります。第九十議会が憲法改正を通して此の史上未前の困難なる大課題を果すべく、政治に対する根本の研究を行ひまするることを光栄と致しまするると共に、お互ひ諸君と共に私は此の責任の重きことに対しまして実に苦痛を覚えるのであります。之に対して果して首相は如何なる政治の根本理念を御持ちになるであありませうか。私見に依りますれば、人間は理想を追うて永劫に精進する運命を持つて居ります。出来ないことをもでかすのが人間であります。

理想郷を建設する道は、宗教と教育と政治の渾然たる三位一体

併しながら今日までの歴史を通して、至難なる此の理想郷の建設、之に対する断じて誤らざる道はないのでありますが、之を先哲、学者の主張に徴しまして私共が考へまする時に、どうしても是は人間愛を基調とせる敬虔なる人世観、個人の人格の完成、之を行ふに宗教と教育と政治の渾然たる三位一体なくして、此の

重大なる課題は果せないと私は思ふのであります。（拍手）更に其の実践に付ての用意が私共にあるかどうかを私は疑ひます。謂はれなき戦ひに従はず、火の中に入つて死んだ開戦当初の逸話も日本には伝はつて居る。キリストは其の信念を貫いて十字架上に死んだ。比島に於ける一兵士がキリスト教の信者であるが故に、遂に一発の鉄砲を撃つて人を殺すことを肯《がえ》んぜず、其の信念を貫き通し、人は殺さずと称して銃を手にしなかつた為に、其の上官は已むを得ず彼を衛生兵に廻した。所が彼は真剣に負傷者、病人を救ふ為に働き通して、終戦後の論功は彼に最高の行賞が与へられたと聞いて居ります。新聞の伝ふる所であります。お前こそ本当の人間だと云ふ賞詞があつた、斯様《かよう》に新聞は伝へて居ります。私共は真実民主的平和国家を建設する為には信念を貫き通さなければならないのであります。真の神に近づく宗教と人格を完成する教育と、而も社会の地均しをして、階層なく、搾取なく、能力に応じて働き、必要に応じて分配する社会的正義を持たざる限り、此の望みは完成致しませぬ。（拍手）

九十議会の劈頭《へきとう》に於ける光景に心を寒うす

戦ひは叩き合ひであります。私共は先づ己れ一人から叩き合ひを全滅しなければなりませぬ。而も此の九十議会の劈頭に於きまする光景を見まする時に、私は心を寒うするものがある。（拍手）過般の議場の光景は世界一円に電報せられたと聞いて居ります。此の態度を以て果して真に新日本の民主的平和国家建設に当る議会の態度と申されるでありませうか。（拍手）私は吉田内閣総理大臣の哲人的信念を承りたい。同時に我々議員一同総て自粛自戒して、此の根本第一次の出発に万誤りなき基盤を据えたいと思ふものであります。（拍手）……

内閣総理大臣　吉田茂君

平和的国家、民主的国家の魁《さきがけ》として戦争を抛棄。世界平和に貢献する凡ゆる手段を凡ゆる機会に執りたい

松原氏の御質問に対して御答へを致します。……

政府の根本理念、殊に戦争のない国を創造する決意はどうかと云ふ御尋ねでありますが、新憲法条章に於ても、御覧の通り交戦権は抛棄して居ります。此の交戦権抛棄に付ては、各位に於かれても各種の疑念を持たれたことだらうと想像致しますが、此の御疑念は御尤もであり、私共としても顧念は致しますのでありますが、併しながら戦争のない国に──日本を其の魁《さきがけ》として平和的国家、民主的国家と致しますのには──民主的、平和的国家を創造せしむるのには、憲法に於て斯くの如き大変革、劃期的《かっきてき》の条章を設けると云ふことも一つの方法であると考へて、憲法に於ては特に第九条に交戦権抛棄を謳つてある訳でございます。又其の他の戦争のない国を創造する魁として、世界の平和に貢献する凡ゆる手段を、凡ゆる機会に於て、日本国政府は執りたいと云ふ決意でございます。諸君に於かれましても、此の趣旨に付ては満腔の御賛同を願ひたいと思ひます。（拍手）……

徳田球一君（日本共産党）

私は日本共産党を代表致しまして、内閣総理大臣並に各省大臣に其の施政方針に付て質問致さんとするものであります。七項に亙り質問致します。

今次戦争の性格を如何に認めるか

戦争の根因は日本帝国主義の内部的矛盾

第一項は今次戦争の性格に付てであります。首相はポツダム宣言の趣旨に副うて民主主義的平和国家を樹立すると言はれて居るのであります。是が施政の根本方針となつて居ります。然るに今次世界戦争の性格に付ては何等言及する所がありませぬ。今次世界戦争は日本帝国主義の内部的矛盾に依つて起つたのであります。即ち天皇を頭に戴きます所の軍閥、官僚、資本家、地主を本位と致します所の此の天皇制を、内部的矛盾に依つて到底維持することが出来ず、其の結果として此の戦争が始まつたのであります。

財産権の擁護は資本主義の本髄
財産権の擁護と労働権の弾圧

此処の議場に於きましても、政府諸賢は財産権の擁護を極力主張して居りますが、此の財産権の擁護こそは、実に資本主義の本髄でありまして、此の擁護に徹底せんとすればする程、是の対象となつて居ります所の労働権の弾圧とならざるを得ないのであります。大資本家、大地主、是等の人々が事実財産権に依つて生活するを得る。然るに我々労働者、農民、其の他一般小市民に於きましては、労働権なくしては生活することが出来ない。一方に於て資本家の財産権を擁護するならば、他方に於て労働権を擁護《弾圧？》しなければならない。此の弾圧した結果、其の結果こそは実に人民の全体の生活の低下となり、一大恐慌を起したのであります。

豊作飢饉と満洲戦争

一九三一年非常なる豊作であつたに拘らず、豊作飢饉を生じたのはそれである。其の結果こそは実に満州戦争が起つたのであります。此の満州戦争は実に今次世界大戦の火点けでありまして、日本帝国主義が全世界から此の世界戦争の火点け人として今や追求せられて居るのであります。此の世界戦争が、軍閥、大資本家、大地主の政治体制としての天皇制、此の崩壊を防がんが為の、又之を成長せしめんが為の侵略戦争であつたことは、今国際的に追求せられて居る所であります。而して満州を初めと致しまして、中国、南洋の諸民族を犠牲にし、国内に於きましては労働者、農民、勤務者、一般小市民諸君、中小商工業者諸君にまでも一大犠牲を払はしたと云ふこと、是こそ実に此の戦争に於ける我々の正に注目しなければならない所であります。（「落付け」「興奮するな」と呼ぶ者あり）

民主主義的平和国家の建設は労働者農民等一般市民の任務

それ故に此の戦争は軍閥、官僚、大資本家、大地主の利益に依つて、我々労働者、農民、勤務者を犠牲にしたものであるから、今やポツダム宣言を実行し、茲に新しく民主主義的平和国家を建設せんとするならば、大資本家、大地主、軍閥、官僚が退き、責任を負ひ、来るべき民主主義の建設の担当は、実に労働者、農民、勤務者、中小商工業者を含めての一般市民の任務でなければならないと信ずるのである。（拍手）即ち帝国主義的天皇制を内部矛盾から解消せしむることが当然であるのであります。

戦争の根因は資本主義の内部的矛盾にある

故に私は首相に向ひまして、今次戦争の性格を如何に認むるか、此のことを聴きたいのであります。此のことこそは一切の政策批判の基礎でありまして、誰の為に、誰が此の民主主義を建設するかと云ふ基本的な題目であると信ずるからであります。

首相は戦争を抛棄すると言はれたのでありますが、此の戦争は実に資本主義の内部矛盾から起つたのでありますから、必然戦争を抛棄するならば、資本主義をどうする、資本主義を止めるかどうかと云ふことが決定的な問題であるのであります。（「ノーノー」「そんなことはない」と呼ぶ者あり）資本主義の存在する限り、其の内部矛盾の必然的発展は戦争を惹き起すことは当然で、今次戦争が実にそれであつたことは、我々の事実に於て体験した所であります。

〔発言する者多し〕

議長　樋貝詮三君（日本自由党）

静粛に

徳田球一君（続）（日本共産党）

此のことは首相に回答せられんことを望むものであります。

戦争犯罪人の徹底的追求

第二項、是は戦争犯罪人の追求に付てであります。首相は民主主義と平和主義とに依る政治の運営、並に行政と経済との全般に亙る改革をなすと言はれ、更に軍国主義と極端なる国家主義の色彩を完全に払拭することを政府の任務とせらるゝと言はれるのであります。然らば劈頭《へきとう》の仕事は、先づ戦争犯罪人を徹底的に追求することでなければならぬのである。

政府は戦犯を擁護する嫌ひが十分

然るに政府は如何。政府は戦争犯罪人を寧ろ擁護しつゝある嫌ひが十分あるのであります。現内閣の閣僚に於きましても、戦争犯罪の嫌疑ありと見らるゝ者が私は居ると信じて居るのであります。若し御望みとあらば、我々は此の証拠を議場に於て提出しても宜しいのであります。（笑声）又中央地方の議会、官僚の主要地位、財界其の他一般社会の主要地位に於きましても、戦争犯罪人の嫌疑ありと認めらるゝ方々が十分あるのであります。是は関係筋からの発表に依りますと、十八万六千人と言はるゝのであります。然るに今まで戦争犯罪人として追放された者は僅かに百数十人であると記憶して居るのである。然らば其の残り十八万数千人の人間が今の政府に依つて寧ろ保護せられて居ると云ふことは如何なることでありますか。斯くては民主主義と平和主義とに依る政治と行政との運営はおろか、我々が今最も緊急とする食糧問題、失業問題其の他労働問題をも解決し得ないのである。其の点に付て首相の見解を求めるものであります。……

反戦兵士釈放問題

第三、判検事諸君……戦争犯罪人として、我々を数十年の間弾圧し来つた所の暴虐無類なる所の判検事が、未だに裁判所及び検事局の主要地位を占めて居る。……

更に我々は次の問題に移らんとするものである。即ち反戦兵士の問題であるが、是は戦争に反対した兵士諸君が、軍法会議に於て十年、十五年と長期の懲役を科され、是が未だに宮城刑務所其の他に数百人居るのである。併しながら此の戦争に反対した兵士諸君は、此の終戦条約と共に犯罪でないことが明かにせられ、関係方面の指令は、斯かる人々を成べく早く解放することを求めて居るのであります。然るにも拘らず司法当局は之を怠り、未だに数百人の人を監獄の中に置いて居るのは、一体如何なる理由に依るのでありますか。此の点を十分に説明せられんことを求める次第であります。……

戦争抛棄後における民族の独立および安全保障の方法如何

次に政府が此の憲法に於て戦争を抛棄せられると云ふが、此の戦争を抛棄せられた後、民族の独立及び安全の保障を如何なる方法に於てやられるのであるか、此の点を明確に示されたいのであります。……

内閣総理大臣　吉田茂君

今次戦争の性格は極端なる国家主義、軍国主義

御答へ致します。此の度の戦争の性格如何と云ふ御尋ねでありますが、私は此の度の戦争は発達の途上にあつた議会政治、政党政治が、極端なる国家主義、軍国主義の為に崩壊せられた結果であると思ふのであります。

資本主義を抛棄すべしと云ふは御意見

又戦争を抛棄せる以上は、交戦権を抛棄した以上は、資本主義も亦抛棄すべきであると云ふやうな御話であるが、是は御意見であります。私は必ずしも之に賛成しない。

戦争責任者を保護した事実はない

戦争責任者を保護せる事実がありや否やと言はれるが、戦争責任者を保護した事実は政府に於てはありませぬ。又戦争責任者の検挙、其の他裁判に協力した事実は沢山あります。又現に協力して居るのであります。又失格者に付ては新たに資格審査委員を設けて審査を進める用意を致して居ります。……

司法大臣　木村篤太郎君

専ら軍刑法によつて収監されて居る者は近く仮釈放

……軍刑法に依つて未だ刑務所に収監せられて居る者があるぢやないか、是は洵《まこと》に御尤もな御意見であります。其の中純然たる刑法に該当する者が多数に上つて居るのであります。即ち窃盗であるとか、強盗であるとか、強姦であるとか、傷害であるとか、殺人であるとか、是等の犯罪を犯して軍法会議に廻つて居る者が極めて多数であります。其の以外の純然たる軍刑法に該当する者、是もあります。最近報告を得て居ります。之に付きまして私は近く仮釈放の手続を執る積りで居りますから、御諒承願ひたいと思ひます。……

国務大臣　金森徳次郎君

戦争を抛棄しても、国内治安の維持については、自ら別に方法がある

……或は聴き落したかも知れませぬが、此の戦争抛棄に牽聯《けんれん》をして、兵力を有することなくして治安の維持がどうして出来るのか。或は私の聴き落しかも知れませぬが、それは固より我々は戦争抛棄を名目及び実質の双面に於て実現しようとする趣旨からして、其の憲法の草案が出来たものと思つて居りまするが、国内の治安の維持に関する問題は、自らそれ以外に於て方法があるものと考へて居ります。

徳田球一君（日本共産党）

総理大臣の答弁は人民を食ったもの、人民に対して不親切

全体と致しまして政府諸賢の御回答は私は不満足であります。分けて吉田総理大臣の御答弁は洵に私達人民を食つたものと信ずるのであります。殆ど問題になりませぬ。殊に侵略戦争の性質、此の性質を明かにせ

ず、而も此の侵略戦争が大資本家、大地主の利益の為に、軍閥官僚の為にやられた、此のことこそ大事である。此のことに対して何等の回答をなされないことは、洵《まこと》に人民に対して不親切であると信ずるのである。

……

内閣総理大臣　吉田茂君

徳田君の意見には同意が出来ない

御答へ致します。此の度の戦争の性格に付ては、徳田君の意見と私は同意が出来ないことをはつきり先程申したのであります。……

衆議院本会議

昭和二一年六月二五日（火）

議長　樋貝詮三君（日本自由党）

帝国憲法改正案は三読会の順序を経て議決する

此の際御諮り致します。帝国憲法改正案は三読会の順序を経て議決したいと存じます。御異議ありませぬか。

（「異議なし」と呼ぶ者あり）

議長　樋貝詮三君（日本自由党）

帝国憲法改正案第一読会

御異議なしと認めます。仍《よっ》て其の通り決しました。——日程第一、帝国憲法改正案の第一読会を開きます。——吉田内閣総理大臣

内閣総理大臣　吉田茂君

帝国憲法改正案

日本国憲法

日本国民は、国会における正当に選挙された代表者を通じて、我ら自身と子孫のために、諸国民との間に

平和的協力を成立させ、日本国全土にわたつて自由の福祉を確保し、政府の行為によつて再び戦争の惨禍が発生しないやうにすることを決意し、ここに国民の総意が至高なものであることを宣言し、この憲法を確定する。そもそも国政は、国民の崇高な信託によるものであり、その権威は国民に由来し、その権力は国民の代表者がこれを行ひ、その利益は国民がこれを受けるものであつて、これは人類普遍の原理であり、この憲法は、この原理に基くものである。我らは、この憲法に反する一切の法令と詔勅を廃止する。

日本国民は、常に平和を念願し、人間相互の関係を支配する高遠な理想を深く自覚するものであつて、我らの安全と生存をあげて、平和を愛する世界の諸国民の公正と信義に委ねようと決意した。我らは、平和を維持し、専制と隷従と圧迫と偏狭を地上から永遠に払拭しようと努めてゐる国際社会に伍して、名誉ある地位を占めたいものと思ふ。我らは、すべての国の国民が、ひとしく恐怖と欠乏から解放され、平和のうちに生存する権利を有することを確認する。

我らは、いづれの国家も、自国のことのみに専念して他国を無視してはならぬのであつて、政治道徳の法則は、普遍的なものであると信ずる。この法則に従ふことは、自国の主権を維持し、他国と対等関係に立たうとする各国の責務であると信ずる。

日本国民は、国家の名誉に懸け、全力をあげてこの高遠な主義と目的を達成することを誓ふ。

第二章　戦争の抛棄

第九条　国の主権の発動たる戦争と、武力による威嚇又は武力の行使は、他国との間の紛争の解決の手段としては、永久にこれを抛棄する。

陸海空軍その他の戦力は、これを保持してはならない。国の交戦権は、これを認めない。

第十章　最高法規

第九十四条　この憲法並びにこれに基いて制定された法律及び条約は、国の最高法規とし、その条規に反する法律、命令、詔勅及び国務に関するその他の行為の全部又は一部は、その効力を有しない。

内閣総理大臣説明

只今議題となりました帝国憲法改正案に付きまして御説明を申します。

ポツダム宣言及び関聯文書は、平和新日本の向ふべき大道

御承知の如く昨年我が国が受諾致しましたポツダム宣言及び之に関聯し聯合国より発せられたる文書には「日本国国民の間に於ける民主主義的傾向の復活強化に対する、一切の障礙《しょうがい》を除去し、言論、宗教及び思想の自由並に基本的人権の尊重を確立すべきこと」並に「日本国の政治の最終の形態は、日本国国民の自由に表明する意思に依り決定さるゝべきこと」の条項があるのであります。此の方針は正に平和新日本の向ふべき大道を明かにしたものであります。是が為には何と致しましても国家の基本法たる憲法の改正が要諦と考へるのであります。仍《よっ》て政府は前内閣及び現内閣に亙り、鋭意之が調査立案の歩を進めて参つたのでありますが、ここに成案を得るに至りましたので、之を今回の帝国議会に付議せられんことを奏請致しまして、今日本院の御審議に付せられることに相成つたのであります。

本改正案の基調

本改正案の基調とする所は、国民の総意が至高のものであるとの原理に依つて諸般の国家機構を定め、基

本的人権を尊重して国民の自由の福祉を永久に保障し、以て民主主義政治の基礎を確立すると共に、全世界に率先して戦争を抛棄し、自由と平和を希求する世界人類の理想を国家の憲法条章に顕現するにあるのでありまして、此の精神は本改正案中の全《前?》文に詳細に示されて居る所であります。以下改正案中重要なる諸点に付て申述べたいと思ひます。……

戦争抛棄は改正案に於ける大眼目

改正案は特に一章を設け、戦争抛棄を規定致して居ります。即ち国の主権の発動たる戦争と武力に依る威嚇又は武力の行使は、他国との間の紛争解決の手段としては永久に之を抛棄するものとし、進んで陸海空軍其の他の戦力の保持及び国の交戦権をも之を認めざることに致して居るのであります。是は改正案に於ける大なる眼目をなすものであります。斯かる思ひ切つた条項は、凡そ従来の各国憲法中稀に類例を見るものでございます。斯くして日本国は永久の平和を念願して、其の将来の安全と生存を挙げて平和を愛する世界諸国民の公正と信義に委ねんとするものであります。此の高き理想を以て、平和愛好国の先頭に立ち、正義の大道を踏み進んで行かうと云ふ固き決意を此の国の根本法に明示せんとするものであります。……

法の民主化と口語体

尚ほ本改正案は、以上申述べた実体に照し、其の形式に於きましても、所謂法の民主化を図り、成るべく一般国民の理解に容易ならしむるやう口語体を以て表現し、平仮名を採用する等の措置を執つたのであります。是は法令の形式としては正に劃期的の事柄であると存じます。

以上を以ちまして本案の大要の説明を終ります。何卒宜しく御審議あられんことを希望致します。（拍手）

議長　樋貝詮三君（日本自由党）

質疑の通告があります。順次之を許します。――北昤吉君

〔北昤吉君登壇〕

北昤吉君（日本自由党）

先般憲法改正法案が本議会に提出され、更に本日総理大臣から改正草案提出の理由を説明に相成りましたが、私は此の改正草案に付て幾多の質すべきものを持つて居るのであります。……

現行憲法改正の根拠

先づ現行憲法改正の根拠に付て御尋ね致しますが、私の見る所では、改正憲法の特色が二つある。先づ国内に於て民主化を徹底すること、更に国内国外に亙りて平和主義を徹底させること、是は本月二十日議会へ提出されました憲法改正の草案に関聯致しまして、勅書を賜はりましたが、其の勅書の中に明瞭に御示しになつて居ります。又此の点は此の草案が発表されました際に、マッカーサー元帥の声明に依つても明瞭であります。即ち元帥は三権分立の思想に依つて独裁政治を防止し、国民主権を徹底することと、主権固有の権力たる所の交戦権を抛棄し、平和愛好国民の真実と正義とに依頼することを以て二大特色と指摘致して居ります。又マッカーサー元帥は、日本国民が過去の神秘主義と非現実性とから脱却することを要求し、新しき信念と希望とを持つた現実主義の方向に向ふべきことを要望致して居ります。

今更憲法改正の必要なしと認める学者なきにしもあらず

是等に依つて憲法改正草案の特色は十分に示されて居りまするが、今更憲法改正の必要なしと認める学者なきにしもあらずであります。例へば是まで比較的進歩的の憲法学者と認められて居りました美濃部達吉博士の如きは、現行憲法の規定は必ずしも悪くはない、唯一部の人々が之を悪用した、即ち憲法の運用宜しきを得なかつたが為に、今日の日本の悲惨なる状態を招来したと看做して居ります。実際天皇と一般国民との間に介在して居る所謂《いわゆる》特権階級、所謂封建的殘滓が今日を禍ひしたことは、今や国民の常識となつて居るのみならず、是は聯合国側にも十分に認められて居る所であります。それのみならず現行憲法に於ても、既に戦敗の結果軍備がなくなり、丸裸になつた状態に於きましては、憲法第十一条の統帥権の独立の条項も意義をなさず、第十二条の用兵作戦の条項も意義をなさないので、軍部が現在の憲法に於きましても政治に干渉する余地は殆どなくなつて居ります。即ち天皇と国民との直結が可能になつて、運用宜しきを得ば民主主義の傾向に我々は進展することが出来る。現にキーナン首席検事の国際裁判所に於ける論告に徴しましても、A級犯人を真の日本の支配者であると指さし、天皇と一般国民とは戦争の犠牲者であると称して居ります。即ち現行憲法の場合に於ても、運用宜しきを得ば必ずしも非民主的でないと云ふ議論があります。

政府が断乎憲法改正を決意したについては、何等か重大な根拠がなければならぬ。詳細なる説明を求む

然るに政府が敢てここに断乎として憲法改正を決意したことは、更に何等か重大なる根拠がなくてはならぬのでありまするが、唯民主主義を徹底する為め、平和主義を徹底する為めであると一応の説明だけでは、まだ全国民が納得する程度でないと思ひまするので、総理大臣の之に関する詳細の説明を承りたいと存じます。……

戦争に負けて武装を解除された戦敗国が戦争を抛棄しても国際的には余り効果がない、寧ろ進んで永世局外中立運動を起こすべきではないか

それから戦争抛棄の第二章に移ります。勿論我々は此の憲法の特色は、国内に於て民主化を徹底するのみならず、国の内外に亙つて其の平和思想を徹底すると云ふ新段階に躍進せんとするのでありますから、此の憲法の進歩性はここにあるのであると思ひますが、私は戦争に負けて武装解除をした国が、戦争致しませぬと言ふのは、貧乏者で赤貧に陥つて居つて、倹約致しますと言ふのと同じことである。国際的には余り効果はない。是は寧ろ進んで永世局外中立運動を起して、此の微力なる日本が平和に生活出来るやうに、内閣諸公の用意と準備とがなければならぬと考へますが、内閣総理大臣、外務大臣等は之に付て何等かの態度を執つて居られるでありませうか、（拍手）之を承りたい。

勿論理論的に言へば、此の自衛権の発動の場合は、相手が武器を持ち、こつちは空手であつても、自分の貞操若しくは名誉を擁護する場合には、敢然と反対するのが日本の国民の本当の基本的の権利です。是は国家の基本的権利と言はざるを得ないぢやないか。実質的な陸海空の三軍を設けないと云ふ憲法の規定であるから、是は設けても宜しいが、一部の人は突如として天皇と国民の権利義務の二つの章の間に斯う云ふものを入れるより、天皇の章の前に持つて来て、総論的に入れたらどうかと云ふ説もあります。更に進んで此の憲法の前文プレアンブルの中に入れたらどうかと云ふ説もあります。体裁としては此の二つの何れもが是よりも宜いでありませうが、併し此の憲法の草案が発表されました時に、マッカーサー元帥が日本の憲法の進歩性、非常に特色のある進歩性として指摘した所の此の条項でありますから、当局としては変更は困難を感じますと想像致します。政府はどうか、此の規定は日本が平和生活を愛するのみならず、世界に向つて平和生活の勧告をする、平和運動の尖端に立つ覚悟があると云ふことを示す為に、何等かの政治的工作をしなけ

ればならぬ義務があると私は考へる。（拍手）さうしなければ此の憲法は進歩的であると云ふ、此のことが画餅に属する。

デモクラシーの失敗はファッショ、ナチスを擡頭せしむ

此の前の大戦後ドイツが戦争に負けましてワイマール憲法が出来た時は、世界の最も進歩的な、近代的な憲法だと言はれたが、其の運用を誤つて小党分立して、最右党から最左党まで絶えず国内闘争を事と致して居つたが為に、聯立内閣、短命内閣の連続であります。遂にデモクラシーは失敗し、デモクラシーは労力的にも金銭的にも余り是は効果的のものでないと云ふ印象を与へて、ヒトラー運動の擡頭を促した。世間ではあれを称して、社会党と共産党が共同戦線を張つたらヒトラー運動が起らなかつた。此の二つの政党の共同戦線を張らざりしことに原因を求めて居るが、私はドイツの欧州大戦後、即ち国内政治の失敗、民主主義政治の失敗がナチス運動を起したと思つて居る。（拍手）イタリーのファッショ運動の起源もそこにある。デモクラシーが完全なる限りナチス運動やファシズム運動は起らない。不健全で失敗した時は、混沌たる無政府状態よりはストロング・ハンド、強き手に依る何等かの政治が宜しい。二つの悪いものを選ぶ時に、少き悪いものを選ぶ、是がファッショやナチスの擡頭の所以であります。

憲法で戦争抛棄を規定し乍ら、同内では到る処戦闘準備

政府は之に十分に注意しなければならぬ、然るに憲法で斯う云ふ規定を掲げながら、国内に於ては到る処戦闘準備――やあ人民戦線だ、やあ民主戦線だ――戦争抛棄、平和主義のものは、苟《いやし》くも戦ひと云ふ名を国内に於ては私は用ふべからざるものであると考へるのであります。（拍手）諸君は如何に考へますか。国内

輿論の闘争の連続は国際的波瀾を生ずる一種の準備行動と考へざるを得ない。……

其の他聴きたいことも多々ありまするが、詳細は委員会に譲りまして、先づ私の述べました総論的質問五項、細目的質問の諸項目、天皇の規定に関し、或は国民の権利義務に関し、或は国会、内閣、司法の諸規定に関し私の質問致しました事柄に付きまして、内閣総理大臣初め所管大臣の御答弁を煩はしたいと存じます。

〔国務大臣　吉田茂君登壇〕

内閣総理大臣　吉田茂君

現行憲法は、その精神を歪曲し、混用される弊がある

御答へ致します。現行憲法でも運用宜しきを得れば改正する必要がないではないかと云ふやうな議論もあると云ふ御話であります。是は現憲法は万世不磨の大典として国民の崇敬の的であつたことは諸君の御承知の通りであります。併しながら敗戦の今日、破局の今日、此の不幸なる敗戦を持来して、現在の如き不幸なる状態を持来して居ると云ふことが抑々《そもそも》何であるか、是は敢て憲法の欠点とは申しませぬが、不幸にして憲法の意義精神が歪曲せられて、遂に斯くの如き状態に政治状態を持来した、悲運を持来したと云ふことを考へて見まするると、此の点からも相当改正をしなければならぬ時に際会して居ると考へざるを得ないのでありまます。

ポツダム宣言等の降伏条項等に照し合はせて見ても改正は必要

殊に又ポツダム宣言等の降伏条項等に照し合はして考へて見まして、現在の憲法其の儘では国政の運用に於ても、或は国際関係を整理致します上に於ても十分でないと考へざるを得ない色々の点があります。……

欧米諸国の日本に対する感情、考へ方に容易ならざる事態を認む

政府が憲法改正の必要を認めまして、研究に着手致しましてから、欧米其の他の日本に対する感情、考へ方に付て色々事態が明瞭になつて来ますると共に、日本の国際関係に於て容易ならざるものがあることを考へざるを得なくなつたのであります。先づ第一、日本の従来に於ける国家組織、此の国家組織が再び世界の平和を脅かすが如き組織であると誤解されたのであります。日本を戦争に導いた原因、国情、組織等が世界の平和に非常な危険を感ぜしむるものありと誤解されたことであります。随て又日本が再軍備をして世界の平和を乱す、撹乱することの危険がありはしないか、是は聯合国に於て最も懸念した所であります。

欧米諸国の日本に対する誤解、疑惑もまた尤も

故に先づ第一に聯合国と致しまして、日本に対して求むる所は日本の軍備の撤去であります。日本が再軍備が出来ないやうにする。日本の軍備撤去と云ふこと、世界の平和を脅かさざるやうな国体の組織にすると云ふことが必要である。是は固より誤解から生じたのであります。日本を軍国主義、極端なる国家主義の国家として考へられ、国民として考へ、好戦的の国民と考へた、其の誤解からでありまするが、併しながら此の五箇年の間の戦の悲惨なる結果から見まして、斯くの如く考へ、又世界が平和を愛好すると云ふ精神から考へまして、日本に対する疑惑、懸念は又尤もと考へざるを得ないのであります。

国体を維持し、国家を維持するには、憲法を改正し、諸国の誤解を一掃する必要を感得

日本が敗戦の此の悲運に処して、国体を維持し、国民の幸福を維持するが為には、大いに考へなければならぬことに際会したのであります。此の誤解を解き、此の世界の懸念を解くことが日本国として先づ考へな

ければならぬことであり、日本国民として先づしなければならぬことであるのであります。聯合国から致しますと、上に皇室を戴いて、此の忠勇なる日本国民が皇室を中心として一致団結する、さうしてそこに平和に対する危険があり、世界の平和を乱す原因がそこにあると考へられたのであります。斯くの如き疑惑の下にあつて、又斯くの如き危険なる疑惑の下にあつて、日本が如何にして国体を維持し、国家を維持するかと云ふ事態に際会して考へて見ますると、日本の国体、日本の国家の基本法たる憲法を、先づ平和主義、民主主義に徹底せしめて、日本憲法が毫も世界の平和を脅かすが如き危険のある国柄ではないと云ふことを表明する必要を、政府と致しましては深く感得したのであります。是に於てか、此の憲法改正案を草案するに至つたのであります。松本案を見られて、さうして新憲法を御覧になると、如何にも其の懸隔の甚だしいことを御感じになりませうが、其の茲に至つた所以は、さう云ふ国際事情を考慮に入れてのことであります。此の点は各位に於かれて深く国際情勢に付て御研究下さることを切望致します。（拍手）……

戦争抛棄については御意見の通り

其の他戦争抛棄に関する御質問もございましたが、是は御意見の通りであります、日本と致しましては、新平和国家の建設、日本が再建せらる丶場合に於て、平和主義に徹底し、民主主義に徹底する為には、斯くの如き新しい条項を憲法の中に入る丶ことが、先程申しました国際情勢から考へて見て必要と考へるのであります。又斯くすることに依つて、日本自身が平和国際団体の魁《さきがけ》になると云ふことを考へての此の憲法の条章の規定なのであります。……

衆議院本会議

昭和二一年六月二六日（水）

原夫次郎君（日本進歩党）

去る二十日畏くも御勅書に依りまして憲法草案が本院に提出になりましたことは、洵《まこと》に恐懼感激の至りであります。我々は我が国再建の為に此の憲法改正案を審議致すことは甚だ光栄の至りでありまして、同時に又極めて重大なる任務を持つものであります。各党各派を超越致して、此の憲法問題に付きましては慎重審議、誠意誠心を以て其の事に当りまして、此の負託に副はんことを期して居るものであります。尚ほ同時に此の憲法草案の作成の事に当られましたる前内閣並に現内閣の各閣僚方に対して、此の際其の御労苦に対して深甚なる敬意を表するものであります。私は先づ以下述べまする三、四点の問題に付きまして、吉田総理大臣に御伺ひを致したいと存ずるのであります。……

戦争抛棄の問題

第三点と致しましては、改正案第二章の所謂《いわゆる》戦争抛棄の問題であります。首相は度々是まで本演壇に於きまして、此の度の改正案の非常に重大なる部分は第一《ママ》条なり、此の戦争抛棄の問題であると云ふことを高調せられて居たのでありますが、洵に御尤もな次第と私共も存ずるのであります。此の戦争抛棄の条文が加入致したと云ふことに付きましては、総理大臣の説明を附加せられた所を見ましても、又我々が此の改正案を通読致した場合に於きましても、是は真に草案を作成せられたる内閣に於て、考へられなかつた問題であると思ふのであります。極めて我が国の前途に取りまして、非常なる関心事であります。此の戦争抛棄なるものは結局世界平和に寄与せんが為めであると、一言にして申せば尽きるやうでありますが、一面から独立国家の体面と致して、我が国が進んで戦争の指導者となるとか、戦争を勃発する計画をなすとか云ふことは、此の度の苦い経験に依つて誰一人考へる者はないのでありまするが、唯恐るべきは、我が国を不意に、或は計画的に侵略せんとするもの達、或は占領せんとするものが出て来た場合に、我国の自衛権と云ふものまでも抛棄しなければならぬのか、此の自衛権を確立すると云ふことの為には、此の附き物は当然其の用意をして置かなければならぬ。

戦争抛棄と自衛権とのヂレンマ

是は即ち陸、海、空軍とか、或は其の他の武力の準備であります。此の準備なくしては自衛権を全うすることは出来ないと云ふ所が、非常なるヂレンマに掛つて居る問題でありますが、併しながらそこに非常なる苦心を払はれた跡があると想像致します。

不意な襲来、侵略に如何に対処するか

是は若しさう云ふ不意な襲来とか、侵略とか云ふやうなことが勃発した場合に於て、我が国は一体如何に処置すべきか、此の問題に付ては政府当局に於ても当然考へられた問題だと思ふのであります。色々国際情勢などから考へ来たつて、遂に此の条文を置かなければならない立場に立到つたと云ふことは、深く想像に余りある所でありますが、何としても斯う云ふ自衛権までも武力防衛が出来ないと云ふことになりましたならば、どうしても他国に対する依存に依つて之を防衛しなければならぬ、斯う云ふことに結論付けられる

と思ふのであります。

武力防衛が出来なければ他国に依存するのほかはない

然らば先づ斯かる条文を置かるゝ場合に於て、他国とさう云ふ場合の何か条約でも、或は取交はしでもあるのかどうか、是も当然想像しなければならぬと思ふのであります。殊に私は此の問題に牽関して御伺ひ致したいのは、彼の第一次欧州大戦の跡始末に於きましては、国際聯盟なるものが出来まして、殆ど世界に戦争再発なんと云ふことは考へない位に発展させて居たのでありますが、然る所此の聯盟は遂に失敗に終りまして、今次の大戦争を再発するに至つたのであります。

世界聯合国家のやうなものが出来れば、日本が戦争を抛棄しても、それ程心配しなくても宜い。この点に関し説明を求む

其の関係上今日の此の戦争終熄後に於ける聯合国の態度に付きましては、外電の伝ふる所に依りますと、従来の経過に鑑みて此の度は其の轍《てつ》を履まないで、聯合国が指導者の立場に立つて、或は世界聯合国家までも創設しなければならぬと云ふやうな、色々話合ひもあると云ふことでありまするが、若しさう云ふ機関が出来まするならば、一体全世界の上の国家に対して、其の国家の上に更に一つの大きな厳然たる国家権力が行はれると云ふやうなことになれば、それこそ永遠の平和を保つことが出来、又日本が戦争を抛棄することの為に、それ程心配はしなくても宜いぢやないかと云ふやうな考へも起るのであります。そこで私は吉田前外相、此の吉田総理大臣は其の立場に於て、是等の点に付ては非常に造詣の深い方でありまするから、一つ此の点に於きまして十分なる御説明を願ひたいと存ずるのであります。以上を以て吉田総理大臣に対する質

問条項を終ります。……

内閣総理大臣　吉田茂君

御答へを致します。……

第九条は、直接には自衛権を否定しないが、自衛権の発動としての戦争も交戦権も抛棄したもの

自衛権に付ての御尋ねであります。戦争抛棄に関する本案の規定は、直接には自衛権を否定はして居りませぬが、第九条第二項に於て一切の軍備と国の交戦権を認めない結果、自衛権の発動としての戦争も、又交戦権も抛棄したものであります。従来近年の戦争は多く自衛権の名に於て戦はれたのであります。満洲事変然り、大東亜戦争亦然りであります。今日我が国に対する疑惑は、日本は好戦国である、何時再軍備をなして復讐戦をして世界の平和を脅かさないとも分らないと云ふことが、日本に対する大なる疑惑であり、又誤解であります。先づ此の誤解を正すことが今日我々としてなすべき第一のことであると思ふのであります。又此の疑惑は誤解であるとは申しながら、全然根底のない疑惑とも言はれない節が、既往の歴史を考へて見ますると、多々あるのであります。故に我が国に於ては如何なる名義を以てしても交戦権は先づ第一自ら進んで抛棄する。抛棄することに依つて全世界の平和の確立の基礎を成す。全世界の平和愛好国の先頭に立つて、世界の平和確立に貢献する決意を先づ此の憲法に於て表明したいと思ふのであります。（拍手）

日本を侵す者は平和に対する冒犯者、全世界の敵

之に依つて我が国に対する正当なる諒解を進むべきものであると考へるのであります。平和国際団体が確

立せられたる場合に、若し侵略戦争を始むる者、侵略の意思を以て日本を侵す者があれば、是は平和に対する冒犯者であります。全世界の敵であると言ふべきであります。世界の平和愛好国は相倚《あいよ》り相携へて此の冒犯者、此の敵を克服すべきものであるのであります。（拍手）茲に平和に対する国際的義務が平和愛好国若しくは国際団体の間に自然生ずるものと考へます。（拍手）

鈴木義男君（日本社会党）

政府は今回劃期的な憲法改正案を議会に付議されたのであります。時局は極度に逼迫して居ります。国民は未曾有の窮乏に喘いで居ります。憲法で腹は膨れないと言はれる、食糧危機とインフレ危機を傍らにして、憲法審議をなすに適するかと云ふことも疑はれる位でありますが、総ては善き政治から出発するのであります。

明治以降未曾有の重大任務

一日も早く善き憲法を持つことは日本国家の救ひであります。随て我々に課せられたる任務は、明治以降未だ曾てなかつた程重大なるものであることを自覚して居る次第であります。悲しむべき敗戦の結果とは申しながら、茲に従来の積弊を払拭して、全く新しい、明朗にして民主的なる日本を建直す為に、政府は茲に真に劃期的と申して宜しい構想の上に立つ改正案を立案されましたことに対しましては、我々も十分敬意を表するものであります。（拍手）

草案は能く立案され、大体に於て我々の主張と期待に近い

此の草案を熟読致しまするに、中々能く立案されて居る、大体に於て我々の期待と主張とに近いものがあると云ふことを認むるに吝《やぶさ》かでないのであります。併しながら国民の声を身近に感じて居る我々として、又従来の我々の主張に鑑みまして、幾多重要な部分に付て修正と追加とを希望する点も少くないこと勿論であります。昨日提案理由を承りまして、微に入り細に亙つて疑ひを質したい点が多々あるのでありますが、細かい点は総て委員会等の席上に譲りまして、此の際三、四の根本的問題に付てだけ、政府の所見を承つて置きたいと存ずるのであります。

所で具体的質問に入りまする前に、御尋ねを致して置きたいことがあります。それは此の憲法草案の前文に付てであります。……是から本論の御質問を致しまするが、先づ第一に御伺ひをしたいのは、主権の所在に付てであります。……

戦争抛棄の宣言

次に御尋ねを致したいのは、戦争抛棄の宣言に付てでありますが、我が国が苦い経験に鑑み、平和主義に徹しまして、我が国の安全と生存とを挙げて平和を愛する世界諸国民の公正と信義に委ねまして、政策としての戦争は之を抛棄し、一切の軍備を撤廃すると云ふことを国是としましたことは結構なことであります。

政策としての戦争抛棄と軍備撤廃は結構

縦《よ》しや外国評論界の一部に、それは子供らしい信念だと嗤ふ者がありましても、過つて改むるに憚ることなかれでありまして、我が国が先鞭を付けることに依りまして、世界の国々の憲法に此の種の規定を採用せしむるだけの意気込を以て臨むべきであると信じます。（拍手）現に不成立に終りましたが、フランスの過般の憲法草案には、征服的戦争は決してしないと云ふことを宣言して居るのであります。段々之に倣ふものが多くならうと信じます。

進んで平和を愛好し、国際信義を尊重するの国是を憲法中に明かにしたい

我が党は、単に消極的戦争抛棄を宣言するだけでなく、進んで平和を愛好し、国際信義を尊重することを以て我が国是とすると云ふことを、憲法の中に明らかにしたいと考へて居るものでありまするが、其のことは姑《しばら》く措きまして、戦争の抛棄は国際法上に認められて居りまする所の、自衛権の存在までも抹殺するものでないことは勿論であります。其のことは心配をして御質問になつた方が二、三あるやうでありますが、御心配は御無用であります。併し軍備なくして自衛権の行使は問題となる余地はないのでありまするから、将来幸ひに国際聯合等に加入を認められまする場合に、国際聯合に安全保障を求め得られるであらうと云ふことを期待致すのでありまするが、我々の心配致しまするのは、我が国が第三国間の戦場となるやうなことであります。

戦争抛棄は自衛権の存在を抹殺するものではない。併し、軍備なくしては自衛権の行使は問題となる余地はない　国際聯合による安全保障を求める用意があるか

是は憲法の問題ではありませぬが、斯う云ふ宣言を致しまする以上、政府は将来外交的手段其の他に愬《うった》へて、一日も早く国際聯合に加入を許され、安全保障条約等に依つて我が国が惨禍を被むることを避けられるやうに善処せられる用意があられるかと云ふことを念の為に御尋ね致すのであります。（拍手）

是は国民全体が深く心配を致して居る所でありまするから、此の際政府の御所見を明かにせられたいと存ずるのであります。

永世局外中立は今日の国際社会ではアナクロニズム

昨日北君は局外中立を交渉する用意があるかと質問されたのでありまするが、局外中立、殊に永世局外中立と云ふものは前世紀の存在でありまして、今日の国際社会に之を持出すのはアナクロニズムであります。今日は世界各国団結の力に依つて安全保障の途を得る外ないことは世界の常識であります。（拍手）加盟国は軍事基地提供の義務があります代りに、一たび不当に其の安全が脅かされます場合には、他の六十数箇国の全部の加盟国が一致して之を防ぐ義務があるのである。換言すれば、其の安全を保障せよと求むる権利があるのでありますから、我々は、消極的孤立、中立政策等を考ふべきでなくして、飽くまでも積極的平和機構への参加政策を執るべきであると信ずるのであります。（拍手）此の点に付て政府の御所見は如何でありますか。……

国務大臣　金森徳次郎君

鈴木君の御尋ねになりました点に付きまして、比較的根本と認めらるゝ方から順次御答へを致したいと思ひます。随て省いたからと云ふのではなくて、若し先に述べませぬければ、後で御説明をする順序になります。……

外交手段により世界に呼び掛けたい気持は持つて居るが、未だ時期が適当でない

第二章の戦争抛棄の関係に於きまして、此の自衛権は勿論存すると云ふ御前提から、更に外交的なる手段を以て世界に呼び掛けると云ふ気持は持つて居るか、努力する其の腹案に付て御尋ねになりましたが、是は総理大臣が他の機会に於て御説明になりました通り、左様な考へを心の中には描いて居るけれども、現実の

問題としては之を明かにするには時期が適当でない、斯う云ふ意味に御考へを願ひたいと思ひます。……

鈴木義男君（日本社会党）

只今の御答弁は甚だ不満足の点が多々ありますけれども、是れ以上申上げることは時間を要しますから、委員会其の他に譲りまして、一応私の質問を打切ります。

衆議院本会議

昭和二一年六月二七日（木）

吉田安君（日本進歩党）

憲法改正案を提出した政府に対し深甚の敬意と感謝

政府が第九十回帝国議会開会の劈頭《へきとう》に当りまして、憲法改正案を御提出に相成りましたことは、万難を排しての結果であると存じまして、我が党は深甚の敬意と感謝の意を表するものであります。上程以来既に数日に亙りまして、各方面から種々質疑を致されて居るのであります。憲法全部を通じて必要なる所は、大体毎日論議に上って居ります。私が本日政府に御尋ね致したい事柄の点に付きましても、又重複の嫌ひある所もあるのでありまするが、さうした所は国家百年の基盤をなす憲法改正の時でありますから、繰返し繰返し納得の行くまで質疑すべきものであると存ずるのであります。唯私は其の順序と致しまして、一応項目を先に申上げて、其の項目の大要に付て御尋ねを致すことに致します。……

戦争抛棄に関する政府の根本理念

第三には、戦争抛棄に関することを御尋ね致すのです。之を憲法に規定致しましたる政府の根本理念を御伺ひ致したい。是も亦各議員諸公から詳しく質してありまするが、苟《いやし》くも此の戦争抛棄と云ふことを憲法の条章に謳つたと云ふ以上は、将来之を空文たらしむることは断じて許されないのであります。随て此の点に付ても御尋ねを致したい。……

天皇制問題に次いで国民に大衝動

憲法草案の此の戦争抛棄と云ふことは、是は天皇制の問題に次いで国民に大衝動を与へた事柄であります。之を考へまする時に、我々はどれ程心を痛めるか分らぬ。併しながら心を痛めると云ふことは、それは憲法の条章に之を規定したからである。敗戦国家が外国に向つて、もう私は戦は致しませぬと言ふのは、是は当り前でせう。それを憲法に掲ぐると云ふことが、是が世界的にも衝動を与へて居ると私は考へる。随て是が空文になるやうな結果になることは、断じて戒しめねばならぬのでありますから、此の点に付ても御尋ねを致します。

単なる贖罪的規定ではない、更に遠大なる目的がなければならない

或る人は、戦争抛棄は、侵略国家たる日本が平和国に戦を仕掛けて負けたから、其の贖罪的な規定であると、斯う言ふ人もある。勿論贖罪的な規定とも考へられまするが、之を唯贖罪的だとのみ考へるならば、余りにも過大過ぎると私は思ふ。何処にか国家としてはまだ遠大なる目的がなければならぬ。

国内に於て此の規定を如何に活かして行くか

其の遠大なる目的に対しましては、総理大臣から何回も御答弁になつて居りまするが、又一面国家の最低限度の自衛権はどうだ斯うだと言ふ人もあるのでありまするが、或は又永世局外中立国云々、国際聯合国云々と云ふ高遠なる目的は勿論必要でありまするが、其の高遠なる目的に進むに付きましては、何としても先づ国内に於て此の戦争抛棄を如何に活かして行くかどうかと云ふ、それに対する御考へを私ははつきり承つて置きたいです。御承知の通りに第一次世界戦争でドイツが負けた。ドイツが負けると、聯合国は寄つて

集つて再起不能ならしめる程の、政治的にも経済的にも手枷足枷をしたでせう。又ドイツの国民は戦争は真つ平だ、民主主義、デモクラシーでなくちやならぬと云つて、それ一色に塗り潰されましたが、数十年を出でずして遂に軍国主義となり、ヒトラーに率いられて今日其の国は滅んで居るが、日本亦それに禍ひされて今日の敗戦国家に落ちぶれてしまつて居るのでありますから、憲法の規定に之を明かにした以上は、国内的に之を何処まで維持し、何処まで徹底せしむるかと云ふことは、最も心掛けなければならない重大なる点であると考へます。此の点に対する御答弁を伺ひたいのであります。……

国務大臣　金森徳次郎君

大乗的見地に於て平和の一路を突進して、世界文化諸国の先頭をなす

……第三の御質問と致しまして、戦争抛棄に関する日本の此の憲法に於ける主張は空文になつてはならぬ、又之を単に独裁的規定とのみ考へてはならぬ、遠大なる此の目的を達成する為に、国内に於て凡ゆる手段を講じて之に努力しなければならぬと思ふが、政府はどう考へて居るかと云ふ御趣旨であつたと思ひます。

第一項については類例もあるが、第二項は劃期的な日本の努力

衆に先んじて一大勇気を奮つて模範を示す

御主張の如く、日本は此の際大乗的見地に於きまして、平和の一路を突進して、世界文化諸国の先頭をなす趣旨を以て此の案を設けたのでありまして、其の規定の第一項に当るべきものは、世の中に必ずしも類例がない訳ではありませぬが、第二項を設けまして、名実共に平和の一路に進む態度を示しましたことは、劃期的な日本の努力であると思ふのであります。

大体人類の世界に於ける理想を実現致しまする為に、単純なる伝統的の思想をのみ追究致しますれば、疑心暗鬼に依つて殆ど文化的前進をすることは出来ないのでありまして、日本は此の今回の改正草案の中に於きまして、衆に先んじて一大勇気を奮つて模範を示す趣旨であるのであります。随て固より之に基きましての凡ゆる施策に於きまして、一路此の目的を達成することが必要でありまして、平和的文化的な各般の処置は是よりして国家全局の力を総合して努力すべきものと考へて居ります。……

衆議院本会議

昭和二一年六月二八日（金）

野坂參三君（日本共産党）

日本共産党代表質問

私は日本共産党を代表して、主として六つの点に付て総理大臣及び金森国務大臣に御質問したいし、又其の他三、四の大臣方にも御質問したいと思ひます。今我々の前には憲法改正草案が出て居ります。是は新しい日本の骨組を作るものである。今日本の人民は新しい民主的な日本の建設を要求し、叫んで居る。

憲法改正は日本歴史に於て劃期的事件、世界注視の的

此の骨組を作る、是が即ち憲法の意義であり、又是が為に我々は今此処に討議を展開して居る。日本の歴史に於て是は劃期的な事件だと我々は考へます。併し是だけではない。世界全体が今此の議会を注視して居る。世界の民主的国家の人々が、今此の議会で討論される憲法草案がどう云ふ運命になるか、之を見守つて居る。謂はば今日本の国民は、特に我々代議士は、新しい学校の入学試験に会つて居るやうなものである。是が一つの試験問題、之に対して我々はどう云ふ解答を与へるか、果して世界の民主的人民が満足するやうな解答を与へるかどうか。若し我々が民主的な――徹底した民主的な憲法を作らなければ我々は落第だ。併し我々が真に世界の民主的人民のみならず、日本人民の本当に要求するやうな、斯う云ふ憲法を作り上げるならば、其の時初めて我々はパスする。又世界の民主的な諸国の仲間入りも許される。此の意味に於て今度

の憲法は国内的にも国際的にも重要な問題である。

一部代議士諸君の熱意が足らない

唯遺憾なことには、率直に申しますれば、此の憲法に対する当議院に於ける一部の代議士諸君の熱意が足らないことが非常にはつきり現はれて居る。此の議席を見ても分つて居る。此の重大な討議に於て是だけ欠席がある。是は我々自身が十分反省しなければならぬ。斯う云ふ態度で此のやうな重要な憲法が一体討議出来るか、正しい結論が見出されるか、是は我々全体が反省すべきであると思ふ。

憲法問題を中心にして二つの陣営

だが当議場に於て此の三日間、今日を寄せて三日半、此の討議に於て我々にはつきりしたことは、二つの陣営が此処に分れて来て居ること、此の憲法問題を中心にして、一つの陣営は、此の憲法を土台にして出来るだけ先へ先へ行かうとする、もつと徹底した進歩的な憲法を作らうとする、真に民主的な憲法を作らうとする、此の先へ先へ進まうとする斯う云ふ陣営、是は我々共産党が先頭に立つて居ると私は自負するし、又同時に或る程度に於て社会党も同じ陣営の仲間であると我々は信じて居る、是が第一の陣営。第二の陣営は、此の憲法を出来るだけ後へ後へ引摺らさう、後退させようと云ふ傾向が看取される。我々は若し此の私の見方が間違つて居れば《ママ》……

〔「違つて居る」「取消せ」と呼ぶ者あり〕

副議長　木村小左衛門君（日本進歩党）

静粛に願ひます。……

野坂参三君（続）（日本共産党）

戦争抛棄の問題　戦争には二つの種類がある

……偖《さ》て最後の第六番目の問題、是は戦争抛棄の問題です。此所には戦争一般の抛棄と云ふことが書かれてありますが、戦争には我々の考へでは二つの種類の戦争がある。二つの性質の戦争がある。一つは正しくない不正の戦争である。是は日本の帝国主義者が満洲事変以後起したあの戦争、他国征服、侵略の戦争である。是は正しくない、同時に侵略された国が自国を護る為めの戦争は、我々は正しい戦争と言つて差支へないと思ふ。

防衛的な戦争は正しい戦争と云つて差支へない、戦争一般の抛棄と云ふ形でなく侵略戦争の抛棄とするのが的確ではないか

此の意味に於て過去の戦争に於て中国或は英米其の他の聯合国、是は防衛的な戦争である。是は正しい戦争と云つて差支へないと思ふ。一体此の憲法草案に戦争一般抛棄と云ふ形でなしに、我々は之を侵略戦争の抛棄、斯うするのがもつと的確ではないか、此の問題に付て我々共産党は斯う云ふ風に主張して居る。日本国は総ての平和愛好諸国と緊密に協力し、民主主義的国際平和機構に参加し、如何なる侵略戦争をも支持せず、又之に参加しない、私は斯う云ふ風な条項がもつと的確ではないかと思ふ。此の問題に付て総理大臣に此処でもう一度はつきり回答願ひたい点がある。

首相は、日本の過去の戦争は侵略戦争でないと考へるか

それは徳田球一君が此処で総理大臣に質問した場合に、徳田球一君は此の戦争は侵略戦争である、之に付て総理大臣はどう云ふ風に考へられるかと云つた場合に、総理大臣は唯徳田君の意見には反対であると云ふ風に言はれた。さうすると此の御回答は、徳田君が侵略戦争と性質付けたあの性質付けに反対されるのかどうか、逆に言ひ換へれば、首相は過去のあの戦争が侵略戦争ではないと考へられるかどうか、之を此処ではつきりと言つて戴きたい。一体戦争の廃棄と云ふものは一片の宣言だけで、或は憲法の条文の中に一項目入れるだけに依つて実現されるものではない。

政府は戦争犯罪人を何処まで徹底的に究明する積りであるか

軍事的、政治的、経済的、思想的根因、此の根本原因を廃滅すること、是が根本だと思ふ。即ち我々は戦争犯罪人を徹底的に究明すること、之に付て先程も申しましたやうに、政府は非常に緩慢なやうに見える。或は怠慢のやうにも見える。私は総理大臣、内務大臣或は必要ならば司法大臣に御聴きしたいが、政府は此の戦争犯罪人、此の中には積極的な者もあり、又消極的な者も含まれるが、之を何処まで徹底的に究明される所存であるか、何時どの位之を処置される積りであるか、之を御聴きしたい。

反動諸団体の取締

又第二には戦争を実際に廃める為には、現在まだ秘密或は半公然と存在する所の反動諸団体、之の指導者、之に対する取締を内務大臣は現在どのやうにやつて居られるか。

官僚主義、官僚機構の徹底的廃滅

第三には実際に戦争を廃滅する為には政治上に独裁機構を作つてはならない、之を徹底的に廃滅する、官僚主義、官僚機構、之を徹底的に廃滅しなければならぬ。

侵略戦争の原動力たる財閥の解体

此の点に於てどの程度まで政府はやつて居られるか、やらうとされて居るか、又侵略戦争の原動力である所の財閥、之の解体の状態がどの程度まで進行して居るのか。

封建的土地所有制度の改革

又第五には、日本の封建主義の土壌であり、基礎である所の封建的な土地所有制度、是の改革に付て農林大臣はどのやうに今やられて居るか、既に農地調整法が出来てから半年以上過ぎて居るが、一体どのやうに進行して居るのか、又政府は土地改革を約束されたが、何時如何にして此の約束を実行されようとするか、之を此処で明言して戴きたいと思ふ。

教育面における戦争犯罪性の徹底

第六番目に、是は特に文部大臣に御聴きしたいが、戦争の犯罪性、侵略戦争の犯罪性、過去の日本の戦争が帝国主義的であり、侵略的であると云ふことを、一体教育面に於てどの程度まで徹底的に実行されて居るか、之を具体的に説明して戴きたいと思ふ。是が第六であります。……

憲法草案は主権在民の形を取りながら主権在君

偖《さ》て此の憲法草案の結論として、私達の見解は、此の憲法草案は主権在民と云ふ形を取りながら、実はさうではなくて主権在君である、斯う云ふ風に解釈せざるを得ない。是は吉田首相とか或は其の他の大臣方が此処で申された演説の中からも明かである。

共産党はあらゆる機会を利用し、民主主義を仮装した非民主主義的憲法の実態を暴露し、これが修正に努力する

……人民は此のやうな民主主義の仮装の下で、非民主主義的な実体を隠さうとするやうな政府の意図に反対する。我々共産党は凡ゆる機会を利用して此の草案の非民主的性質を暴露して、又之を修正することに努力する。私達は此の草案に付て小委員会に於て飽くまで我々の正しいと信ずること、是が真に日本の民主主義を確立すべき憲法であると云ふものにする為に、我々は全力を尽す積りです。是で私の質問はお終ひです。〔「共産党の性格をはっきりしろ」と呼ぶ者あり〕

内閣総理大臣　吉田茂君

御質問に御答へ致します。……

国家正当防衛権による戦争を認めることが有害

戦争抛棄に関する憲法草案の条項に於きまして、国家正当防衛権に依る戦争は正当なりとせらる、やうであるが、私は斯くの如きことを認むることが有害であると思ふのであります。（拍手）近年の戦争は多くは

国家防衛権の名に於て行はれたることは顕著なる事実であります。故に正当防衛権を認むることが偶《たまたま》〻戦争を誘発する所以であると思ふのであります。

交戦権抛棄の期する所は国際平和団体の樹立

又交戦権抛棄に関する草案の条項の期する所は、国際平和団体の樹立にあるのであります。国際平和団体の樹立に依つて、凡ゆる侵略を目的とする戦争を防止しようとするのであります。併しながら正当防衛に依る戦争が若しありとするならば、其の前提に於て侵略を目的とする戦争を目的とした国があることを前提としなければならぬのであります。

正当防衛権は戦争を誘発する。御意見の如きは有害無益

故に正当防衛、国家の防衛権に依る戦争を認むると云ふことは、偶〻戦争を誘発する有害な考へであるのみならず、若し平和団体が、国際団体が樹立された場合に於きましては、正当防衛権を認むると云ふことそれ自身が有害であると思ふのであります。御意見の如きは有害無益の議論と私は考へます。（拍手）

衆議院帝国憲法改正案委員会

昭和二一年六月二九日（土）

委員長　芦田均君（日本自由党）

委員長挨拶

一言御挨拶を申上げます。本委員会は、我が国の歴史に於ける劃期的の大事業を付託せられたのであります。

我が国の歴史に於て劃期的な文献

今回政府より提出されました帝国憲法改正案は、我が国が新たに民主主義文化的国家として出発する基盤を築き上げるものでありますから、我が国の歴史に於て劃期的な文献であるのみならず、更に其の法案の中には、軍備を撤廃し、戦争を抛棄する大理想を織込んであるのでありますから、之を世界史的の観点から眺めても、正に人類の国際生活に於ける新たなる金字塔を築くものであると信じます。

人類の国際生活に於ける新たなる金字塔を築くもの

此の大事業を我々委員の手で如何に成し遂げるかと言ふことが、将来の人類生活の上に大きな意義を与へるものであることは、御同様の深く確信する所であります。此の大責任を果す為に、我々委員一同は勇気と叡智とを以て、専心此の事業に挺身するの決意を新たにするものであります。不肖私は委員長たる光栄を与へられましたことに就て、其の責任の極めて重大なることを痛感致します。何卒委員諸君に於ては、熱心に御協力を与へられ、私の至らない所を、諸君の熱意と諸君の練達堪能なる識見に依つて補つて下さることを切望する次第であります。……

衆議院帝国憲法改正案委員会

昭和二一年七月一日（月）

国務大臣　金森徳次郎君

憲法改正案そのものを御判断を願ふのであつて、改正案の由つて生ずる基本、学理的なる考へ方は、直接には議会の御審議に属するものではない

憲法の改正案に付きまして内容を申上げたいと思ひまするが、予め御許しを得て置きたいことが一つあるのであります。それは私共の考へまする所に依りますれば、憲法の改正案を議会に付議致しまするこ とは、憲法改正案其のものを御判断を願ふのであつて、憲法改正案の由つて生ずる基本、学理的なる考へ方は、直接には議会の御審議に属するものではないと思つて居ります。随て本会議に於きましては、憲法の表に現れて居りまする条項の趣旨を弁明するに止めたのであります る。さうして其の背景に存在して居りまする幾多の基本的なものの考へ方に付きましては、是は憲法其のものの直接の内容でない為に、遠慮を致して居ります、併し斯くの如き種類の重大なる法案でありまして、尚ほ其の条文が個々の要点を示すのみであつて、其の根本に存在致しまする組立て方を直接に明かにして居りませぬ為に、何等かの御説明を申上げることが適当なやうに思つて居るのであります。併し其の内容は実は御審議の客体にならない、寧ろ学問上の判断でありますけれども、若し御許しを得まするならば、其の基礎に考へて居ります一つの説明方法、即ち私の考へまする所の学理的なる――学理的と申しましても深い所を言ふのではありませぬが、一渡り考へ方を――本当を云へば委員会でも申上ぐる範囲の外になるかも知れませぬけれども、御許しを得まするならば、それを申上げたいと思ひます。

草案は前文の外十一章

先づ内容に付て申上げて行きまするが、此の草案は御覧になりますると直ぐに分りますやうに、前文の外十一の章に分れて居るのでありまして、略〻必要なる規定を網羅して居ると考へて居ります。其の中先づ前文に於きましては、今回の憲法改正の目的、又改正憲法の拠つて立つ根本精神を最も力強く且つ詳細に述べてあると考へて居ります。

前文

即ち其の前文の最初に於きまして、日本国民は外に向つては、諸国民との間に平和的なる協力を成立させ、内に於ては我が国の全土に亙つて自由の福祉を確保し、又政府の行為に依つて再び戦争の惨禍が発生しないやうにすることを決意しまして、茲に国民の総意が至高なるものであることを明かに宣言を致しました。又此の趣旨に依つて現在存在して居りまする所の憲法を改正すると云ふ風に述べられてあるのであります。……

戦争抛棄

是こそ自ら捨身の態勢に立つて、全世界の平和愛好諸国の先頭に立ち、恒久平和を希求する大理想を力強く宣言したもの

次に第二章に於て、戦争抛棄に関しまする規定が設けられて居りまして、条文としては僅か一箇条、項目として二つに過ぎないのでありますが、是こそ我が国自ら捨身の態勢に立つて、全世界の平和愛好諸国の先頭に立たんとする趣旨を明かに致しまして、恒久平和を希求する我が大理想を力強く宣言したのであります。蓋《けだ》し是は軽い意味を以て考ふべきものでなく、過去の何千年の歴史を通しての今日の我が国民が、はつきり世界に向つて根本の精神の存する所を以て、謂はば呼掛けると云ふ態度である訳でありますが、趣旨に付きましては先般総理大臣より説明がありました通りでございます。……

大体本質的なことは是で終つたと思ひますから、私の説明を終りまして、尚ほ御質問に応じて御答へ申上げたいと思ひます。

高橋英吉委員（日本自由党）

先輩の驥尾《きび》に附して成るべく簡単に質問を致します。本質問に入るに先だちまして、私共憲法を議します者に於きまして、一つの心構へをしたいと思ひますのは、直接憲法草案には関係ありませぬけれども、一、二質問させて戴きます。……

日本は絶対無条件降伏をしたものであるか。ポツダム宣言の受諾は条件附降伏ではないか

日本は絶対無条件降伏をしたものであるか、条件附の降伏をしたものであるかどうか、即ちポツダム宣言を受諾したと云ふことは条件附の降伏ではないか、此の点に付て御答へを願ひたい。随て若しポツダム宣言が条件であると致しますならばポツダム宣言に違反して日本の武装兵が武装解除せられた後に、あのポツダム条件にあるやうに、家郷に帰して貰はずに、何処かに拉致、抑留されて居る実情が若しありとしますならば、それはポツダム宣言、即ち日本の降伏条件に違反して居るのではないかどうか、斯う云ふ点に付て御答

へを煩はしたいと思ふのであります。先づ是だけ先に願ひます。

国務大臣　金森徳次郎君

今までの研究の道行きは無条件降伏と考へる

……条件附降伏か否かと云ふ点に付きましては、私共の今までの研究の道行きは、条件附の降伏ではないと云ふ考へ、即ち無条件の降伏であると云ふ風にして扱つて考へて居ります。

高橋英吉委員（日本自由党）

ポ宣言の受諾が条件でないとすれば、どう云ふ関係であるか

それではポツダム宣言を受諾したと云ふことは条件にならないのですか。ポツダム宣言を受諾したと云ふ関係は、降伏関係に於て条件でなければどう云ふ関係になるのですか。

国務大臣　金森徳次郎君

所管大臣から答弁を願ふ方が適切

少しく私が自分の現実に仕事を所管して居ります範囲より外に出る虞《おそれ》がありますので、其の御質問は尚ほ詳しくは所管の大臣から御答へを願つた方が適切かと思つて居ります。（註、102頁参照）

衆議院帝国憲法改正案委員会

昭和二一年七月二日（火）

黒田壽男委員（日本社会党）

民主的な憲法の草案として、条章の配列が果して適当であるか

戦争抛棄については、更に積極的に日本が平和を愛好し、国際の信義を重んずることを国是とする国民であると云ふやうな意味の事をも附加へるが適当

……私は民主主義的な憲法、是は昨日金森国務大臣が此の思想に基いて本憲法草案が作られて居るのである、斯う云ふやうに申されましたが、さう云ふ民主主義的な憲法の草案の性質と致しまして、此の草案の条章の配列が果して適当であるかどうかと云ふ疑問を持つて居ります。……それから此の草案に現はれて居りまする第二章の「戦争の抛棄」斯う云ふ部分を更に積極的に日本が平和を愛好し、国際信義を重んずることを国是とする国民であると云ふやうな意味の事をも附加へまして、戦争抛棄の宣言と共に規定する、さう云ふものを先づ冒頭に置くと云ふやうな構成に致しました方が、民主的な憲法の条章の配列としまして、より適当であると云ふやうに私は考へるのであります、之に付て政府の所信を御尋ねしたいと思ひます。

国務大臣　金森徳次郎君

国法は学者の論文と同じやうなものではない

今御尋ねになりました点に付きましては、若しも国法が学者の論文と同じやうなものであると云ふやうに考へまするならば、斯くの如き考へ方にも十分の理由があり得ると思ふのであります。併しながら憲法は自ら国家の法として色々な規定の仕方の上に特色を持たせて宜いものと思つて居ります。

日本国民が国の象徴を国の基本法において考へることは充分意義がある

我々日本国民が此の国の基本法を考へまする時に、先づ国の象徴を第一線に置いて考へると云ふことには、十分な意義があると考へるのであります。之を以て第一条に置いた次第であります。尚ほ国家の構成とか、或は戦争抛棄の規定を第一条に置くかどうかと云ふこと、曩《さき》に述べました通りでありまするが、此の理論構成を主として満足せしむるやうに内容及び条文を配列致しまするることは、此の憲法の起案に於きまして既述の通り必ずしも採らなかつたものであります。

黒田壽男委員（日本社会党）

積極的に平和を愛好し、国際信義を重んずると云ふやうな意味の条項を第九条に附加へて、本章の趣旨を徹底せしめたいと考へるが政府の所見如何

……第二章の戦争の抛棄と云ふ章に付てでありますが、私は単に第九条に盛られて居ります言葉だけでは積極性がないやうに思ひますので、更に我が国と致しまして、積極的に平和を愛し国際信義を重んずることを国是とすると云ふやうなことを此の第九条の前に加へることに致しまして、此の戦争抛棄の条章に関する積極的内容を国際的に明確にした方が宜しいと思ひます。本条の表現だけでは、何だか負けたものが武力を抛棄すると云ふ唯それだけの消極的な感じしか受けないのであります。私が今申しましたやうな積極性ある条文を加へる、即ち平和を愛好し国際信義を重んずると云ふやうな意味の積極的な条項を更に附加へて、本

章の趣旨を徹底せしめたいと云ふやうに考へるのでありますが、之に対して御所見を伺ひたいと思ひます。

国務大臣　金森徳次郎君

前文中の種々なる言葉に其の趣旨が稍々《やや》強く表はれて居る

只今の点は此の憲法の前文の中に於きましては、稍〻強く其の色彩が表はされてあるのでありまして、「常に平和を念願し、」と云ふやうなこと、「我らの安全と生存をあげて、平和を愛する世界の諸国民の公正と信義に委ねようと決意した。」其の外種々なる言葉が一に其の方向に向けられて居る訳であります。併し第二章の所は謂はば謙抑なる形を以て、言葉は非常に質朴な形を以て、之に伴ふ日本の方針が闡明《せんめい》せられて居るのでありまするが、其の中味に於ては烈々たる意義が之に盛り込まれて居ると思ひます。

含蓄によつて十分激しい心持を表明することを意図

日本の憲法はと申しますか、私共の起案に関係致しました此の憲法は、激しい言葉を用ひずして、而も含蓄に依つて十分激しい心持を表明することを意図して居りまして、第九条は其の趣旨に於て御読みを願ひたいと思ひます。

衆議院帝国憲法改正案委員会

昭和二一年七月三日（水）

穂積七郎委員（無所属倶楽部）

戦争抛棄の条規を第二章に掲げることは、稚拙であり、不自然である

……御尋ね致したいと思ひますのは、今まで幾度か外の方に依つても触れられた点でありますが、戦争抛棄の条に付てであります。私は戦争抛棄の宣言をすることが今日の内外の状況或は今後の日本の積極的なる立国の精神を表明する意味に於て、何の恥らひもなく、何の卑屈さもなしに、之を表現する大らかな気持を信じやうではないかと云ふことを吉田総理に依つて表明されたことに付きましては、私も同感であります。併しながら憲法の文章の中に之を他のものと羅列致しまして表現すると云ふことは、不適当であります。それだけの立国の大精神であり大理想であるとするならば、是は凡ゆる政治、経済、文化、教育に亙りまする全体の性格を帯ぶべき文化国家建設の大理想でありまして、他のものと並列するワン・オブ・ゼムと致しまして茲に掲げると云ふことは甚だ拙劣であり不自然さがある。さう云ふ表現を取るならば、寧ろ私が先程申しましたやうに、概念規定に依つて物が決められたり、それに依つて釘を打つて置くならば動かないと云ふやうな、一つの擬制に対して過信を抱くと云ふ過ちに陥ります。

交戦権があらうがあるまいが、戦争は起る

決めても、戦争などと云ふものは交戦権があらうがあるまいが、別個の所で起きて来るのであります。嘗

て我々は大学に於きまして、国際聯盟は世界の最後の平和構造であると教へられ、我々もそれを信じたいと思つたのでありますが、其の世界の申合せがあつたに拘らず、尚且つ戦争は起きて来たと云ふやうなことでありまして、さう云ふやうな条約或は文書と云ふものは、全く一つの妄想に過ぎないと思ふのであります。

戦争抛棄は前文或は総則を設けて、明瞭に謳ふべきものではないか

況《ま》して其の大理想を他の主権の問題とか国民の権利義務の条章のワン・オブ・ゼムでなしに、法律制度、政治全般に亙りまする我々の大眼目であり政治思想であると云ふことを表現される為には、私は前文なり或は総則を構へまして、其の中に明瞭に謳ふべきであると云ふことを、諄《くど》いやうでありますが、是は簡単なことではありませぬので、真剣に其の御反省なり御意見が承りたいと云ふ風に思ふ訳であります。さうしてそれをさう云ふ取扱にすることに依つて、其の他法律構成の中に於きましては、講話条約或は其の後各国との間に結ばれます諸々の条約の中に於て、其の文句を謳へば結構である。更に此の起草に対しまする吉田総理の、さう云ふ理屈は分るけれども、法律以外の今日の世界の政治情勢の裡に於て、此のことをやる必要があるのだと云ふ含みの御説明がおありになつたやうでありまするが、其の意味に於て、幸に御出席でありまするので、今後の日本の生きた民族方針なり外交方針と云ふものを伺ひたい。それを規定する所に戦争を防衛するべき問題があるのではない。

世界の民主主義二大国家米・ソ間に於ける対立の現実

此の前或る方に依つて自衛権の問題が論ぜられましたが、我々が今日の世界の政治情勢なり現実の中に立つて、万民が先程申しました階級の問題と共に民主主義政治改革の中心の問題である民族の問題に関しまし

て関心を傾けて居りますのは、世界の民主主義二大国家米ソの間に於ける対立の現実でございます。是が何等かの意味に於て納得され説明されなければ、我々に取つては此の戦争抛棄の条章などと云ふものは、まるで無意味なものであると云ふ風に、そこに寧ろ重点を置いて総理も御説明になり、私も其の意味に於て、其の問題は憲法に決めたから是で安心だと云ふやうな一つの文章に囚はれることなしに、是は国政一般に関聯するかも知れませぬが、重要なことでありますので御尋ねしたいと思ひます。

今日警戒すべきは、第三国の戦場となり、或は他の前衛として使役されやうとする危機

我々が今日懸念することは、第三国からの侵略を自己防衛すると云ふより、更にもう一歩退りまして、第三国の戦場となり、或は他の前衛隊として使はれると云ふ危機をすら、我々は今日戦争問題に対して警戒すべきものであります。

まるで的外れの現実を見ない宣言

世界の政治危機に際して、世界の武力戦争其のものを絶対に反対する主体的な態度が表明されて然るべきである

之に対するものとして、此の条項だけを以て致しましては、まるで的外れの、現実を見ない宣言である。

寧ろ私は、世界の国民と共に我々も奇怪に思ふものでありまして、アメリカ或はロシヤなり其の他優れた叡智の方々から御教へ戴きたいのでありまするが、今まで第二次世界戦争は、世界の唯一の軍国主義日、独、伊を叩く為めと云ふことであつたのでありますが、それが済みましたならば、アメリカ並にそれより更に民主主義思想に於て二段も先に進んで居ると云ふロシヤの軍隊は、機関銃の代りに薔薇の花を持つべきであつたと思ひまするが、それが機関銃を捨てゝ薔薇の花を持つ代りに、スターリンは、今日スラヴ民族の運命と生活を防衛する為には我々の武力を強化することが最も中心の問題であると云ふことを説明になり採択になつたやうに仄聞して居りまするが、それは一体どう云ふことであるのか、其の点を寧ろ我々と致しましては、其の政治現実に向つて、憲法の前文に大理想を立てると共に、更に重要なことは、此の世界の政治危機に向つて、我々は自分が武装しない戦争はしないと云ふやうな消極的なものでなしに、此の世界の武力戦争其のものを我々は絶対に反対する主体的なる態度と云ふものが表明されて然るべきである、其の一貫した信念と思想の下に、さうして其の文章が前文に立国の大理想として掲げられた時に初めて言はれたやうな諸外国の疑ひを晴らすことが出来るし、日本国民の向ふべき大理想が我々の日常の生活の中に滲み渡つて出て来ると私は確信するのであります。其の意味に於きまして、此の第二章の取扱に付きましては、他の方々からも結論としては同じ御指摘がありましたが、以上申しましたやうな私の実感と切実なる要求に依つて、此の問題は是非御考へが戴きたい。果して其の御意思がおありになるかどうか、御尋ね致したいのであります。

国務大臣　金森徳次郎君

言葉は違ふが、前文中には第二章の由つて来たる基本的な立場、思想原理が示されて居る

前文の中に第二章にある所の趣旨を明確に書いたならばどうかと云ふ意味の御尋ねでありましたが、前文の中には此の第二章の因つて生ずべき基本となりまする思想を明かに掲げまして、平和を愛好する、或は世界的な道義の法則なり、之を守ることが各国の義務であると信ずる、我等が此の道義を守る為に大いに進んで行くと云ふ風の規定がありまして、第二章の言葉とは違ひますけれども、それより一層基本的な立場の原理が示されて居ります。前後照応致しまする事に依つて、此の憲法で現在の日本国民の此の勇気に満ちた

と云ひますか、理想に満ちた所の主張が明かになつて居ると思ひます。更に又、此の趣旨を種々なる方法を以て実行的に具体化させて行くことは今後の問題でありまして、国内問題としては、幾多の方面、例へば教育の方面、産業の方面等に影響を持つて来ることと考へて居ります。国際関係に対しまして如何にするかと

・・・・・・・・・・・・・・・・・・・・・・・・・・・・

・・・・・・・・・・・・・・・・・・・・・・・・・・・・

云ふことに付きましては、今日尚ほ未だ適当なる時期に至つて居ない、斯う云ふ風に考へて居ります。

衆議院帝国憲法改正案委員会

昭和二一年七月四日（木）

林平馬委員（協同民主党）

総理大臣は御多忙でいらつしやいますから、総理大臣の方から先に御尋ね申上げます。

平和は神の心、人類最高の念願

私は戦争抛棄に付きまして、総理大臣に御尋ね申上げたいと思ひます。惟《おも》ふに平和は神の心であり、又総ての人類の最高の念願であると信じます。然るに此の平和とは全然正反対である所の戦争をば、有史以来数千年、人類史上から払拭することが出来ないで、今日に至つた次第であります。

文化と正反対の戦争発達に一路邁進

人はお互ひ万物の霊長などと手前味噌を並べて居るくせに、最も好む平和へは一歩も近付くことが出来ずに、寧ろ次第に遠ざかりつつ、文化とは正反対の戦争の発達に一路邁進して来たことは、歴史の示す所であります。凡そ個人的にも国際的にも、紛争を腕力や武力を以て解決しようとすることは、最も低級下劣な行為でありますから、人類は最早此の辺で大懺悔すべきものと思ひます。

戦争は戦争を製造

若しもそれを悟ることなく、武力を飽くまでも最後の解決手段として培養し、確保して居るときは、其の為に相手方を脅威せしめるばかりでなく、自分自らも亦常に其の不安を抱かざるを得ないのであります。歴史の教へるやうに、戦争は戦争を製造して居るのであります。若しも戦争を抛棄することが出来ないならば、人類は永久に戦争の中に、或は戦争の為に生存を続けて行かなければならないことに気付かなければならぬと思ひます。

戦争抛棄の唯一絶対の方法は武力を持たないこと

而して戦争抛棄の唯一絶対の方法は何かと申しますれば、武力を持たないことであると思ひます。けれども此のことたるや極めて至難のことでありまして、何れの国家に於ても、余所の国から何等かの圧迫要求を受けないで、全く自発的に武装を解除することは、恐らく不可能と信じます。

敗戦の成功

然るに我が国は敗戦の結果、世界に率先して此の不可能を可能たらしめたことは、人類最高の念願から見るならば、敗戦の成功とも見るべきものと信ずるのであります。而してアメリカを初め聯合国が、我が国をして世界平和に貢献の出来る態勢を整へるやうにと、常に多大の苦心と努力とを尽されて居ることは、我々の深く感銘する所であります。

平和条約成立し、独立した後に於ける国際的脅威を如何に排除するか

唯茲に我々の不安とする所は、今日こそは我々は何れの国よりも侵される気遣ひはありませぬが、併し近

き将来に於て平和条約が成立し、聯合国の手から離れた其の刹那に於て、武力なくしては如何なる小さな国家よりも、どのやうな弱小国家よりも受けるであらう国際的脅威をば、如何にして排除することが出来るかと云ふ点であります。それには平和世界建設を理想とする建前の聯合国を初め、世界の諸民族の信義に信頼する以外には到底ないのであります。実に日本国民の戦争抛棄の宣言は、国民全体の生存を賭しての態度でありますことを、政府は内外に向つて十分に主張し、宣伝して貫はなければならないと信じます。

世界平和建設の大理想達成の為自衛権もまた抛棄

先日本会議に於て吉田総理大臣は、従来自衛権の名に於て戦争が惹き起されて来たのであるから、真の世界平和建設の大理想達成の為には、其の自衛権をも亦抛棄すべきものであるとの御意思のやうな御答弁があつたのでありまするが、恐らくは此の御答弁は世界の思慮ある人々をして感銘を博したことと信じます。

マッカーサー元帥の演説は実に偉大なる保証

幸ひにも本年四月五日、聯合国日本管理理事会の初の会議に於きましてマッカーサー元帥がなさいましたあの演説こそは、此の戦争抛棄の条文と相呼応して、真に深き感銘と感謝とを感ずると共に、元帥は極めて力強く、此の崇高なる戦争抛棄の理想は、一方的では一時的な便法に過ぎないのである、でありまするから此の理想達成の為には、日本の戦争抛棄に関する提言を、全世界の人達の思慮深き考察に推挙する云々として、実に力強く世界各民族の良心と叡智に呼掛けられて居ることは、実に偉大なる保証と信ずるものであります。（附録参照）而して日本国民が此の戦争抛棄の宣言をすることは、所謂曳かれ者の小唄では断じてありませぬ。又あつてはなりませぬ。此の最大崇高なる使命の中に生きて行きたいのであります。

世界平和は日本民族三千年来の大理想

是が我々民族の切なる念願であると信じます。是れ実に日本民族三千年来の大理想であります。最近は其の理想が非常に歪められて、世界の誤解を受けて今日を招いたのでありますが、実は世界平和は我々民族の三千年来の念願であるのであります。でありますから吉田総理大臣は余生を捧げられ、一身を挺して陛下を先頭に迎へられて、八千万国民を率ゐて、以て突起ち上つて貰ひたいのであります。それでこそ日本が世界に存在の意義があると思ふ。其のことなくして日本の存在の意義はないとさへ信じます。

空前絶後の好機会、天より与へられた歴史的に唯一回限りのチャンス

世界随一の平和愛好民族

世界随一の人口稠密《ちゅうみつ》国

恐らく斯様な機会は、日本に取つては実に空前であつて絶後であると思ふ。歴史的に唯一回限り天より与へられたるチャンスであると信じます。諄《くど》いやうでありまするが、敗戦の結果拠どころなく平和愛好者に我々が転向したものではありませぬ。世界随一の平和愛好民族であることを、世界に向つて宣言し諒解して貰はなければなりませぬ。其の平和愛好者であると云ふ民族の心持を表はす証拠は、幾らでもあらうと思ひます。

其の一つを申上げて見るならば、此の猫の額のやうな狭い国土に、八千万に近い国民が生活をして居るのであります。即ち一平方キロの中に約二百人の人口を持つて居る所の、世界随一の稠密なる国であります。斯かる国家は世界の何れにもないのであります。是れ即ち仮令《たとい》如何なる苦労をしようとも、余所へは行きたくない、此の祖国に生存をして行きたい、祖国を離れずに生活をして行きたいと云ふ、国土愛着の結果に外

ならないのであります。

侵略移住の民族にあらず

汽車で通つて見ましても、到る処山の上までも開拓して、営々辛苦を続けて居る日本の姿を見るならば如何でありますか、侵略移住の民族にあらずと断定することは、容易であると思ふのであります。侵略移住の民族であるならば、こんな所に営々やつて居る筈はありませぬ。如何に非侵略的民族であるかと云ふことは、此の日本の姿を見ただけで明瞭であると思ひます。

日本の憲法たるに止まらず、世界の憲法たらしむるの信念

私は此の日本の真の国民性を世界に諒解して貰いたいのであります。斯かる平和愛好国民が、殊に世界平和への一本道しか与へられない国民が、茲に憲法を以て戦争抛棄を世界に宣言せんとするのでありますから、此の憲法は実に日本の憲法に止まらず、世界の憲法たらしむるの信念を持たなければならぬと信ずるものであります。

人類平和のための率先挺身、マ元帥の演説に呼応する決心、覚悟があるか

吉田総理大臣は人類平和の為に率先挺身、マッカーサー元帥の御演説と相呼応して、世界の輿論を喚起せしむべく努力すべきものなりと思ひます。又それが即ち陛下の御聖旨に対《こた》へる所以でもあり、全国民の熱烈なる希望に副ふ所以でもあり、且つはポツダム宣言の理念に応へる所以でもあると確信致します。果して総理大臣は其の御決心、御覚悟がおありであるかどうか、此の一点を特に御尋ね申上げる次第であります。

内閣総理大臣　吉田茂君

林君の御質問に御答へ致します。

自衛権による交戦権、侵略による交戦権を区別すること自体が有害無益案

此の間の私の言葉が足りなかつたのか知れませぬが、私の言はんと欲しました所は、自衛権に依る交戦権の抛棄と云ふことを強調すると云ふよりも、自衛権に依る戦争、又侵略に依る交戦権、此の二つに分ける区別其のことが有害無益なりと私は言つた積りで居ります。今日までの戦争は多くは自衛権の名に依つて戦争を始められたと云ふことが過去に於ける事実であります。自衛権に依る交戦権、侵略を目的とする交戦権、此の二つに分けることが、多くの場合に於て戦争を誘起するものであるが故に、斯く分けることが有害なりと申した積りであります。

期する所は、国際平和団体の樹立

又自衛権に依る戦争がありとすれば、侵略に依る戦争、侵略に依る交戦権があると云ふことを前提とするのであつて、我々の考へて居る所は、国際平和団体を樹立することにあるので、国際平和団体が樹立せられた暁に於て、若し侵略を目的とする戦争を起す国ありとすれば、是は国際平和団体に対する傍観《冒犯？》であり、謀叛であり、反逆であり、国際平和団体に属する総ての国が此の反逆者に対して矛を向くべきであると云ふことを考へて見れば、交戦権に二種ありと区別することそれ自身が無益である。

侵略戦争の絶滅に依り自衛権による交戦権は自然消滅

講和・独立後に於ける安全保障は、国際聯合、国際聯合憲章にこれを求める

侵略戦争を絶無にすることに依つて、自衛権に依る交戦権と云ふものが自然消滅すべきものである、故に交戦権に二種ありとする此の区別自身が無益である、斯う言つた積りであるのであります。又御尋ねの講和条約が出来、日本が独立を回復した場合に、日本の独立なるものを完全な状態に復せしめた場合に於て、武力なくして侵略国に向つて如何に之を日本自ら自己国家を防衛するか、此の御質問は洵《まこと》に御尤もでありますが、併しながら国際平和団体が樹立せられて、さうして樹立後に於ては、所謂U・N・O（国連）の目的が達せられた場合にはU・N・O加盟国は国際聯合憲章の規定の第四十三条に依りますれば、兵力を提供する義務を持ち、U・N・O自身が兵力を持って世界の平和を害する侵略国に対しては、世界を挙げて此の侵略国を圧伏する抑圧すると云ふことになつて居ります。理想だけ申せば、或は是は理想に止まり、或は空文に属するかも知れませぬが、兎に角国際平和を維持する目的を以て樹立せられたU・N・Oとしては、其の憲法とも云ふべき条章に於て、斯くの如く特別の兵力を持ち、特に其の団体が特殊の兵力を持ち、世界の平和を妨害する者、或は世界の平和を脅かす国に対しては制裁を加へることになつて居ります。此の憲章に依り、又国際聯合に日本が独立国として加入致しました場合に於ては、一応此の憲章に依つて保護せられるもの、斯う私は解釈して居ります。

ポツダム宣言は降伏の内容をなすもので、所謂条件ではない

尚ほ此の機会に高橋英吉君の質問に御答へ致します。……ポツダム宣言は条件なりやと云ふ御尋ねでありますが、是は条件ではなくして、日本降伏の条項の内容を成すものであります。ポツダム宣言は日本降伏の内容を成すものであつて、所謂条件ではありませぬ。

未帰還復員部隊及び未帰還邦人の抑留は、所謂公約された条項に違反する

又第三の御尋ねとして日本軍が武装を解除せられたる後、尚ほ抑留せられて居る日本の軍其の他があると云ふことはポツダム宣言に違反ではないか、御尤もな御質問であります。私も是は遺憾と考へます。又過日の対日理事会に於て在外未帰還邦人の送還が問題とせられた場合に、米国の代表者は所謂ポツダム宣言中の「日本国軍隊は完全に武装を解除せられたる後各自の家庭に復帰し平和的且生産的生活を営むの機会を得せしめらるべし」と云ふ条項を引用して、日本の此未帰還復員部隊及び未帰還邦人の為に意見を発表せられましたが、聯合国の意思は其の通りであります。所謂公約せられた条項に違反するではないかと云ふことを言つて居ります。私は洵《まこと》に尤ものことであり、日本政府としても同意見を持つて居ると云ふことをここに申上げます。（拍手）

林平馬委員（協同民主党）

マ元帥の演説に呼応して起ち、日本国民は真の平和愛好国民であることを世界に諒解せしめよ

総理大臣の御答弁は私の御尋ね申上げた事とは少し違ひますのでありまして、実は只今縷々申しましたやうに、日本国民は真の平和愛好国民であると云ふこと、詰り曳れ者の小唄のやうに、俄《にわ》かに愛好者に転向したものでなく、長い数千年の念願であると云ふことをマッカーサー元帥の御演説と相呼応して世界に呼掛けて其の諒解を求むべく起ち上つて戴きたいと云ふことを申上げたのでありますが、此の上御質問を繰返すことは無駄のことでありますから、私は総理に対する御質問は是で終ります。

内閣総理大臣　吉田茂君

全く御同感

只今私の答弁中其の点に付ては言ひ洩らしました。全く御同感であります。政府と致しましては其の趣意を十分含んで将来とも善処する積りで居ります。（拍手）

衆議院帝国憲法改正案委員会

昭和二一年七月五日（金）

赤澤正道委員（日本民主党準備会）

表現の仕方が非常にぎごちない、ごたごたして居る

第二章の戦争抛棄の規定に付てでありますが、表現の仕方が非常にぎごちない、ごたごたして居ると云ふ印象を私は受けるのであります。之に付て私が論じたい又質問したいと思つて居りましたことは、一昨日の質問に於て尽された感がございまするので、深く触れたくはないと思ふのでありますが、何れに致しましても、此の原子力が実験期を通り越しまして実用化致しました際には、我々の考へ得る戦争方式と云ふものはまるで意味を成さない、茲に世界の絶対平和が近く来るのではないか、斯様に私は考へるのであります。

もう一つ飛躍して、国際聯邦を提唱すべきではないか

随て寧ろ我々の構想としては、単なる国際聯合に加入するとか、加入せんが為には義務を履行する上に於て幾らかの兵力が要るのではないか、或は自衛戦争の場合を考慮して兵力が要るのではないかと云ふ論議は避けて、もう一つ飛躍を致しまして、国際聯邦へまで提唱を発展させるべきであらう、斯様にも私は思ふのであります。

「他国との間の紛争の解決の手段としては」と云ふのは、条件的なる文義に見えるが、何かを前提として

居るのか

さう云つた観点に立ちます場合に、此の条文を見ますと、一項の中にも「他国との間の紛争の解決の手段としては、」と云つたやうな、何か限られた条件的なる文義も見えるのであります。例へば此の言葉の裏には何かを御考へになつて入れてある、斯様に思ふのでありまするが、何かを前提としてあるのでありましたならば、それを明かに教へて戴きたいと思ふのであります。

国務大臣　金森徳次郎君

特別に何物をも含んではいない

特別に何物をも含むと云ふ訳ではない、此の文字の示しまする通りの内容を茲に規定した趣旨であります。

赤澤正道委員（日本民主党準備会）

然らば、この一句は不必要ではないか

若し只今の御考へでありましたならば、私個人の考へとしては、「他国との間の紛争の解決の手段としては、」と云ふことは或は不必要ではないか、斯様に思ふのであります。……（註、答弁なし）

赤澤正道委員（日本民主党準備会）

前文中の、「われらの安全と生存」なる文字は、解釈如何に依つては、日本の自主性、主体性が失はれるのではないか

其の他多く質問したい点がありまするけれども、徒らに以前の繰返された質問に更に重なりますので避け

たいと思ふのであります。翻つて前文の是も文字でありますが、第一頁の後の方に「我らの安全と生存をあげて、平和を愛する世界の諸国民の公正と信義に委ねようと決意した」此の「安全と生存」と云ふことは、一応戦争を意味すれば是は問題ではありませぬけれども、解釈に依つては非常に広いのでありまして、生活まで他国の御厄介になれば洵《まこと》に結構なことでありまするけれども、外交其の他色々な問題も私はあると思ふのでありまして、之を此の儘呑込んで行くと云ふことは、却て此の精神に悖《もと》るのぢやないか、詰り解釈の仕様に依つては殆ど日本の自主性、主体性と云ふものが失はれて来るのではないかと云ふ危惧を持たざるを得ないのでありますが、さう云ふ心配はないものかどうかと云ふことを御尋ね致します。

国務大臣　金森徳次郎君

国を挙げて脇に依存しやうと云ふ趣旨でないことは、前文全体を見れば明瞭

此の所では前の方の文章が「常に平和を念願し、」と云ふことがありまするし、又其の後の方に「平和を愛する世界の諸国民の公正と信義に委ね」斯う云ふ風に云つて居りまするが故に、自ら意味が明かであらうと思ひます。我等が民族集団を作つて国際の間に伍して自己の責任を持つて高遠なる理想を達成しようと云ふ趣旨のことは、此の前文の後の方に明かになつて居りまして、決して国を挙げて脇に依存しようと云ふやうな意味を含んで居る趣旨でなきことは明瞭になつて居ると信じて居ります。

三浦寅之助委員（日本自由党）

戦争抛棄は当然であるが、侵略国・好戦国の誤解を受けるに至った根本原因を探求しなければならない

……戦争抛棄の第二章の点でありますが、世界恒久の平和を布く為に於きましても、又平和主義、自由主

義、民主主義を確立致し、国際信用を回復致しまして、世界の聯合の中に入らなければならない日本の立場から見ましても当然の規定でありますが、唯此の規定条項に於きまして、積極的に戦争防止の根源に対する所の問題をもう少し深く考へなければならないのではなからうかと思ふのであります。日本が世界から侵略国或は好戦国の如き誤解を受け、或は今日の如き惨めなる敗戦のことに至りましたことを遠く遡つて考へて見ますと云ふと、日本の頼朝以来の幕府政治或は近くは徳川三百年の武家政治、ああ云ふやうな封建政治から原因しまして、国民と懸け離れました所の特権階級とでも申しませうか、武士階級だけに依つて日本の政治が壟断せられて、国民には何等人権の保障のなかつた時代から引続きまして、明治の大維新、大革命を機会としまして、日本は一時は人権の尊重、或は民主主義的な、或は国民の権利が尊重されることになつたのではありまするけれども、併しながら明治二十二年の憲法施行以来五十数年の日本の議会政治なるものは、名は議会政治であるけれども、其の実体は軍閥政治であり、軍閥に操られ、或は官僚財閥に依つて日本の政治が壟断せられて、真の日本の政治の姿を現はすことが出来なかつたと云ふやうな点に於て、日本が外国から此の誤解を受け、或は今日の結果を生んだとしますならば、少くとも今日此の根本原因まで十分に掘下げて、さうして此の問題の解決をし、日本の国際信用を回復しなければならないことは当然であると信ずるのであります。

侵略国、好戦国であると云ふ誤解の根本原因をなくす為の手段方法も第二章に書いたならばどうか

ポツダム宣言受諾以来降伏しました日本が、其の当然の帰結としまして軍閥はなくなり、或は財閥も解体せられ、或は、官僚に対する所の論議はまだ尽きませぬけれども、斯う云ふやうに此の問題を考へまする際に於きまして、此の根本原因をしてなくす為の手段方法も、此の第二章に書いたならばどうかと云ふやうな

気もするのであります。

天災、騒擾《そうじょう》等の場合、如何にして国内の治安を確保するか

もう一つは、全部の武力の抛棄は勿論、武力がなくなることは当然でありますが、唯考へて見ますと、国内の治安が紊《みだ》れました際に於きまして、或は一朝天災等のありました場合を想ひ起しまして、流言蜚語等が飛んで国内の治安が紊れ、或は国内の騒擾の起きた場合に於て之を如何にするかと云ふやうなことも考へられない訳ではないのであります。御承知の通り大正十二年の京浜地方の大震災の際に於きまして朝鮮人の問題、あの流言蜚語に依つて国内が非常に動揺したことは御承知の通りであります。あの当時戒厳令が布かれたやうでありますが、勿論今日に於きましては戒厳令と云ふものは絶対になくならなければなりませぬし、考へられませぬ。唯斯う云ふやうな将来国内に於ける所の不安状態、治安の紊れたる際に於きまして、如何にして完全に国内の治安を確保するか、斯う云ふ場合を当局は如何に考へて居られるかと云ふことも、此の際御説明を承りたいと思ふのであります。

国務大臣　金森徳次郎君

国家の運命を賭して、世界の平和を主張

幾多の不便は当然覚悟

憲法第二章の規定は、言葉は簡単でありますけれども、其の中に於きましては、国家の運命を賭して世界の平和を主張するのでありまして、其の世界に対する、又世界の文化に対する日本の態度を正しく明かにすると共に、一枚の紙にも裏表があるが如くに、此の規定より来る所の幾多の不便と云ふやうなことは、又覚

悟しなければならぬ訳であります。大体此の規程の文字は簡単でありますけれども、一つ一つ精密に考へて見ますると、非常な内容を持つて居るものでありまして、之を実際の面で趣旨に合ふやうに国の一般政治を動かして行きます為には、各般の制度に留意をせねばなりませぬ。其の留意をしなければ此の趣旨は貫かぬと思ふのであります。でありますから此の趣旨を実現致しまする為に、教育或は国民の文化的方面の発達、其の他考へ得る一切の手段を以て此の内容を実現すべきであると思つて居ります。

国内秩序の維持には必ずしも軍隊を必要としない

さうして此の第二項に基きまして、必要なる場合に国家の治安を如何にして擁護するかと云ふ点に付きましては、軍隊がなくとも国内の秩序を必ずしも維持し得ざる訳ではありませぬ。

自治力、特に警察力を注意深く育成

一般行政の範囲内に於きまする諸種の自治力、主としてそれは警察力である訳でありますが、それを非常に注意深く育成し、利用致しまするならば、自ら此の目的を達し得ると思ふのであります。

結局は国民各自の努力によつて難局打開

更に其の方法を以てして如何ともすべからざる場合が想像的に起るかも知れませぬけれども、さう云ふ時には国民各自の努力に依つて其の難局を打開して行くべきものであると考へて居ります。

衆議院帝国憲法改正案委員会

昭和二一年七月九日（火）

竹谷源太郎委員（無所属倶楽部）

将来内乱・騒擾等、非常事態が発生した場合、法的措置が講ぜられるだけの実力を如何にして調達するか

……国家が総ての武力を貯へない、戦争を抛棄する、此の趣旨には無論賛成でありまするが、将来国家が内乱、騒擾其の他の非常に緊急な非常事態に遭遇致しました場合、結局実力が必要になつて来る、そこで緊急措置に関しましては参議院が代行するなり、或は其の他の方法に依りまして、法的措置は何時でも簡単に講ぜられるかも知れませぬ。問題となるのは実力を如何にして工面調達するかと云ふ問題になると思ひます。之に関する政府の方針を承りたいと思ひます。兵力がありませぬので、現在は残された僅かの警察力に過ぎない、其の場合、一体非常事態は法律的には如何にもあゝする、斯うすると取締の規定を設けることが出来ますけれども、之を実施するのは結局実力の問題である、実力を如何にして調達工面をするか。……

国務大臣　金森徳次郎君

国内治安の維持については、専ら警察力に依り、最善の努力を費す

第九条を規定致しまするとの結果、国内に起りました諸種の治安の適切なる方策如何と云ふやうな御趣旨でありましたが、此の憲法の趣旨は第九条に掲げたること以外に於きまして平和秩序の国家に於て持ち得る種々なる方策、詰り警察権を中心とするものでありますが、それに依つて国内の治安を維持しよう、それは最善の努力を費して行くべきものである、斯う云ふ風に考へて居ります。

これを以て如何ともすべからざる特殊の場合を予見することは、憲法の具体的規定としては不適当

若し又其の方法を以て如何ともすべからざる特殊の場合を予見致しまするることは、此の憲法の具体的規定としては不適当と考へて、それは何等規定はございませぬ。前文の中に其の心持を彷彿として表はす程度の用意はしてある訳であります。……

藤田榮委員（新光倶楽部）

草案第二章の戦争拋棄は、制裁としての戦争、自衛としての戦争をも含むか

……戦争拋棄の問題に関しまして実は総理からも御説明があつたのでありまするが、若干御質問したい点がありますので、総理がおいでにならなければ、関係の大臣から御話を戴きたいと思ひます。憲法草案第二章の戦争拋棄が制裁としての戦争、自衛としての戦争を含むのかと云ふ点に関する質問であります。

交戦権の否認は、制裁の戦争、自衛の戦争にも及ぶか

詰り第二項の交戦権の否認と云ふことは、是等制裁の戦争或は自衛の戦争をなす場合にも、之を含んで居るのかと云ふ解釈上の問題であります。或る国家が他の国家に対して違法に戦争に訴へて、第三国が此の後者を援助して前者に対抗して戦争を行ふ場合には此の第三国に取つて其の戦争は制裁の戦争として認められるのであります。

制裁の戦争は適法、これを否認する理由如何

制裁の戦争は適法な戦争でありまして、それは特定の国家の利益を増進する為の手段としての戦争でもなければ、又紛争解決の手段としての戦争でもないのでありまして、随てそれは不戦条約に依つて禁止された戦争ではないのであり、此のことは国際法上一般に諒解されて居るのであります。然らば斯様な制裁としての戦争をも否認すると云ふのは如何なる理由に基くものであるか、是が一点。

自衛の戦争は、一般に国際法上適法、これを否認する理由如何

又一般に自衛行為は適法な行為であつて、自衛の戦争もそれが自衛行為である限りに於ては当然に適法であります。不戦条約に依つても、国家の政策の手段としての戦争、紛争解決の手段としての戦争が禁止されて居るのみでありまして、自衛の為の戦争は特定の国家の利益を増進する為の戦争でもなければ、又紛争解決の手段としての戦争でもないのであつて、斯様な戦争が一般に国際法上適法であることは諒解されて居る所であります。

吉田首相の説明は諒解に苦しむ

然るに政府は此の自衛の戦争を否認する理由として、七月四日の此の委員会の席上で、吉田首相は、自衛権に依る戦争を認めると云ふことは、其の前提として侵略に依る戦争がある、詰り違法の戦争と私は解釈するのでありますが、侵略に依る戦争が存在することになる、而も若し侵略に依る戦争が将来起つたならばそれは国際平和団体に対する冒犯であり、謀叛であつて、世界の平和愛好国が挙げて之を圧伏するのであるから、其の意味よりすれば交戦権に、侵略に依る戦争、自衛の戦争を挙げる必要はない。

第九条第一項は結構、第二項の交戦権の否認が、なぜ制裁としての戦争或は自衛の戦争をも含むのか

又自衛の戦争を認めると云ふことは従来兎角侵略戦争を惹起する原因となつたのであるから、自衛に依る戦争と云ふものも否定したのだと云ふ御説明があつたのでありまするが、私は他国との紛争の解決の手段としての戦争を永久に抛棄すると云ふ此の第九条第一項は洵《まこと》に結構であると考へるのでありまするが、第二項の交戦権の否認がなぜ制裁としての戦争或は自衛の戦争をも含まなければならぬか解釈に苦しむのであります。勿論戦争は兵力に依る闘争でありまして随てそれは双方的の行為であり一方的の行為は戦争を構成せず、一方の兵力が他方の領域に侵入しても、他方が之に抵抗しないか、或は戦争宣言をしない限りは戦争は生じないのでありまするが、一方戦争宣言があれば闘争がなくても戦争状態に入り得るのであります。

戦争は闘争を中心とした状態

なぜならば戦争は闘争其のものではなく、闘争を中心とした状態であることは、国際法上一般に認められて居る所でありまして、随て日本が事実上陸海空の戦力を保持しないと云ふことは、斯様な制裁の戦争なり或は自衛の戦争、詰り交戦権を直ちに否認しなければならぬ理由とはならぬと考へるのであります。若し交戦権の否認が制裁としての戦争をも含む、詰り違法な戦争当事国に対して其の違法な戦争当事国に対する制裁の戦争に参加出来ないと云ふことになるならば、日本は違法な戦争当事国に対する戦争裁判を請求する権利を留保しなければならぬ。同時に日本国は第三国間に於ける如何なる戦争にも事実上参加しないし又参加させられないと云ふ保障を確保しなければならぬと考へるのであります。又自衛の為の戦争をも一切禁止する理由として、先程引用しましたやうに、国際平和団体に対する冒犯に対しては、世界の平和愛好国が挙げて之を圧伏する。

交戦権を否認する憲法の規定は、如何にして国際法上の安全保障と直結するか

随て自衛の戦争は要らないと云ふのでありまするが、将来平和愛好国として発足した日本に対する仮に違法な戦争が仕掛けられた場合には、世界の平和愛好国が此の違法な戦争挑発者に対して之を圧伏すると云ふことは、日本に対して如何様な形で実現されるか、換言すれば我が国の独立と安全は他の諸国家に依つて保障されなければならぬのでありますが、交戦権否認に付ての憲法の規定は、如何にして国際法上の安全保障と直結するかと云ふ問題であります。

日本国憲法に於ける決意だけでは、何等国際法上の権威たり得るものではない

第二項の交戦権の否認が制裁の戦争、自衛の戦争も抛棄するものとすれば如何にして我々の生存と安全とを保障するか

草案に付て見れば、草案の前文に「我らの安全と生存をあげて、平和を愛する世界の諸国民の公正と信義に委ねようと決意した。」とあるのでありまするが斯様な日本国憲法に於ける決意だけでは、何等国際法上の権威たり得るものではないのでありまして、国際法団体に依る安全保障制度の全貌、其の中に占める日本国の地位に付て、政府は如何なる具体的な努力をして居られるか、或は国際聯合に参加すると言ひ、或は国際安全保障の憲章に依つて日本は安全保障を受けるのだと言ひますが、如何なる具体的な努力をして居られるか、若し第二項の交戦権の否認が制裁としての戦争、自衛としての戦争も抛棄するならば、如何にして我々の生存と安全とを保障するか、国際法上の単なる国内事項に過ぎない所の日本の憲法に依り、それを否認したからと云つて国際法上当然我々の安全が保全されたとは言へないのであります。如何なる努力をされて居るか、斯様な劃期的な規定を挿入されるからには相当具体的な根拠と自信があられなければならぬと考

へるのでありまして其の点に付ての御考へを承りたいのであります。

国務大臣　金森徳次郎君

第九条第一項は固より自衛戦争を否定しない。第二項は、其の原因の如何に拘らず、一切の戦力ないし交戦権を抛棄する

憲法第九条の前段の第一項の言葉の意味する所は固より自衛的戦争を否定すると云ふ明文を備へて居りませぬ。併し第二項に於きましては、其の原因が何であるとに拘らず、陸海空軍を保持することなく、交戦権を主張することなしと云ふ風に定まつて居る訳であります。是は予ね予《か》ね《が》色々な機会に意見が述べられました通り日本が捨身になつて、世界の平和的秩序を実現するの方向に土台石を作つて行かうと云ふ大決心に基くものである訳であります。御説の如く此の規定を設けました限り、将来世界の大いなる舞台に対して日本が十分平和貢献の役割を、国際法の各規定を十分利用しつつ進むべきことは、我々の理想とする所である訳であります。併し現在日本の置かれて居りまする立場は、それを高らかに主張するだけの時期に入つて居ないと思ふのであります。随て心の中には左様な理想を烈しく抱いては居りますけれども、規定の上には第九条の如き定めを設けた次第でございます。……

森三樹二委員（日本社会党）

戦争は自国の意思に依らず、他国に依つて惹起され、又第三国間の戦争の被害を受けることもある

私は首相に対して二、三点御伺ひしたいのであります。此の戦争抛棄の点に付きまして、各委員からも色々御説がありました、私は今此の戦争抛棄の個々の条文、又是に付て自己の見解を述べることは、却て質問の要旨を複雑させ、各委員に対する御説明の重複も来しますから、御尋ねする所の結論のみを申上げたいと思ふのであります。我々は戦争を抛棄して永遠に戦争から解放されて、我々の子孫は平和な住み好き国家に生存することが得られる。是は我々として洵《まこと》に双手を挙げて賛成する所であります。併しながら戦争は自国の意思のみに依つて決定されるものでなく、他国よりの正当なる、或は不正当なる理由に依つて戦争が惹起され、又第三国同士の間から発生せらるる所の戦争の被害を受ける場合もあります。

国家の存立を危くしない保障の見透しがついて初めて斯る条文は設けらるべきもの

さうしたことを我々が考へる場合に、戦争を全面的に抛棄し、総ての軍備の保持を否定する所の此の条文は、我々が将来国家の存立を危くせざることの前提、其の保障の見透しが先に付いて居つて初めて斯うした所の条文が設けらるべきものであると私は考へるのであります。

将来我々が絶対的な戦争の惨害を免るる所の方法、手段等についての首相の成案如何

併しながら終戦後日本国の混乱から斯うした所の新憲法が生れるのでありますから、先にさうした戦争の惨害を受けることのない保障を得て此の条文を作ると云ふことは出来なかつたのでありませうけれども、将来我々が之に対して絶対的な戦争の惨害を免るる所の方法、手段、之に対する所の考慮を運《めぐ》らさなければならないのでありますが、之に付て吉田首相の御成案を御聴きしたいのであります。

内閣総理大臣　吉田茂君

御答へ致します。

戦争抛棄の消極的な意義は日本に対する世界の疑惑を除去するにあり、その積極的意義は、国聯憲章第四十三条に依り、聯合国の保障を受けるにある

此の戦争抛棄の条項の消極的な意味から申せば、日本に対する疑惑――再軍備、若しくは世界の平和を再び脅かしはしないかと云ふ疑惑を除去することが、消極的の効果であります。又積極的に申しますと、日本が戦争を抛棄することに依つて、即ち国際の平和愛好国であることを表示することに依つて、世界の平和を脅やかす国から申しますると云ふと、此の国が一旦生じた以上は、何と言ひますか、所謂ウノ（国連）――国際平和団体と申しますか、其のウノの四十三条でありますかの規定に依つて、世界の何れの国と雖も侵略の戦争をなすものに対しては制裁を加へると云ふ規定があるのであります。即ち世界の平和を脅やかす国があれば、それは世界の平和に対する傍観《冒犯?》者として、相当の制裁が加へられると云ふことになつて居ります。兎に角さう云う規定も今日に於て考へに入れて、日本が憲法に於て交戦権を抛棄することに依つて、日本の地位が世界の疑惑から免れ、更に万一日本に対して侵略する国が生じた以上には、聯合国が挙つて日本の平和を保護すると云ふ態度に出づると云ふことに理論に於てなつて居る、斯う考へるのであります。

森三樹二委員（日本社会党）

講和条約の時期等に付て首相の大体の見透し如何

只今首相の御説明がございましたが、さうした国際的な平和保障条約に日本が加入すると云ふ見透しは、講和条約の成立が前提であらうと思ふのでありまするが、我々の欲する所の講和条約は、新聞等には近い内に締結されるであらう、今後一箇年半と云ふやうなことも嘗て新聞に見えたのでありまするが、講和条約の時期等に付て首相は大体の御見透しがございませうか、ございましたならば承りたいのであります。

内閣総理大臣　吉田茂君

日本の民主化、平和化の進捗に従ひ、講和の時期は促進

是は一に日本の態度なり、世界の諒解等に依ることでありまして、日本が民主化し平和化された日本が平和愛好国の一員として、世界の一員として齢《よわい》するに足ると云ふ事実が認められれば、認められることの範囲だけそれだけ講和条約の時期は早まるものと想像致します。

森三樹二委員（日本社会党）

われらの安全と生存を諸国民の公正と信義に委ねると云ふ前文の形態は、第三国の委任統治国になつたかのやうな弱い観念を植付ける

それから最後にもう一点御尋ねしたいのでありまするが、此の法案の前文中にありまする所の、我々の安全と生存を挙げて平和を愛好する諸国民の公正と信義に委ねようと決意して居る——私は此の一点を挙げて全面を否定せんとするものでありませぬけれども、併しながら斯うした委ねると云ふやうな言葉がある以上は、結局我々の安全と生存が我々自身に依つて何等維持することが出来ない、総てを挙げて他国に依存しようとして居る、斯う云ふやうな前文の形態から見まするならば、日本国の自主的な、而も首相は、或る意味から言ふならば、統治権は制限はされて居るけれども併しながら独立国として認めることも出来るんだと云ふやうな御説明もございましたが、我が国其のものが新しい日本として再建の第一歩を印する為に、此の貴重なる所の新憲法を作る以上は、我々国民全体も、政府も、挙つて再建の熱情と信念を持つて進まなければならぬと思ふのでありまするが、さう云ふ意味合から致しまして、余りにも他に依存する、而も又恰も第三国からの委任統治国でもあるかのやうな、弱々しい観念を植付けるものである。此意味に於きまして、我々

はもつと根本的な熱情的な大理想を持つて、此の憲法を規定しなければならぬと考へるのでありまするが、さうした意味に於て、此の前文の内容や形態もさうした所の信念に欠けて居ると云ふやうな考へを私は持つ者でありまするが、之に付て首相の御所見を御伺ひしたいのであります。

内閣総理大臣　吉田茂君

「委ねる」と云ふ文字の意味は、信頼すると云ふ意味を含めたもの、平和愛好国の先頭に立たうとする積極性を含蓄

御答へ致します。此の委ねると云ふ文字の意味は平和を愛好する世界の諸国民の公正と信義に信頼する――信頼すると云ふ意味合を含めたものでありまして、我が国と致しましては、平和愛好国の先頭に立つて、我れ自ら他を率ゐて行く積極的な精神も此の中に籠《こも》つて居るのであります。故に自主権を抛棄した――無視したと云ふやうな表現であると申せないと思ひます。是は議論でありますが、私はさう考へて居ります。

森三樹二委員（日本社会党）

私は只今の文字を各条審議の時に修正することを自分の希望と致しまして、私の質問を打切ります。

委員長　芦田均君（日本自由党）

芦田委員長補充質問

此の際委員長より総括質問の補充として一、二の質疑を致しまして一般質疑の結末を付けたいと思ひます。

終戦後の日本が憲法改正を急速に実現しなければならない理由

終戦後の日本が何故に憲法改正を急速に実現しなければならなかつたかと云ふ理由に付て、政府の所信を確かめて置きたいと思ひます。政府は去る六月二十四日の本会議に於て、此の点に付て一応の所信を述べられましたけれども、必ずしも十分に其の意を尽したものとは思へませぬ。又本委員会に於ける今日までの質疑応答に際しても、此の点は十分明白にはされて居りませぬ。内閣総理大臣は憲法改正案の提案理由書の冒頭に於て、ポツダム宣言に言及されまして、基本的人権尊重と、民主主義的政治形態の樹立が要望されて居ることを説かれました。無論それは誤りではありませぬ。

降伏条件受諾と云ふ事実のみに依つて、改正の動機は説明し尽されない

併しながら降伏条件の受諾と云ふ如き我が国に取つて受身のさうして外交的記録に依つてのみ此の憲法改正の動機は説明し得られるものではないと思ひます。動機はもつと〳〵深い所にあると思ふ。

動機はもつともつと深い所にある

此の議事堂の窓から眺めて見ましても我々の眼に映るものは何であるか、満目粛条たる焼野原であります。其処に横はつて居つた数十万の死体、灰燼の中のバラックに朝晩乾く暇なき孤児と寡婦の涙、其の中から新しき日本の憲章は生れ出づべき必然の運命にあつたと、内閣は御考へにならないか。独り日本ばかりではありませぬ。戦に勝つたイギリスでもウクライナの平野にも、楊子江の楊《やなぎ》の蔭にも、同じやうな悲嘆の叫びが聞かれて居るのであります。

人類共通の熱望たる戦争抛棄と、より高き文化への欲求、よりよき生活への願望とが、敗戦を契機として、一大変革を余儀なくさせるに至つた。憲法改正の根拠はそこに存する

此の人類の悲嘆と社会の荒廃とを静かに見詰めて、我々はそこに人類共通の根本間題が横はつて居ることを知り得ると思ひます。此の人類共通の熱望たる戦争の抛棄と、より高き文化を求める欲求と、より良き生活への願望とが、敗戦を契機として一大変革への途を余儀なくさせたものであることは疑ひを容れないと思ふ。そこで憲法改正の根拠を斯様に考へることは、政府の見解と一致するかどうかと云ふ点に付て御尋ね致します。（拍手）

国務大臣　金森徳次郎君

国際情勢から来る必要と、国内情勢から来る必要との競合による

言葉が不十分でありました為に、恐らく私の過去の説明が其の趣旨を貫かなかつたかも知れませぬと思ひますが、全く是は国際的情勢より来る改正、純粋の国内的情勢を基本として我等国民が起ち上るべき其の熱情の結晶として起つたのです。双方面からでありまして、偶〻《たまたま》それが基底の上に一つに絡み合つて居ると云ふ趣旨でございます。（拍手）

委員長　芦田均君（日本自由党）

憲法改正案の二面現実的構成法的部門と国際生活に対する理想主義

問題を少しく具体的に取扱ふことに致します。今回の憲法改正案には二つの面のあることは能く我々の承知する所であります。其の一つは、日本の国家機構から一切の封建的な残滓を取除いて、真に民主的な国会

制度、内閣制度、司法制度を確立せんとする現実的構成法的の部門であります。他の一つは国内に於て基本的人権を尊重し、諸外国との間に平和的協力を成立させ、国際社会に伍して、名誉ある地位を占めようと努力する意思表示でありまして、多分に将来の国際生活に対する理想主義的な分子を含む面であります。

改正案の主たる狙ひは、日本の道義水準を国際水準にまで昂めること、及びこれを実現する為の国内機構を確立するにある

即ち平和日本の道義的水準を国際水準にまで昂めようとする意思表示と、此の理想を実現する為に国内機構の確立を行ふことが改正案の主たる狙ひであらうと思ひます。改正憲法第九条の規定は、本委員会に於ても熱心に論議されました。政府の説明と、委員諸員の質問とは、必ずしも全面的に合致したとは考へ得ませぬ。要するに戦争拋棄の宣言は、廃墟の中に呻吟する人々の衷心から出た要求であることは間違ひないと思ふ。マッカーサー元帥は之に関して世界各国とも斯様でありたいとの思想を述べて居ります。

日本は戦争の防止、戦争拋棄の大理想を通じてのみ、再建と独立の大道を歩むことができる

我々はマッカーサー元帥の思慮が何れにあるかを見誤つてはならないと思ふ。日本は戦争の防止、戦争の拋棄の大理想を通じてのみ、再建と独立との大道を歩むことが出来るのであらうと思ひます。此の点に付て改めて政府の所信を御尋ね致します。

国務大臣　金森徳次郎君

全く御示しの通り

私共の念願として此の憲法の中に盛り込まんとした趣旨は、全く今御示しになつた通りの事柄でございます。

委員長　芦田均君（日本自由党）

前文と第九条とは国聯憲章と緊密な関係に立つ

日本が過去を反省して、此の際思ひ切つた思想の転換をなさねば、再び国際社会に復帰することは困難だと思ふが、政府の見解如何

私は主として改正案の前文と第九条とに付て具体的に考へて見たいと思ひますが、此の部門における憲法の改正は、先刻内閣総理大臣の言及されました通り、国際聯合憲章と緊密な関係に立つて考慮せられなければならないと信じます。言葉を換へて申せば、日本が一年前まで国際聯合加盟国の敵国であつた事実、又現に聯合国の管理の下にある事実、及び日本が過去に於て平和維持の努力に欠くる所あつた点から申せば、此の際思ひ切つた思想の転換をなすにあらずんば、我が国が再び国際社会に復帰することは、極めて困難な事業であると考へるのでありますが、政府は私の所説と見解を同じくせられますかどうか、御伺ひ致します。

国務大臣　金森徳次郎君

国際的、国内的両面から来るが、国際面に於ては、御趣旨の通り

前文及び第九条を設けました趣旨は、此の憲法改正案の企ての根本の理由に基きまして、国際的及び国内的の両面から来て居るものでありますが、之を国際的の面から説明を致しますれば、今御尋ねになつた其の御趣旨の通りと思つて居ります。

委員長　芦田均君（日本自由党）

憲法改正案は国際聯合の究極の理想と合致

憲法改正案は、我が国をして平和愛好国の水準にまで昂めるに止まらず、更に進んで日本の努力が一切の戦争を地球表面より駆逐せんとするにあることを表明致して居ります。さうして此の理想は国際聯合の究極の理想と合致するものであることは、国際聯合憲章の第四条を見れば明白であると思ひます。固より現在の世界情勢から見て、我が国が今直ちに国際聯合に参加し得るとは思へませぬ。何となれば、聯合国が日本に国際聯合憲章に掲げたる義務履行の能力及び意思ありと認めることが加盟の先決問題でありまして、今日は遺憾ながら未だ其の時機に達して居ないからであります。

憲法改正は、日本が国際聯合に加盟し、国際社会に名誉ある地位を占める先決条件

日本がポツダム宣言の条項を完全に履行する能力と意思とを持ち、且つ国際聯合憲章の理想と原則とに合致する平和的且つ民主的なる責任政府が樹立される場合、さうして広く世界から之を認められた時に、我が国は国際社会に於て名誉ある地位を回復することが出来るのであります。斯様な点から考へて見れば、我が国の憲法改正は日本が国際聯合に加盟し、平たく申せば国際社会に名誉ある地位を占める先決条件を成すものと考へて居るのでありますが、政府の所見を御尋ね致します。

国務大臣　金森徳次郎君

御示しの方向に進む考へを以て起案

今後如何なる国際情勢の変化があるか、是は我々は予測することは出来ませぬけれども、速かに国際社会

に伍して名誉ある地位を占めたいと云ふ念願は此の前文の中に明かにしてある所でありまして、此の道を通ることに依つて、今委員長の御示しになりましたやうな方向に進む考へを以て、此の憲法の起案を致した訳であります。

委員長　芦田均君（日本自由党）

改正案第九条の三大問題

一、我が国は自衛権をも抛棄する結果となるか
二、国際的保障でも取付けない限り、自己防衛をも全うすることが出来ないのではないか
三、国際聯合の加盟国としての義務を果せないから、国際聯合に参加を拒否せられはしないか

更に問題を具体的に考へまして、改正案第九条を検討致しますと、茲に三つの問題があると思ひます。

第一は、法案第九条の規定に依れば、我が国は自衛権をも抛棄する結果となるかどうか、此の点は本委員会に於て多数の議員諸君より繰返し論議せられた点であります。

第二には、其の結果日本は何だか国際的保障でも取付けない限り、自己防衛をも全うすることが出来ないのか、延いて他国間の戦争に容易に戦場となる虞はないかと云ふ点であります。

第三は、一切の戦争を抛棄した結果、日本は国際聯合の加盟国として武装兵力を提供する義務を果すことが出来ないから、国際聯合への参加を拒否せられる虞はないかと云ふ諸点であります。

国聯憲章も自衛権は明白に之を認めて居る

以上の三点に付て国際聯合憲章の規定と照し合せて考へる場合、私は次の如き結論が正しいのではないか

と思ひます。不幸にして自衛権の問題に付ての政府の答弁は、稍々《やや》明瞭を欠いて居ります。自衛権は国際聯合憲章に於ても第五十一条に於て明白に之を認めて居ります。唯自衛権の濫用を防止する為に、其の自衛権の行使に付ては安全保障理事会の監督の下に置くやうに仕組まれて居るのであります。

自衛権に関する政府の答弁は、稍々明瞭を欠く。この場合、明白にその態度を表明せよ

憲法改正案第九条が成立しても、日本が国際聯合に加入を認められる場合には、憲章第五十一条の制限の下に自衛権の行使は当然に認められるのであります。唯其の場合に於ても、武力なくして自衛権の行使は有名無実に帰するではないかと云ふ論がありませう。併しながら国際聯合の憲章より言へば、日本に対する侵略が世界の平和を脅威して行はれる如き場合には、安全保障理事会は、其の使用し得る武装軍隊を以て日本を防衛する義務を負ふのであります。又我が国に対しましても自衛の為に適宜の措置を執ることを許すものと考へて多く誤りはないと思ひます。此の点に付て政府の今日までの御答弁は、稍々明瞭を欠くやに考へられますから、此の場合明白に其の態度を表明せられんことを希望致します。（拍手）

国務大臣　金森徳次郎君

憲法と国聯憲章の間には、連繫上不十分なる点がある、必要なる措置は其の場合に講ずる

将来国際聯合に日本が加入すると云ふことを念頭に置きまする場合に、現在の憲法の定めて居りまする所と、国際聯合の具体的なる規定が要請して居りまする所との間に、若干の連繫上不十分なる部分があることは、是は認めなければならぬと思ひます。併しながら其の時に何等かの方法を以て此の連絡を十分ならしむる措置は考慮し得るものと考へて居りまして、必要なる措置を其の場合に講ずると云ふ予想を持つて居りま

す。

委員長　芦田均君（日本自由党）

戦力廃止の結果国聯加盟を許されないかも知れないと云ふは余りに形式論理的

法第九条に関する第三の点、即ち日本が一切の戦力を廃止する結果、国際聯合国としての義務を果し得なくなるから、聯合加盟を許されないかも知れないと云ふ論、余りに形式論理的であります。日本が真に平和愛好国たる事実を認められる場合には、斯かる事態はあり得ないと考へて間違ひはないと思ふのであります。

本改正案の目標は国聯加盟に依つて初めて完全に貫徹

何れに致しましても本改正案の目標は、我が国が国際聯合に加盟することに依つて初めて完全に貫徹し得るものであることは明かであらうと思ひます。けれども問題はそればかりで終るのではありませぬ。日本が平和国家、文化国家として内外に認められるに至るには、我が国民の間断なき努力を必要とするものと信じます。

文化、文化国家の真義

私は最近文化国家と云ふ文字が、余りに手軽に易々と叫ばれることに不安の念を抱くものであります。一つの民族の実力、世界に於ける地位、民族生存の意義、人類に対する責任、総て是等が文化にあると云ふことは、心ある者の皆知る所であります。然るに日本の今日に立至つたのは、現代に住む我々日本人が歴史最大の過ちを犯したと云ふのは、全く日本の文化の程度が低く、其の内容が貧弱であり、又文化の精神と本質とが国民に十分理解せられて居なかつたことに基くものであると信じます。(拍手)此の憲法改正案を提案された吉田内閣は、単に紙に書いた案文を議会に呑込ませることを以て責任が終るのではありませぬ。此の憲法の目指す方向を国民に理解させ、憲法改正の裏付けとなるべき国民文化の向上に渾身の努力を致さるべきであると思ひます。(拍手)それのみが戦争の勃発を防止する方法であるとさへ信ずるのであります。

この際政府は奮起して国民の自覚を呼び起し、世界に呼び掛けて国際平和の実現に挺身せらるべきである

吉田内閣は此の劃期的な時期に国民指導の大責任を負うて政府に立たれました。此の機会にこそ閣僚諸公は奮起して国民の自覚を呼び起し、世界に呼び掛けて国際平和の実現に挺身せらるべきであると思ひます。然るに憲法改正案の審議に於てさへ、閣僚諸公の熱意は甚だ上らざるが如くに見えまするが故に、此のことは決して国民を安堵せしむる所以ではないと思ひます。幸ひ吉田内閣には多年憲政の為に尽瘁《じんすい》せられた多くの政治家を持つて居られる、是等の政治家が真に其の熱意と其の気魄とを以て国民の指導に当られることは、我々の日夜念願致して居る所であります。之に付て政府より答弁を得ることは期待致して居りませぬ。併しながら若し何等か此の際其の所信を御表明下さるならば、喜んで拝聴致したいと思ひます。(拍手)

国務大臣　金森徳次郎君

憲法改正は、何千年の歴史を経過した日本に於て未曾有の変革

総理大臣から御答弁を願はうと思つて居りましたが、私が此の問題に付きまして、当面の責任の地位に立つて居りまするが故に、一言御答へする御許しを願ひたいと存じます。此の憲法は御覧の如く、又御承認を多分は載いて居るかの如く、何千年の歴史を経過致しました日本に於て、未だ嘗て考へられたこともない大

いなる変革を齎《もたら》すものであります。我々は単に変革を齎すことを目的として居るものではない。

改正案は全精神を以て文字に表はしたもの
憲法の理想を実現、文化国家建設の一路に捨石となるの信念

真に此の変革の現実の効果を世界の舞台に於て、又日本国民の為に完全に遂行して、有終の美を遂げたいと思ふのでありまして、此の憲法の草案は、是は確かにインクを以て書かれて居るものでありますけれども、私共の立場から申しますれば、全精神を以て之を文字に表はしたものと信じて居るのでありまして、今委員長から御話になりました点は、今までの私共の態度が悪かつたかも知れぬ、或は努力が足りなかつたかも知れませぬが、内心は決してさうではない、十分此の憲法を実現し、同時に日本全局の文化国家建設の一路に、只私一人の立場を茲に挟《はさ》んで申しますれば、捨石となつても宜しいと云ふ信念の下に臨んで居る次第であります。（拍手）

衆議院帝国憲法改正案委員会

昭和二一年七月一一日（木）

野坂參三委員（日本共産党）
前文「政府の行為によつて……」の代りに「他国征服の意図を持つた」とか、或ひは「侵略的意図を持つた」と云ふやうな戦争の性質を表はす言葉を入れるべきではないか

前文の第二行目の一番下の所に「政府の行為によつて」と斯うあります。之に付ては今日の討論の一番最初にも質問がありましたが、此の政府の行為、之に依つて再び戦争の惨禍が起る、是は明かに国際戦争のことを言つて居るので、政府の行為に依らない戦争と云ふものはない筈です。此の政府の行為と云ふものが余り大きな意味がないやうに思ふのですが、之に代へて寧ろ戦争の性質をここにはつきり表はすやうな言葉を入れるべきが当然ではないか。もう少し具体的に言へば「政府の行為によつて」此の代りに、例へば本議会で総理大臣も言はれたと思ひますが、征服的な、他国征服の意図を持つたとか、或は侵略的意図を持つた、斯う云ふ戦争の惨禍を発生しない云々と言つた方が正確ではないかと思ひます。之に付て御伺ひ致します。

国務大臣　金森徳次郎君
理論的には自衛戦争は正しいが、自衛の名を藉《か》りて侵略戦争に赴く思ひがある

御説のやうに、左様な言葉を使つて言表はすことも、一つの行き方であらうと思ひます。併しながら嘗て総理大臣が申しましたやうに、日本が大勇気を奮つて斯う云ふ風に比較的簡明なる言葉を用ひまして、理論的には自衛戦争は正しいにしても、総ての戦争が自衛戦争の名を藉りて然らざる戦争に赴くと云ふことの労ひを、憲法の中に残して置くやうな言葉を避ける方が宜いと云ふ考へも成立する訳であります。此の憲法は其のやうな考へに依りまして、特に区別せず謂はば捨身になつて世界の平和を叫ぶと云ふ態度を執つた次第であります。

野坂參三委員（日本共産党）
私見ではこれが一番正しい

さうすれば此の問題はもう前からの問題でありますから、是れ以上私は質問しませぬ。私の意見では是が一番正しいと思つて居るだけであります。……

野坂參三委員（日本共産党）
「委ねよう」と云ふのは、諸国民の公正と信義に委ねようと云ふのか、又は諸国民に委ねようと云ふのか

……其の次に私、第一頁の最後から二言目の所に「平和を愛する世界の諸国民の公正と信義に委ねようと決意した。」此の「委ねよう」是は前にも質問がありましたが、此の委ねると云ふことは、我等の安全と生存を挙げて諸国民、詰り外国の公正と信義に委ねよう、斯う云ふことになつて居る。此の点をもう少し説明して戴きたい。此の委ねようと云ふことは、結局我等の安全と生存を諸国民の公正と信義に委ねよう、諸国民に委ねようと云ふのか、此の点もう少しはつきり……

国務大臣　金森徳次郎君

武器でなければ、生存と安全は保全出来ぬと云ふ訳ではない

平和を念願すると云ふ前文から出発致しまして、我々は軍隊を持たないと云ふことを憲法の中に規定する、すれば如何にして我等の安全と生存を保持すべきかと云ふことが起るが、我等の安全と生存と云ふものは、必ずしも武器でなければ保全出来ぬと云ふ訳ではないのであります。武器なき世界平和の実現と云ふことが望ましきことであります。此の憲法全体の中に含まれて居る趣旨がそれである訳であります。兎に角武器の必要な場合もありませう。

委ねるとは信頼すること、信頼は屈従を意味しない

而してそれ等を総合して考へて見まして、どうして安全と生存を維持するかと言へば、我々は世界の中の一員でありまするが故に世界の平和愛好諸国民に信頼すると云ふことは当然出て来るのであります。是れ以外に方法はないと云ふ気がする訳であります。併しながら是は決して屈従を意味するものではないのであります。

結局は国際協調

世界が本当の平和を保つて行くならば結局自分の国だけで解決するのではなくて、世界諸国民の公正と信義に委せると云ふことは、国際協調と言ひますか、国際的な人間の統一と云ふことを念頭に致しまする時に、自然のことであらうと思ふ訳であります。

野坂参三委員（日本共産党）

「委ねる」では積極性が出て居ない

私は今の此の言葉は外の表現に変へるのが適当でないかと思ひます。是で見ると、我々の生存と安全と云ふものは兎も角も外国に頼んで置く、我々が之をどうすると云ふやうな積極性が出て居ないと思ふのです。だから此の点は私変へられることを要求します。

国務大臣　金森徳次郎君

「諸国民」とははっきり外国を指すものではない

是は諸国民と云ふ言葉を外国と云ふ風に御取りになりましたけれども、そこまで此の言葉の文字は、はつきりは指して居りませぬと云ふことを、一つ御留意を御願ひ致したいと思ひます。

野坂参三委員（日本共産党）

「世界の諸国民」とあるから、主として外国を指す

是は「世界の諸国民」とありますから、日本も入るでありませうが併し是は主として外国を指して居ると思ふのです。「世界の諸国民」でありますから……今《ママ》言つたやうに、此処は日本の我々のもつと積極的な努力を表はすべきで、私個人の意見としては、此処の文章を――最後から三行目に始まる「日本国民は、常に平和を念願し、」云々、此の一行、二行目は大体に於て其の次に来る三行、或は次の頁に来るものと重複して居ると思ひます。平和の問題、平和維持の問題、国際関係、斯うなつて居ると思ひます。……

野坂参三委員（日本共産党）

一字一句も忽《ゆるが》せにさせるべき性質のものではない

では私の質問は是だけにして置きます。只一言申上げたいことは、今金森国務相は多少此の字句の問題を何だか軽視されて居るやうな印象を受けるのですが、之を草案される場合に於ては恐らく一字一句も忽せにされなかつたであらうし、又されるべき性質のものではないと思ふのです。憲法とあれば……《ママ》だから斯う云ふ点に付てはもう少し注意されて、一つ一つの文字に付ても自信を持つて確答が出来るやうに私は願ひたいと思ひます。

衆議院帝国憲法改正案委員会

昭和二一年七月一二日（金）

北浦圭太郎委員（日本自由党）

「戦争抛棄」は国際情勢の如何によって変化するか

……是は戦争抛棄の問題であります。マッカーサー元帥は此の条章に対して斯う云ふことを書いて居る。戦争に対する潜在力の創設すら禁ずる旨書いてありまするが。（附録参照）さう致しまするとパッシヴもアクティヴもない、消極的戦争防衛と云ふこともない、積極的は勿論いけない、是は私は偶〻《たまたま》マッカーサー元帥のに左様なことを書いてあるが為に賛成であるのでなくして、平和への憧れ、意見が一致致しまするが故に全面的に賛成するのでありまするが、是も只今国務相の御答弁の如く、国際情勢の如何に重点を置いて政府の態度を決すると云ふことになるのでありまするか、如何でありますか。

国務大臣　金森徳次郎君

日本が定むる憲法で、外国の意思に依つて定むるのではない

此の憲法は飽くまでも日本が定むる憲法でありまして、外国の意思に依つて此の憲法を定むるのでないことは、是は固より当然のことであります。又我々が此の憲法の内容を考へます時に、日本の置かれて居りまする種々なる国際的制約を考へて処理すると云ふことでありまして、決して他所から指図を受けて憲法の中味を如何にすると云ふやうな態度を執つて居る次第でないことは十分御諒解を願ひたいと思ふのであります。

今御話になりました戦争抛棄に付きまして、外国の将軍がどう云ふ言葉を使はれたかと云ふことに付きましては、私実は今仰せになりましたやうな点に付きまして、正確な知識を持合せませぬけれども、大体の趣旨は今御答へ申した所に依つて御分り下すつたことと思ひます。

衆議院帝国憲法改正案委員会

昭和二一年七月一五日（月）

加藤一雄委員（日本自由党）

文理解釈は偖《さ》て措き、精神解釈に重点を置いて質問

私は政府に第九条に関しまして質問するに当りまして、一応私が質問致しまする前提、心構へを御話させて戴きます。私は戦争抛棄の規定に付きまして文理解釈は偖て措きまして、其の精神解釈に重点を置きまして御伺ひしたいと思ひます。左様申上げますことは、此の規定が特に重要でありますから、此の規定の背後にございまする各般の事象を究明致すことが必要と考へて居ります。日本は今次世界戦争に参加、又は自分の方から始めまして、歴史を破壊致しますと同時に、世界の物嗤に相成つて居ります。

二度と再び世界の嗤ひものにならぬと云ふ覚悟

戦争抛棄と一概に申しまするが、是は大事業でありまして、我々国民と致しましては、戦争を抛棄致しますに当りましては、又之を世界に宣明した以上は、是が非でも之をやり遂げまして、二度と再び世界の前に嗤ひものにならぬと云ふ覚悟を今日私は新たにしたいと存じて居ります。それで私が御伺ひ致しまするとは、斯様な意味合でありますから、政府の端的なる御決意を伺つて見たいのであります。

心の底から迸《ほとばし》り出る政府の決意を開陳願ひたい

今まで政府の御答弁が口先だけの御答弁とは考へて居りませぬが、特に私が御伺ひ致したいことは、心の底から迸り出る所の政府の御決意を開陳願ひたいと存じます。是と同時に国民も政府の意のある所を十分に諒解致しまして、新たなる覚醒を呼び起すと同時に、絶大なる決意を鞏固《きょうこ》に致しまして、茨の道を真一文字に突貫致しまして、先に申上げました通りの新日本建設を致すことを確信を致します。惟ふに戦争と申しますのはバートランド・ラッセルが申しました通り、罪悪の樹に咲く最後の華であることは申すまでもございませぬ。現在地球上に在在致して居りまする、又世界を料理致して居りまする大部分の人達は、一度ならず二度までも、有史以来の甚大なる惨禍を齎《もたら》しました戦争を経験致して居ります。静かに人類は今胸に手を当てて考へて居ることと私は思ひます。

天皇は世界に率先、戦争抛棄を改正案に御明定

三度此の地球上に戦争を勃発せしめないやうにする努力を傾倒しなければならぬと云ふことであります。茲に天皇陛下は、突如として政府をして世界各国に率先致しまして、此の悲しむべき戦争を抛棄すると云ふことを、国の基本法でありまする憲法に御明定になりまして、我々国会に是を提示遊ばされまして、審議を御命令に相成つて居ります。又同時に世界人類の前に之を御明示に相成つた訳であります。

新日本の再建は、戦争抛棄の規定を円満・迅速・完全に遂行するにある

此の戦争抛棄の条文は、綴れば一条文のことでありまするが、此の重大性は実に甚だしいものでありまして私が只今申上げるまでもございませぬ。私は此の新日本の再建と云ふものは、懸《かか》つて此の戦争抛棄の規定を円満且つ迅速に、完全に遂行すると云ふことにあると申上げたいのであります。即ち戦争抛棄を完全に遂

行致しますに当りましては、一国の政治、外交、経済、産業、教育、文化、社会、各般に亙りまして、其の裏付になつて居ります事象を正確に把握致しまして是等に対しまして絶えず誤らざる研究と、政策とを実施致しまして而も是等研究と実施とは、総て戦争抛棄の一点に集結するの政策でなければならぬと確信を致します。

完全に敗北、世界人類の前に服罪

此の研究と政策の実施があつて初めて世界の諸国民は、公正と信義の命ずる儘に、我が民族に対しまして喜んで協力をやつて呉れると是れ亦確信を致します。日本は今次戦争に於きまして完全に敗北致しました。而して世界人類の前に服罪を致して居ります。之に対しては如何なる高価な犠牲をも辞するものではないと云ふ謙虚な気持を以て私は茲に起ち上がりまして政府に一問一答を試みることに致します。私の言葉を通じまして、日本民族の現在の心境を、必ずや聯合軍は、平和を愛好する世界の諸国民に代りまして十分に諒解して呉れると是れ亦確信を致します。重ねて申上げます。政府は勿論のこと、日本国民は全部自分の手で日本再建の大努力を致すことが、第一に肝要であります。先づ之をやりまして然る後聯合軍に諸種の救援を求めることが必要と考へて居ります。……以下一問一答致します。

過去における戦争は、概ね其の原因が、人口問題を中心とする経済問題にあつたと考へる

過去に於きまする戦争は、概ね其の原因が、人口問題を中心に致します経済問題にあつたやうに自分は考へて居りますが、政府の御所見は如何でございますか。

国務大臣　金森徳次郎君

人口問題は戦争原因の全部ではないが、その原因の大いなるもの

全部がさうと云ふことは固より申されませぬが、大いなる要素としてそれがあることは御説の通りと考へて居ります。

加藤一雄委員（日本自由党）

戦争を抛棄して而も国の安全と生存を確保するには、経済の安固と、思想教育の確立が必要

そこで完全に戦争を抛棄致しまして、而も我等の安全と生存を確保する上に於きましては、経済の安固と云ふものが第一条件となります。之に配するに思想教育の確立と云ふことが必要と考へまするが、此の点は如何でございますか。金森国務相と文相の御答弁を戴きたいと思ひます。

国務大臣　金森徳次郎君

申すまでもない

それ等の御示しになりました要素を堅実に発展せしむると云ふことが、此の平和的文化的なる国家の建設の上に最も重点を置かなければならぬことは申すまでもないことと存じます。

文部大臣　田中耕太郎君

戦争抛棄の問題と教育との関係

御答へ申上げます。戦争抛棄の問題に付きまして只今教育との関係に付ても十分考慮しなければならない、

是は全く御説の通りでありまして、是は詰り民主主義的、平和主義的教育を今後遂行致して参りますのに付きまして、非常に意味あることであります。日本が詰り今後の国際政治に於きましてパワー・ポリティックス詰り権力政治と申しまするが、其のパワー・ポリティックスのクライマックスは、要するに武力に依る世界制覇と云ふことになるのでありまして、戦争を拋棄して本当の平和主義的な活動を国際政治に於て演ずると云ふことは、是は国内の教育に付ても非常に大きな意味を持つのであります。

戦争拋棄は、不正義に対して負ける、不正義を認容するものではない

詰り戦争拋棄をなぜ致したかと申しまするや、西洋の聖典にもございますやうに、剣を以て立つ者は剣にて滅ぶと云ふ原則を根本的に認めると云ふことであると思ふのであります。併しながらさう云ふ風に考へますると、或は不正義の戦争を仕掛けて来た場合に於て、之に対して抵抗しないで不正義を許すのではないかと云ふやうな疑問を抱く者があるかも知れない、詰り正しい戦争と正しからざる戦争の区別も全然無視して単に不正なる力に負けてしまふと云ふやうなことになりはしないか、さうすると詰り国際政治に於きまして、不正義を此の儘《まま》認容すると云ふ風な、道義的の感覚を日本人が失ふと云ふことになつても困るではないかと云ふやうなことも考へられます。

剣を以て立つ者は剣にて滅ぶと云ふ千古の真理に確信を抱く世界歴史は世界審判

併しながら決してそれはさうではない、不正義は世の中に永く続くものではない、剣を以て立つ者は剣にて滅ぶと云ふ千古の真理に付て、我々は確信を抱くものであります。さう云ふ場合に於ては、輿論の力が今

後は国際政治に於きましても益〻盛んになることでありますし、又或は仮に日本が不正義の力に依つて侵略されるやうな場合があつても、併しそれに対して抵抗することに依つて我々が被むる所の莫大なる損失を考へて見ますると、まだ〳〵日本の将来の為に此の方を選ぶべきではないか、併し世界歴史的の大きな目を以て考へて見ますと、世界歴史は世界審判だと云ふことを申します。大きな目を以て考へますと、戦争抛棄と云ふことも決して不正義に対して負ける、不正義を認容すると云ふ意味を持つて居ないと思ふのであります。此の点に付きまして教育の面に於ても非常に被教育者を精神的に指導致すのに付て大いに考慮を要することと思ひます。只今御質問の此の戦争抛棄と教育の関係と云ふことに付きまして御触れになつた点に付て御答申上げました訳であります。……

教育法の根本的構想

尚教育法の根本的の構想を此の際立つべきではないかと云ふやうな御説でございますが、此の教育法の根本的な構想は今我々が練つて居る最中でございまして、其の範囲、内容等は、甚だ実は漠然と致して居るやうな訳でございますが、併し民主主義的、平和主義的教育の根本原理、詰り憲法の前文にも現はれて居りますやうな根本原理を先づ掲げまして、今日までの学校法令に現はれて居ります所の皇国の道に則り、さう云ふ思想を払拭致すと云ふことが第一であります。第二に教権の独立、此の頃是は輿論になつて参つたと申しても宜いのでございますが、其の教権の独立、詰り或は文部省行政なり、或は地方教育行政がどう云ふ風に今後進んで行かなければならないものかと云ふやうな問題に付きましても、十分研究の上、或は適当な形を以て規定に表はさなければならないのぢやないかと思ひます。更に又学校教育の根本に付きましては、義務教育の範囲の問題になりますでせうし、又或は男女の性別に依つて教育の区別を設くべきではないと云ふやうな問題に付きまして、女子教育の根本理念を掲げる必要もございますし、又教育《員?》養成機関の問題に付ても必要でございますし、其の他私学の問題に付ても必要でありますし、大体さう云ふやうな根本的な問題に付て法律の規定にどれだけ取入れらるべきであるかと云ふやうなことも考へまして、構想を練つて居る次第であります。

北浦圭太郎委員（日本自由党）

マッカーサー元帥の声明文を金森国務相は知らないと云ふが、吉田総理も同じく御存じないか

私は努めて金森国務相以外の各大臣の方々には御意見を伺はない方針で居るのであります。唯過日私は此処でマッカーサー元帥の声明文に付て御伺ひ致しましたが、不幸にして金森国務相は知らないと云ふ御返事であつた。重ねて我等の同僚でありまする笠井代議士から同じやうな趣旨の御質問がありまして、其の時も金森国務相は曩《さき》に答弁した以外のことを答へない方が宜いと思ふと云ふ御返事があつて、要するに知らないと云ふ結論であつた。そこで私は吉田首相に御伺ひ致すのでありまするが、斯う云ふ内容であります。

マッカーサー元帥の声明文

是は我々同僚は皆知つて居りまするが、此の憲法草案に関する定義に付きマッカーサー元帥の声明文中に「この憲法は五ヶ月前に余が内閣に対して発した余の指令について日本政府閣僚と当司令部の間における労多き調査と屢次《るじ》にわたる会議の後、書き下されたものである」斯様に最初に書いてございまして、……次に此の中で最も重要なる部分と云ふ意味に書いてございまするが、戦争抛棄の点であります。此の点も、マッカーサー元帥の意見に依りまするど、特に民主主義政体の出現と戦争抛棄、今日之を盛んに我等の同僚は論

議致して居るのでありまするが是が特徴だと云ふ風の趣旨に書いてある所の声明を我々は読むのでありまするが、吉田首相は斯う云ふことは全然御存じないのか、或は左様な声明文は金森国務相と同じやうに御存じないのか、此の点一つ御伺ひ致したいのであります。

内閣総理大臣　吉田茂君

宙には覚えて居ないが、元帥が日本政府に対し、憲法改正の指令を与えたことはない。相互間の諒解から憲法改正に一致

御答へ致します。今のマッカーサー元帥の声名文なるものは今宙には覚えて居りませぬが、兎に角事実としては、政府に対して憲法を改正しろと云ふ指令を与へたことはありませぬ。只我々と言ふよりも、日本政府の閣僚がマッカーサー元帥其の他と話合つて居る間に、憲法は改正しなければならない、現行憲法に於ては日本の国民の意思、国家の意思を十分聯合国其の他に共鳴徹底せしめることは難かしい、既に大きな大東亜戦争と云ふか世界戦争が現行憲法の下に行はれたのであるから、所謂戦争抛棄と云ふが如き重大なる原則を発表することに依つて、日本は好戦国ではない又戦争を更に仕掛けるやうな準備はないと云ふことを明瞭にすることが日本国の利益であり、日本国の平和的政策、意思を表明することが必要である、と云ふやうな相互の間の諒解から憲法改正と云ふことに双方一致したのであります。……

委員長　芦田均君（日本自由党）

笠井重治君、総理は十二時にどうしても此の席を立たなければなりませぬから、時間が非常に短かいのでありますけれども、其の程度で御質問を願ひます。

笠井重治委員（無所属倶楽部）

戦争抛棄の条項を入れるに付て帝国政府の決意のある所を総理から伺ひたい

総理大臣に質問致します。新憲法の二章九条に付きましては私は賛成でございます。又政府が非常なる決心を以て此の九条を加へられたと云ふことは、現下の日本を救ふ意味に於ける政府の重大なる決意を示すものであると思ひまして、慶賀する次第でございます。そこで既に北浦君からも只今申されたやうに、ポツダム宣言の趣旨に基いて新憲法が茲に出来て居る、ドラフトが出来て居る、併し又同時に日本が敗けたと云ふ現実の下に、国内の情勢からも斯う云う憲法が必要である、そこで内外呼応しての精神に基いて居るのだと云ふことを金森国務大臣が仰せられて居りましたが、私は此の点に付て此の第九条即ち戦争抛棄と云ふ条項を入れるに付きましての我が帝国政府の決意のある所を総理から伺ひたいと思ひます。

内閣総理大臣　吉田茂君

本会議、委員会に於て屢々《しばしば》説明した通り

御答へ致します。此の九条の挿入を致しました政府の趣意に付ては、屢々本議場又此の委員会に於ても政府は説明したと思ひますが、要するに日本国が列国に先だつて、或は世界を率ゐて平和愛好の平和的条約を現出せしむる其の先駆けになつて自ら戦争を抛棄し、軍備を徹廃することに依つて世界の平和を事実ならしめる、此の決意に基いて政府は此の案を提出した訳であります。

笠井重治委員（無所属倶楽部）

戦争抛棄と云ふことは、是は侵略戦争を抛棄しようと云ふので、一七九一年のフランス革命の後のフランスの憲法に見えて居りましたが、今回恐らく世界に先んじて日本が戦争抛棄をなす、之に付ては、北浦君が仰しやられたやうに、又私が一昨日読上げましたやうに、マッカーサー元師が三月に同じやうな声名を致して居る。又四月五日の聯合国四国委員会の第一回席上に於て、マッカーサー元師が日本独自に於ける所の此の戦争抛棄と云ふことは実に立派なことである、それで又日本が自身でやることは非常に結構なことであるけれども世界が齋《ひと》しく此の状態を認めて、そして日本の一方的行為とせずして、世界が此の場合に於て日本と齋しく戦争抛棄の方面に進むのが必要ではないか、就ては国際聯合と云ふものが、どうか此の精神を酌んで、そして世界相共に戦争抛棄の状態に進むべきであると云ふことを言はれて居ります。（附録参照）

第九条によつて戦争を抛棄するならば、将来国聯加入等の場合に於て、国聯憲章第四十三条との関係において、問題となるのではないか

そこで総理大臣に伺ひたい問題は、国際聯合でありまするが、国際聯合の憲章の第四十三条に於きましては国際的平和及び安全の維持に貢献せんが為に、国際聯合の一切の加盟国は安全保障理事会に対し其の要請に基き、及び特別協定に従い国際的平和及び安全の維持の為に必要なる武装軍隊及び援助及び通過権を認める便利を利用し得ることを約す、斯う書いてあります。是は第一項でありますが、第二項、第三項とありますが、要するに国際聯合と云ふものに将来我が日本が加盟をする場合に於て最も必要なることは、第一条件と致しましては、我が日本の独立国家が軍備なくして国際聯合の負担を負ふことが出来るや否や、又軍備がなかつた場合には、国際聯合と云ふものは日本がそれに入会することを拒否するのであるかどうか、此の点に付ては屢々《しばしば》質問もあつたやうでありまするが、金森国務大臣の此の間までの御答弁に依りますと国際聯合とまだ政府との間に於てはしつくり行つて居らない所があると云ふ意味のことを申されて居りましたが、此

の点に付て総理大臣の明確なる御答へを願ひたいと思つて居ります。

内閣総理大臣　吉田茂君

総ては講和条約が出来た後

御答へ致します。今日の所は日本はまだ国際聯合に入つて居らないのみならず、入り得る資格に付ても決まつて居ないので、総ては講和条約が出来た後のことであると思ひます。

笠井重治委員（無所属倶楽部）

独立回復を前提としての質問。はつきり言つて戴きたい

其の問題は分つて居ります。固より日本が今日の状態に於て国際聯合に加入が出来ないことは当然でありますし、まだ平和条約も出来て居りませぬ。我々も此の憲法と云ふものは今後日本帝国の続く限り、日本国の続く限りは此の儘で行くものである。将来に於て或る変更はありませうけれども、さう云ふことを予想して日本が独立性を贏《か》ち得た時の状況を思つて茲に於て伺つて居る訳でありますから、どうか其の点をはつきり仰しやつて戴きたいと思つて居るのであります。

戦争抛棄の趣旨を各国に徹底せしめ、各国の憲法の中にも編み込まれるやうに政府の努力を望む

最後に総理にもう一度伺ひたいのでありますが、其の点は総理から茲に掲げてある第九条の政府の御決意を伺ひまして、深く私は賛意を表するものでございます。又同時に進んで此の場合に於て日本が自らの力に於て戦争を抛棄すると云ふことでありますが、どうか我が日本が独立を贏ち得た後に於て、世界の各国に此の精神を徹底せしめて、以て世界各国が、即ち国際聯合に加盟して居る国々が平和愛好の日本国の精神を諒解すると共に、此の戦争抛棄と云ふことが、各国の憲法の中にも編み込まれるやうに、政府の御努力を戴きたいのですが、此の点に付て総理の御決意を伺ひたいと思ひます。

内閣総理大臣　吉田茂君

政府としても機会ある毎に努力

新憲法第九条の精神を世界各国に徹底せしむるやうにと云ふ御意見は洵《まこと》に賛成であります。政府と致しましても極力機会ある毎に九条の精神を徹底せしむるやうに努力致す考へであります。

戦争を抛棄した日本の加入を許すか否かは国聯の決定に委す

又国際聯合に入る場合に於て、今日の軍備のない日本の国家を聯合に入れるか入れないかと云ふことは、一に国際聯合が決すべき問題でありまして、講和条約が出来、日本が独立国の体裁を成し独立の国家主権を回復して、而して国際聯合が如何なる条件で以て日本が入ることを許すか許さぬかと云ふことは、国際聯合が決めるべき問題であつて、日本と致しましては、今の憲法を以て国際聯合が如何なる処置をするか、是は進んで言ふよりは、寧ろ聯合の意見を聴くのを待つより外、仕方がないと思ひます。

高橋英吉委員（日本自由党）

講和後、国聯に加入する見透しがあるか

国聯に加入が出来ない場合でも、日本が侵略の対象となつた場合、日本国から積極的に国聯に提訴するこ

とが出来るか

未復員者の問題を現在日本として国際聯合にこれを提訴することが出来るか

講話会議の開催は何時頃になる見透しであるか

九条に付きまして二点程御伺ひ致します。第一点は極く簡単に箇条的に御尋ね致しますが、日本は自衛権の規定を此の戦争抛棄の規定から除いたこと即ち之を挿入すると云ふことは有害無益であると云ふことの総理大臣の御説に対しては、私了解致すのでありますが、然らば只一つの頼みの綱である国際聯合、此の国際聯合に加入することは、講和条約の結果此の見透しがあるのでありますかどうか、講和条約が成立しました結果、当然此の国際聯合に日本も入り得る可能性があるのであるかどうか、是が一つと、それから仮に国際聯合に加入が出来ない場合でも、日本国が被害国である場合、即ち日本の自衛権が障碍された場合、日本が侵略の対象となつた場合に、日本国から積極的に提訴することが出来るかどうか、是が第二、それから第三としまして、先日終戦後当然速かに家郷に帰して貰ふことになつて居る武装解除せられました日本の軍隊が、尚ほ今日抑留拘禁の憂目に遭つて居る、即ち是はポツダム宣言に違反するものであると云ふことの質問を致しましたに対して総理大臣から私と同意見であると云ふ御答へを得ました。然らば現在日本として国際聯合に之を提訴することが出来るかどうか、日本としては如何なる方法に依つて是が救済策を仰ぐことが出来るか、国際聯合は現在日本との直接の関係がないが為に、之を放置して顧みないと云ふ風なことの組織になつて居るのであるかどうか、是が第三と、それから第四に、講話会議の開催は何時頃になる見透しであるかと云ふこと、此の四つの点に付て政府の御所見を伺ひたいと思ひます。

国務大臣　金森徳次郎君

仕事分担の関係上御答へしにくい

今御尋ねになりました諸点は、固より政府の誰かが御答へすべき筈のものでありませうけれども、私自身と致しましては、仕事の分担の関係上御答へしにくい、又御答へ致しましても権威のない事柄に属すると思ひますから、暫く御猶予願ひたいと思ひます。

笹森順造委員（日本民主党準備会）
「抛棄」では弱い。「排除」とすればもつと適切

他の角度からであります。それは先程も総理大臣が御話になりまして、単に戦争を抛棄するばかりではなく、自衛権をも否定して、進んで世界の平和国家の先頭に立つと云ふことを仰せになつて居りまするこうとからして、単に是は国際聯合と云ふものに加入し、之に依存すると云ふやうな立場から、更に一歩を進んで、日本が独自的に此の目的を達成せしむると云ふやうなことから考へまするると、一昨日金森国務相が仰せになりました、否定、認定、断念と云ふやうな言葉を用ひようとしたが、結局抛棄となつたと云ふのであるが、それよりもつと進んで寧ろ日本の国土全体を戦争に参加をせしめないと云ふやうに考へ、或は又進んで日本が世界の平和の指導者となると云ふ観点からするならば、此の抛棄と云ふ文字は弱い、是は寧ろ排除と云ふ文字を使つたならばどうか、英語の方の翻訳を見ますとレナンシエーションと云ふ文字が使つてあるやうでありますが、此の意味の内容は単に棄てると云ふ意味ばかりではなく、レジェクト、レフューズする、之を拒否する、こつちから止めてしまふ、排除すると云ふ意味が含まれて居るやうに考へて居りますので、是は英文は其の儘で結構でありますが、此の「抛棄」を「排除」とすればもつと適切で而も此の意味がもつと徹底するではないかと云ふことから金森国務相に此の点を、簡単なことでありますが、御尋ねしたい、斯う云

ふことであります。

国務大臣　金森徳次郎君

排除するですな。

笹森順造委員（日本民主党準備会）

排除、押し除ける、さうするともつと積極性がある、斯う云ふ意味で申上げたのであります。

国務大臣　金森徳次郎君

「排除」では、「拋棄」程決意が十分表はれない

今御示しになりました排除と言ふ言葉と拋棄すると云ふ言葉と、何れが適切であるかと云ふことは、もつと能く時間を戴いて考へて見ないと、正確な御答へは出来兼ねますけれども差当り考へて見ましても、何か排除すると云ふだけでは拋棄程決意が十分に表はれない、傍の方に向けるだけであつて不十分なやうな気がする、其のやうな心地があります、はつきり致しませぬから此の程度に止めて置きます。

笹森順造委員（日本民主党準備会）

憲法の効力の及ぶ地域的範囲と「国の交戦権はこれを認めない」と云ふ場合の国の定義及び範囲

次に「国の交戦権はこれを認めない。」とある、此の憲法の効力の及ぶ地域的範囲と、此処に掲げて居りまする国の範囲とを明白に伺ひたい。是は四つの場合があるのぢやないか、世界の凡ゆる所で凡ゆる国の交

戦権を認めないと云ふのか、第二に或は全世界の凡ゆる所で我が国の交戦権を認めない、他国の交戦権は認めると云ふのか、第三の場合の我が国土内で凡ゆる国の交戦権を認めない、他の地域で他国の交戦権は認めると云ふのか、第四の場合の我が国土内で我が国の交戦権を認めないが、他の交戦権は認めると云ふのか、斯う云ふ四つの場合があると思ひますが、どんなに狭義に之を考へましても、此の憲法の効力は我が国土全体に及ぶものであると考へられる、随て我が国土内では如何なる国の交戦権をも認めないとすると云ふことが、詰り先程私が排除しようと云ふやうな意味と関聯を持つて居るのであります。即ち我が国は如何なる地域に於ても戦争をしないと解するのは無論当然でありまするが、其の以上に今申上げたやうなことを考へて見たい、我が国土を外国同士の戦争の基地化するのを認めないのは、是は国家として当然であるし過去の日本の軍事施設は一切棄却さるべきものであり、又今日占領軍の関係して居りまする日本国内に於ける軍事施設も、占領軍が撤退後我が国に返却された後に於ては是等の軍事施設を一切棄却し、或は排除し、転用せらるべきことも無論である。

如何なる事態に於ても、国土の戦争基地化を拒絶し、第三国の交戦権を国土内に於て認めないことが国土の安全を保つ所以

さうなりました暁に於て、爾後如何なる事態に於ても我が国土の戦争基地化を拒絶し如何なる国の交戦権をも我が国土内に於て認めないことにすることが、国土の安全が保たれる所以であると思ふ、是が即ち日本の国に戦争が来た時、只棄てると云ふのでは弱いので、どんなものが来ても排除してしまふと云ふやうな意味で先程申したことと関聯して居りますが、結局する所、国の交戦権と云ふものは、憲法の及ぶ地域的範囲及びここに掲げた国と云ふものの定義及び範囲を明確に御示し願ひたいと思ふのであります。

国務大臣　金森徳次郎君

御話の次第を能く考へて見ますると、御示しになりました排除と云ふ言葉も能く分るやうに思ひます。此の憲法を起案致しましたのは、日本の国防《法?》として効力あらしめようと云ふ趣旨であります。随て縦《よ》しや日本の土地の中でありましても、今日国際法上認められて居ります他国の交戦権の類を日本が一方的に否定することは、是は国内法上の問題として扱ふに致しましても、国際法に反し又国際信義にも反することでありまして、是は困難なことと思ふ訳であります。

一つの考へ方であるが、今の段階では困難

考へ得る主体は日本国だけの動きと云ふ意味。結局は、第一項、第二項共に、日本がこれを抛棄すると云ふ趣旨

理想と致しまして今御示しになりましたやうに日本の領域内に於きましては一切の国の戦争行為に付て、第九条に該当するものは全部之を排除すると云ふことは、確かに一つの考へ方でありまして、将来それに向つて努力することに意義があると思ひまするが、併し今の段階に於きまして日本が致しまするることは、直ちに之を以て国際法上の変動を行ふと云ふ所までは遺憾ながら進んでは居りませぬ。結局日本が之を抛棄すると云ふ趣旨であります。而して第二項に色々な之を認めないと云ふ規定があります。是も日本国の働きに付て言ふのでありまして、随て行はれまする地域は必ずしも日本国ばかりではないかも知れませぬが、国と国との関係が起りまする場合には、固より日本の領域内に於ても日本の主権の発動と云ふものは考へられまするから、地域は広くなるかも知れませぬ。併し考へ得る主体は日本国だけの働きと云ふ意味であります。

笹森順造委員（日本民主党準備会）

反乱鎮定の為に警察は武力を行使し得るか、或は又この場合に警察の強制力は武器を使用しても武器とは看做さないか、こうしたことについて第九条の戦力と武力と云ふものとの関係において警察力との区別、限界を明確に示されたい

次には反乱鎮定の為に警察は武力を行使し得るか、或は又此の場合に警察の強制力は武器を使用しても武器とは看做さないか、第九条の関聯に付て御尋ねしたいのでありますが、将来平和条約の締結後、何れの時にか、若しも不幸にして国内の一地方に反乱が起つて一地方を占領し独立を宣言したと云ふ場合に、日本は戦争を抛棄したのであるから、其の反乱者に対しては戦力に依る鎮定が出来ないことになる、出来ないとすれば皇土の安全を保たれず、国家は破滅に瀕するのであります。仍《よつ》て此の場合には警察権の強力な発動に依つて鎮定するのは、国内問題として第九条の発動に依つて許されなければならぬものだと思ふ。此の点に関して特に現在警察官が帯剣し、或は拳銃を使用して隊伍を組んで行動して居りますることが将来反乱鎮定行動、或は暴徒鎮定行動となつた場合に、やはり是は武力の行使と云ふこと以外になるではなからうか、嘗て西南役の時に警視庁の巡査隊が許されたことなども色々思ひ合される。此の場合に於て結局第九条に決めて居りまする戦力と武力と云ふものとの関係に於て警察力との区別、限界を明確に御示しを願ひたいのであります。

国務大臣　金森徳次郎君

第一項、第二項共に戦争に着眼、国内治安維持のための実力行使は禁止されて居ない

第九条は第一項も第二項も共に戦争と云ふことに着眼して居る訳であります。随て国内の治安を維持する

為に実際上の力を用ひることは禁止しては居りませぬ、或る場合に警察官が其の機能を発揮して治安を擁護することは固よりなし得べきことであり、なさなければならぬことと思ふのであります。併しながらどの程度までが警察権であり、どの限度を越えますれば陸海空軍の戦力となるか、許さるべき範囲と許されざる範囲と云ふものが起つて来て、是は理論的に何処かに境界線が明白に存するものと思ふ訳であります。唯実際に於きまして若しも国内治安維持の為の警察力と云ふことに言葉を藉りて、陸海空軍の戦力其のものに匹敵するやうなものを考へまするならば、やはり此の憲法第九条違反となります。運用の上に於きましては誰が見ても警察権の範囲と認め得る程度に於て実施すべきものと考へて居ります。

笹森順造委員（日本民主党準備会）

抛棄又は否認せらるべき武力及び戦力の定義と内容

只今の戦力の問題に付て進んで御尋ね申上げます。第九条の規定に於きまして抛棄又は否認せらるべき武力及び戦力のことが書いてありますが、此の定義及び内容を判然と承りたい。武力と申しますと大概明かでありますが、戦力と云ふことになりますと稍々《やや》明瞭を欠く観念が出て来るのであります。広義に申しますと凡ゆる国力がやはり戦力に関係して来る。是が従来の考へ方であります。

「武力」、「戦力」と平和的な経済国力、文化力との限界を明確に示されたい

そこで此の戦力と云ふものを全くここから切離して平和的、経済的、或は文化的に経済力と云ひ文化力と云ふことを明確に区別して置かなければならぬ必要を感ずる。一般の生産力、軽工業、重工業等の工場に致しましても、或る場合には直ちに戦力に転用せられることがあり得ると云ふのが従来の考へ方であり、事実

さうでもありませう。又それ等の諸施設ばかりでなく、飛行場のやうなもの、戦闘飛行機を除いた飛行機、或は港湾、汽船、汽車、自動車、電信電話其の他の施設と申しましても武力戦力以外の平和国民生活の施設として当然益〻発達せしめなければならぬものが沢山ある。此の武力、戦力と平和的な経済国力、文化力と云ふものの限界を明確に示して戴いて、此の「認めない。」と云ふものの中に入らないものをはつきりと此処で御示しを願ひたいと思ふのであります。

国務大臣　金森徳次郎君

一国の戦闘力を構成することを主体とするものは戦力。学問上発達した特殊の戦争手段は固より戦力。一般の経済的設備等は、戦力に入らない。結局は総合的判断に依つて決めるより外に名案はない

斯様な言葉は中心の所は誰でも直ぐ諒解を致しますけれども、其の内容の周辺に当る所、詰り何処まで行けば戦力になり、何処まで行けば平和力になるかと云ふ限界は中々決め兼ねる点があります。大体の基本の原則と致しましては、一国の戦闘力を構成することを常の姿として居る力、之を戦闘力と云ふものと思ふのであります。新たに学問上発達致しました所の特殊なる戦争手段の如きは、陸海空軍でなくても固より戦力であり、多数の人間に多くの生命身体に関する変化を惹起すると云ふやうな手段は之に入ると思ふのであります。併し専ら平和の目的に使はるゝと云ふことに依つて説明が出来るやうな、而して詰り一般の経済的な設備等は、此の戦力には入るものではない、斯う云ふやうに考へて居りまして現実の施設が戦力であるかどうかは総合的な判断に依つて決めるより外に名案はないものと思つて居ります。

笹森順造委員（日本民主党準備会）

自衛権を発動しなければならない場合、国民が国土内で腕力或は其の他の器物で正当な自己防衛を行ふと云ふ場合でも違憲行為であるか、若しさうであるならばこれを如何に処罰するか

最後に、司法大臣に御尋ね致したいのであります。此の憲法の条文に違反者があつた場合、特に此の二章に対して違反者のあつた場合の処罰等に関する御考への御用意を伺ひたいのでありますが、ここでは特に「国の交戦権はこれを認めない。」とあります。所で国と申しましても国民が其の中に居つて活動することでありますから、不幸にして自衛権を発動しなければならない場合が出来て、国民が国土内で武器を持つ以前に腕力或は其の他の器物で正当なる自己防衛を行ふと云ふやうな場合でも、それが違憲行為となるかどうか、さうであるとするならば之を如何に処罰すると云ふことになりますか、先づ此の点を第一に伺つて、もう一つ御尋ねをしたいと思ひます。

司法大臣　木村篤太郎君

自衛権の発動であるや否やが問題

御答へ致します。自衛権の発動であるや否やと云ふことは大問題でありまするが、今御話の通り武力行使せずして単に腕力で以て之を自衛した場合にどうかと云ふ御質問のやうに受取られましたが、それは其の時の場合に、果してそれが交戦権と認められるや否やと云ふことで解釈が違つて来るだらうと思ひます。

交戦権の範囲に属すると認められる場合は、憲法違反

勿論此の交戦権の範囲に属すると認められた場合は憲法違反になることは当然であります。是は只今でも刑法に所謂国交に関する罪と云ふ規定があります。将来又此の憲法の線に沿うて刑法も改正されるので、それに依つて取締つて行きたいと思ひます。

笹森順造委員（日本民主党準備会）　我が国民が外国在住中に外国の軍隊に入り、戦争に参加すると云ふことは違憲行為であるか。また、これをどう取扱ふか

次に、我が国民が外国在住中に外国の軍隊に入り、戦争に参加すると云ふことは違憲行為でありますかどうか、即ち外国が他の外国と戦争した場合、又は外国が我が国を相手として戦つた場合、其の外其の時に外国に在つた国民で強制的又は任意的に外国の軍隊に加はつて戦つた例は幾らでも過去に於てあります。此の憲法通過後に於て斯かる行為をするならば、憲法違反行為になるかどうか、唯仮にさうだとした場合に我が国の法律の効力の及ばない外国に在る間は事実上処罰されないと云ふことがあつたにしても、其の者が日本国民である以上は、やはり違憲行為をした事実が存在する間は責任が存するではないか、さう云ふ者が日本に帰つて来たならば、直ちに責任を取らるべきではないか、過去に於て日本が行つた戦争参加の有力なる指導者は、現に公職追放の処断をされて居るのであるが、日本国民でありながら外国軍隊に加はつて、やはり日本攻撃の重要役割を演じた者は、当然公職追放以外に叛逆者として厳重に処断せらるべきものではなからうか、斯かる違憲行為者があつた場合には、どう云ふことに御取扱をなさるのであるか、此の点に付ての御答弁を御願ひしたいと思ひます。

司法大臣　木村篤太郎君　かかる場合に、日本国として責任のないことは当然

御答へ致します。日本人が外国に於て外国の軍隊に加はつて色々な交戦行為をやつた、是は日本国として其の責任のないことは当然言ふを俟たない、只其の個々の外国に於てさう云ふ軍隊に加はつた者の処断に付ては、是は国内法上に於てそれぞれ其の当該事項に該当した場合に於て処置されることと思ひます。

衆議院帝国憲法改正案委員会

昭和二一年七月二三日（火）

委員長　芦田均君（日本自由党）

会議を開きます。本日は第九十八条以下の質疑に入るのでありますが、本条より第百条までは発言の申出でがありませぬ。是にて第十一章に対する質疑は終了致しました。

質疑の終了に際して委員長より政府への要望

昨日まで二十回に亙る会議に於て、憲法改正案に対する審議は詳細に且つ熱心に行はれました。本日質疑を終了せんとするに当り、委員長より政府に要望する点を二、三明白に致して置きたいと存じます。

一、本改正案は、憲法附属の諸法典と相俟つて、初めて完全なる運用を期待せられることは、言ふまでもないのでありますが、皇室典範、国会法、参議院法、内閣法其の他多数に上る各種の法令は、政府の準備が整はない為に、必ずしも其の全貌を捕捉し得たとは考へませぬ、然るに改正憲法はここ数箇月にして実施せられるのでありますから、政府は一日も速かに是等憲法附属の法典を起案し、国民の輿論に問ふ準備を進められんことを望みます。

二、本改正案が軍備を撤廃し、戦争を否認して、人類の平和を永遠に確保する理想を掲げたことは内外の齋《ひと》しく歓呼を以て迎へた所であります。併しながら単に我が国が戦争を否認すると云ふ一方的行為のみを以ては、地球表面より戦争を絶滅し得る訳ではありませぬ。既に成立して居る国際聯合機構と雖も、其の組織は戦勝国の平和維持に偏重した機構であつて、今尚ほ敵味方の観念に支配せられた感なきを得ませぬ。我が国としては更に進んで、一視同仁の思想に依る普遍的国際聯合の建設に邁進すべきであり、之を以て精神的に世界を指導する気魄を明示すべきであると信じます。

三、本改正案の運用に当つては須《すべから》く新世界に適応すべき民衆を教養することから出発しなければなりませぬ。世界が依然として偏狭な国家思想と、民族観念に囚はれて居る限り、戦争の原因は永久に除かれないと思ひます。併し真に世界平和の理想に向つて、民衆の思想感情を養成することは、非常に困難を伴ふ仕事であります。私は政府が将来此の点に一層の注意を払はれんことを要望致すものであります。

四、過去二十日間に亙る本委員会の質疑応答に於て、政府が改正憲法の法理的究明に、多大の努力を致されたことは、十分に諒と致すものであります。併しながら民主主義憲法の運用は法理のみに依つて完璧を期し得るものではありませぬ。……政府当局は自ら新憲法の精神を身に着けて日本再建の先陣となり、官界、財界、各方面の民主化を徹底して、以て諸外国が信頼と友誼とを以て我が国に対処する如く、十二分の努力を払はれんことを熱望する次第であります。

（拍手）

十名位の小委員会を設け、修正案の取扱を担任させたい

是にて帝国憲法改正案に対する質疑は終了致しました。（拍手）是より委員会は憲法改正案の討論に入るのでありますが、議事の進行上、十名位の小委員会を設け、修正案の取扱ひを担任させることと致したいと存じます。御異議はありませぬか。

〔「異議なし」と呼ぶ者あり〕

委員長　芦田均君（日本自由党）

小委員会選挙方法

左様に決定致します。就ては右小委員会の選挙の方法に付て御諮り致します。

鈴木義男委員（日本社会党）

委員長指名

委員の選挙に付きましては、便宜選挙を省略して委員長の御指名に御任せ致したいと思ひます。

委員長　芦田均君（日本自由党）

鈴木君の動議に御異議ありませぬか。

〔「異議なし」と呼ぶ者あり〕

委員長　芦田均君（日本自由党）

小委員会委員指名、委員長参加合計十名

それでは委員長より小委員会の委員を指名致します。

廿日出《はつかで》厖《ひろし》君（日本自由党）　江藤夏雄君（日本自由党）

犬養健君（日本進歩党）　吉田安君（日本進歩党）

鈴木義男君（日本社会党）　森戸辰男君（日本社会党）

林平馬君（協同民主党）　大島多藏君（新光倶楽部）

笠井重治君（無所属倶楽部）

小委員会の権能

之に不肖委員長が参加して合計十名の小委員会を構成することに致します。（拍手）就きましては議題の条文に付て修正等の意見ある場合には、総て之を小委員会に付託致しまして、小委員会に於て修正に対する意見を纏めることとして進行致します。又小委員会は案文全条に亙つて検討する権能を持つことに致したいと思ひます。小委員会に於て一応の成案を得る運びに至りますれば、各派に於て之に対する態度を決定する順序となるのであります。小委員会が成案を得ました時には、即刻委員会を開き之を報告した後に討論に入ることに致します。小委員会の開会に付ては後刻御通知致します。本日は是にて散会致します。（拍手）

衆議院帝国憲法改正案委員会

昭和二一年八月二一日（水）

委員長　芦田均君（日本自由党）

小委員会の経過並に結果即ち共同修正案の報告・説明

……是より帝国憲法改正案を議題として討論に入りますが、先づ小委員会の経過並に結果、即ち共同修正案に付て報告並に説明を致します。

前後十三回に亙る懇談会

七月二十三日設けられた小委員会は各派よりの修正意見を検討しつつ改正案全体に亙り再吟味を行ふことを目標として、去る七月二十四日以降前後十三回に亙る懇談会を開きました。其の結果小委員会に於ては多数意見及び全会一致の意見に依る一つの修正案を得ましたから、以下簡単に之に付て御報告致します、但し此の報告に於ては主要なる修正点に付て報告するに止め、単に字句を改めた理由に付ては之を速記録に譲ることと致しました。

修辞的には生硬なる語句、難解な文字も少くない

政府原案は取急いで立案せられた結果、修辞的には生硬なる語句、難解な文字も少くありませぬ。

前文の修正は最小限度に止む

殊に改正案の前文に付て其の感が深いのでありますから、委員会に於ては之を徹底的に改正する意向が有力でありましたが、内外の情勢は一日も速かに本案の成立を必要とする事情に鑑み、遺憾ながら是が実現を断念して字句の修正は最小限度に止めることと致しました。此の点特に御諒承を願ふ次第であります。……

第九条を修正、二句を挿入した理由

法第九条に於て第一項の冒頭に「日本国民は、正義と秩序を基調とする国際平和を誠実に希求し、」と附加し、其の第二項に「前項の目的を達するため、」なる文字を挿入したのは戦争抛棄、軍備撤退を決意するに至つた動機が専ら人類の和協、世界平和の念願に出発する趣旨を明かにせんとしたのであります。第二章の規定する精神は人類進歩の過程に於て明かに一新時期を劃するものでありまして、我等が之を中外に宣言するに当り、日本国民が他の列強に先駈けて正義と秩序を基調とする平和の世界を創造する熱意あることを的確に表明せんとする趣旨であります。……

委員長　芦田均君（日本自由党）

附帯決議案決定委員会議事終了

起立多数。（拍手）仍《よっ》て本附帯決議は之を附することに決しました。是にて帝国憲法改正案委員会の議事は全部終了致しました。（拍手）

委員長挨拶

御挨拶申上げます。今回明治憲法に代るべき新憲法が議会に付議せらる丶に当り、之を審議する任務を託せられましたことは、我々委員一同の身に余る光栄でありまして、任を受けて以来、誠心誠意其の職責を全うせんことを決意致した次第であります。改正憲法は対内的にも対外的にも実に劃期的な法典として特筆せらるべき大文字であります。帝国議会は此の大業の基礎を築くことに依り、一は後世子孫に其の向ふべき理想の光明を与へ、一は国際生活に平和と福祉との大道を指し示すものと信じます。固より此の憲法に対し現在に於ても、又後世に於ても、幾多の批判が行はれることでありませう。是等の批判に対して今日より我等が答へ得ることは、委員一同自己の良心に従つて、邦家の為め、世界平和の為に、良き憲法を制定せんことの一念に燃えて事に当つたと云ふ点であります。顧れば、過去五十日間の委員会の足取りは、必ずしも坦々たる道を歩んだ日ばかりでなかつたと思ひます。併し幸ひにして大過なく委員会の事業を終了し得ましたことは、偏へに委員諸君及び政府当局の熱心な御協力と、議会職員並に報道の任務に挺身された新聞通信記者諸君の誠実なる活動に依るものでありまして、委員長の職に当つた私と致しまして、此の機会に衷心より感謝の意を表する次第であります。（拍手）本日は是にて散会致します。

衆議院本会議

昭和二一年八月二四日（土）

議長　山崎猛君（日本自由党）

帝国憲法改正案第一読会の続

是より会議を開きます。只今までに登院せられた議員数は四百六十名であります。是にて憲法第七十三条第二項の議員総数三分の二以上の定数は十分であります。日程第一、帝国憲法改正案の第一読会の続を開きます。委員長の報告を求めます。――委員長芦田均君

報告書

〔別紙〕　一　帝国憲法改正案（政府提出）

右は本院に於て別紙の通り修正すべきものと議決した因つてここに報告する

昭和二十一年八月二十一日

委員長　芦田均

衆議院議長樋貝詮三殿

〔別紙〕（小字及び――は委員会修正）

日本国憲法

日本国民は、国会における正当に選挙された代表者《国会における》を通じて、我ら自身と《行動し、われらとわれらの》子孫のために、諸国民と

の間に平和的協力を成立させ《協和による成果と》、日本《わが》国全土にわたつて自由の福祉《もたらす恵沢》を確保し、政府の行動《行為》によつて再び戦争の惨禍が発生しないやうにすることを決意し、ここに国民の総意が至高なものである《主権が国民に存する》ことを宣言し、この憲法を確定する。そもそも国政は、国民の崇高な信託によるものであり《あつて、》、その権威は国民に由来し、その権力は国民の代表者がこれを行ひ《行使し、》、その利益《福利》は国民がこれを受けるものであつて《享受するものである。》、これは人類普遍の原理であり、この《かかる》原理に基く。ものである。我《われ》らは、この《これ》憲法に反する一切の法令と《憲法、及び》詔勅を廃止《排除》する。

日本国民は、常に平和を念願し、人間相互の関係を支配する高遠な理想を深く自覚するものであつて、我《われ》らの安全と生存をあげて、平和を愛する世界の諸国民の公正と信義に委ねようと決意した。我《われ》らは、平和を維持し、専制と隷従と圧迫と偏狭を地上から永遠に払拭《除去》しようと努めてゐる国際社会に伍して、名誉ある地位を占めたいものと思ふ。我《われ》らは、すべての国《全世界》の国民が、ひとしく恐怖と欠乏から解放され《免かれ、》、平和のうちに生存する権利を有することを確認する。

我《われ》らは、いづれの国家も、自国のことのみに専念して他国を無視してはならぬ《ない》のであつて、政治道徳の法則は、普遍的なものであると信ずる。この法則に従ふことは、自国の主権を維持し、他国と対等関係に立たうとする各国の責務であると信ずる。

日本国民は、国家の名誉に懸《か》け、全力をあげてこの高遠な主義《理想》と目的を達成することを誓ふ。

第二章　戦争の抛棄《放棄》

第九条　国《日本国民は、正義と秩序を基調とする国際平和を誠実に希求し、》の主権の発動たる戦争と、武力による威嚇《国難》又は武力の行使は、他国との間の紛争を《国際紛争を》の解決の《する》手段としては、永久にこれを抛棄《放棄》する。

陸海空軍その他の戦力は《前項の目的を達成するため、》、これを保持してはならない《しない》。国の交戦権は、これを認めない。

第十章　最高法規

第九十四条《九十八》　この憲法並《は、》びにこれに基いて制定された法律及び条約は、国の最高法規とし《であつて、》、その条規に反する法律、命令、詔勅及び国務に関するその他の行為の全部又は一部は、その効力を有しない。

日本国が締結した条約及び確立された国際法規は、これを誠実に遵守することを必要とする。

芦田均君（日本自由党）
芦田委員長報告

本日いとも厳粛なる本会議の議場に於て、憲法改正案委員会議事の経過並に結果を御報告し得ることは深く私の光栄とする所であります。

前後二十一回会合、小委員会を開くこと十三回

本委員会は六月二十九日より改正案の審議に入りまして、前後二十一回の会合を開きました。七月二十三日質疑を終了して懇談会に入り、小委員会を開くこと十三回、案文の修正案を得て、八月二十一日之を委員会に報告し、委員会は多数を以て之を可決致しました。其の間に於ける質疑応答の概要並に修正案文に付て説明致します。……

戦争の抛棄

戦争の抛棄に付て説明致します。改正案第二章に於て戦争の否認を声明したことは、我が国家再建の門出に於て、我が国民が平和に対する熱望を大胆率直に表明したものでありまして、憲法改正の御詔勅は、此の点に付て日本国民が正義の自覚に依り平和の生活を享有することを希求し、進んで戦争を抛棄して誼を万邦に修むる決意である旨を宣明せられて居ります。憲法草案は戦争否認の具体的な裏付けとして、陸海軍其の他の戦力の保持を許さず、国の交戦権は認めないと規定して居ります。尤も侵略戦争を否認する思想を憲法に法制化した前例は絶無ではありませぬ。例へば一七九一年のフランス憲法、一八九一年のブラジル憲法の如きであります。

全面的戦争否認を規定した憲法の嚆矢《こうし》

併し我が新憲法の如く全面的に軍備を撤去し、総ての戦争を否認することを規定した憲法は、恐らく世界に於て之を嚆矢とするでありませう。（拍手）近代科学が原子爆弾を生んだ結果、将来万一にも大国の間に戦争が開かれる場合には、人類の受ける惨禍は測り知るべからざるものがあることは何人も一致する所でありませう。我等が進んで戦争の否認を提唱するのは、単り過去の戦禍に依つて戦争の忌むべきことを痛感したと云ふ理由ばかりではなく、世界を文明の壊滅から救はんとする理想に発足することは云ふまでもありませぬ。（拍手）

委員会の関心の中心点は自衛権

委員会に於ては此の問題を繞《めぐ》つて最も熱心な論議が展開せられました。委員会の関心の中心点は、第九条の規定に依り我が国は自衛権をも抛棄する結果となるかどうか、自衛権は抛棄しないとしても、軍備を持たない日本国は、何か国際的保障でも取付けなければ、自己防衛の方法を有しないではないかと云ふ問題、並に我が国としては単に日本が戦争を否認すると云ふ一方的行為のみでなく、進んで世界に呼び掛けて、永久平和の樹立に努力すべきであるとの点でありました。

政府の見解は、第九条一項は、自衛の為の戦争を否認するものではないが、第二項によつてその場合の交戦権も否定されて居ると云ふにある

政府の見解は、第九条の一項が自衛の為の戦争を否認するものではないけれども、第二項に依つて其の場合の交戦権も否定せられて居ると言ふのであります。之に対し委員の一人は、国際聯合憲章第五十一条には、明かに自衛権を認めて居り、且つ日本が国際聯合に加入する場合を想像するならば、国際聯合憲章には、世界の平和を脅威する如き侵略の行はれる時には、安全保障理事会は其の兵力を以て被侵略国を防衛する義務を負ふのであるから、今後に於ける我が国の防衛は、国際聯合に参加することに依つて全うせられるのではないかとの質問がありました。政府は之に対して大体同見《ママ》である旨の回答を与へました。更に第九条に依つて我が国が戦争の否認を宣言しても、他国が之に賛同しない限り、其の実効は保障されぬではないかとの質問に対して、政府は次の如き所見を明かに致しました。

戦争抛棄の消極的効果と積極的効果

即ち第九条の規定は我が国が好戦国であるとの世界の疑惑を除く消極的効果と、国際聯合自身も理想として掲げて居る所の、戦争は国際平和団体に対する犯罪であるとの精神を、我が国が率先して実現すると云ふ積極的効果があり、現在の我が国は未だ十分な発言権を持つて、此の後の理想を主張し得る段階には達して

居ないけれども、必ずや何時の日にか世界の支持を受けるであらうと云ふ答弁でありました。委員会に於ては更に一歩を進めて、単に我が国が戦争を否認すると云ふ一方的行為のみを以ては、地球表面より戦争を絶滅することが出来ない、今日成立して居る国際聯合でさへも、其の組織は戦勝国の平和維持に偏重した機構であつて、今尚ほ敵味方の観念に支配されて居る状況であるから、我が国としては、更に進んで四海同胞の思想に依る普遍的国際聯合の建設に邁進すべきであるとの意見が表示せられ、此の点に関する政府の努力に付て注意を喚起したのでありました。……

第九条を修正して、一句を挿入

第九条に於て第一項の冒頭に「日本国民は、正義と秩序を基調とする国際平和を誠実に希求し、」と加へ、其の第二項の冒頭の「前項の目的を達するため、」なる文字を挿入したのは、戦争抛棄、軍備撤退を決意するに至つた動機が、専ら人類の和協、世界平和の念願に出発する趣旨を明かにせんとしたのであります。（拍手）第九条の規定する精神は、人類進歩の過程に於て明かに一新時期を劃するものでありまして、我々が之を中外に宣言するに当り、日本国民が他の列強に先駆けて、正義と秩序を基調とする平和の世界を創造する熱意あることを的確に表明せんとする趣旨であります。（拍手）……

改正憲法の最大の特色

改正憲法の最大の特色は、大胆率直に戦争の放棄を宣言したことであります。是こそ数千万の人命を犠牲とした大戦争を体験して、万人の齋《ひと》しく翹望《ぎょうぼう》する所であり、世界平和への大道であります。我々は此の理想の旗を掲げて全世界に呼掛けんとするものであります。（拍手）さうして是こそ日本が再生する唯一の機会であつて、斯かる機会を日本国民に与へられたることに対し、私は天地神明に感謝せんと欲するものであります。（拍手）併しながら憲法が如何に完全な内容と雄渾の文字を以て書綴られたとしても、所詮それは文字たるに過ぎませぬ。我々国民が憲法の目指す方向を理解して、其の精神を体得するにあらずんば、日本の再生は成し遂げることは出来ないと思ひます。（拍手）斯かる信念の下に、本委員会は其の附帯決議の中に次の如く述べて居ります。即ち「新しき世界の進運に適応する如く民衆の思想、感情を涵養し、前記の理想を達成するためには、国を挙げて絶大の努力をなさなければならぬ。吾等は政府が国民の総意を体し熱情と精力とを傾倒して、祖国再建と独立完成のために邁進せんことを希望するものである。」此の決議の趣旨は、独り責任を政府にのみ帰せんとするものではありませぬ。新憲法の制定を契機として、我々国民一人残らず、新しき理想の下に、新しき希望を懐いて勇往邁進するの決意を表明したものであります。（拍手）私は恐らく諸君も亦此の決意に御共鳴下さることを固く信じて疑ひませぬ。（拍手）以上を以て委員長の報告と致します。（拍手）

議長　山崎猛君（日本自由党）
質疑の通告があります。之を許します。――尾崎行雄君

〔尾崎行雄君登壇〕

尾崎行雄君（無所属）
洵《まこと》に良い憲法の修正になりましたに付ては、私は満腔の賛成を表するのでございます。（拍手）……尚ほ申述べたいことはありまするけれども、それは書面（註、左記）に少し書いてありまするから、之を

議長の手許に差出しまして、諸君の御迷惑を考へて私は是で降壇を致します。（拍手）

憲法案賛成演説の要点（覚書）

憲法案賛成演説の要点

(1) 本案は終戦後発表された官民各種の草案よりも、更に一層進歩した良案と信じ、大体に於て賛成。

特に国家的殺人強奪を非認し、その機関たる軍備を禁止したる一点に於ては、世界無双の良憲法と信ず。……

野坂參三君（日本共産党）

修正案及び原案全体に反対

私は日本共産党を代表しまして、今上程されました委員長報告修正案及び之と切離すことの出来ない全憲法草案に付て、私達の所見を述べ、此の修正案及び原案全体に対して反対の意見を述べたいと思ふのであります。……

更に当草案は戦争一般の拋棄を規定して居ります。之に対して共産党は他国との戦争の拋棄のみを規定することを要求しました。更に他国間の戦争に絶対に参加しないことを明記することも要求しましたが、是等の要求は否定されました。此の問題は我が国と民族の将来に取つて極めて重要な問題であります。殊に現在の如き国際的不安定の状態の下に於て特に重要である。芦田委員長及び其の他の委員は、日本が国際平和の為に積極的に寄与することを要望されましたが、勿論是は宜いことであります。併し現在の日本に取つて是は一個の空文に過ぎない。政治的に経済的に殆ど無力に近い日本が、国際平和の為に何が一体出来やうか、此のやうな日本を世界の何処の国が相手にするであらうか、我々は此のやうな平和主義の空文を弄する代りに、今日の日本に取つて相応しい、又実質的な態度を執るべきであると考へるのであります。

如何なる国際紛争にも絶対に参加しない立場を堅持し総ての善隣国と平等に親善関係を結べ

それはどう云ふことかと言へば、如何なる国際紛争にも日本は絶対に参加しないと云ふ立場を堅持することである。之に付ては自由党の北君も本会議の劈頭《へきとう》に於て申されました。中立を絶対に守ると云ふこと、即ち我が政府は一国に偏して他国を拝すると云ふが如き態度を執らず、総ての善隣国と平等に親善関係を結ぶと云ふことであります。若し政府が誤つて一方の国に偏するならば、是は即ち日本を国際紛争の中に巻込むこととなり、結局は日本の独立を失ふこととなるに違ひないのであります。我々は我が民族の独立を飽くまで維持しなければならない。日本共産党は一切を犠牲にして、我が民族の独立と繁栄の為に奮闘する決意を持つて居るのであります。

第二章第九条は平和主義の空文、自衛権を抛棄して民族の独立を危くする

要するに当憲法第二章は、我が国の自衛権を抛棄して民族の独立を危くする危険がある。それ故に我が党は民族独立の為に此の憲法に反対しなければならない。是が我々の反対する第四の理由であります。

共産党は、当憲法が可決された後に於ても、将来これが修正について努力する権利を保留する

以上が我が共産党の当憲法草案に反対する重要な理由であります。……それ故に我々は此の草案が当議会を通過することに反対しなければならない。併し我々の数は少数であります。此の草案が茲に可決されるこ

とは明かであります。それ故に我々は当憲法が可決された後に於ても、将来当憲法の修正に付て努力するの権利を保留して、私の反対演説を終る次第であります。（拍手）

北昤吉君（日本自由党）

修正条項を加へた改正憲法草案に賛成、全面的に支持

私は芦田憲法委員会委員長の報告通り、修正条項を加へましたる政府提出の改正憲法草案に賛成するものであります。（拍手）自由党を代表して其の賛成の理由を述べたいと存じます。

茲に我々は百八十度の回転を致しまして、東洋、西洋、両方に通ずる根本的の政治原理、政治理想に目覚めて再出発せんとするのでありますから、我々は此の憲法を全面的に支持せざるを得ないのであります。（拍手）……

第九条修正の労を多とす

次いで戦争の抛棄と云ふことに参りますが、政府の原案では唯戦争を抛棄する、陸海空の三軍は持たない、交戦権は認めない、目的がはつきりして居らぬ、是だけでは講話条約の規定で宜からう、或は敗戦国が懺悔をした文章に過ぎない、或は前科者の痕跡があるのではないかと云ふ疑ひを受ける。然るに憲法委員会の周到なる審査検討に依つて、「日本国民は、正義と秩序を基調とする国際平和を誠実に希求し、」、即ち戦争抛棄の目的を明瞭にして居ります。而して此の目的を達成するが為に陸海空の三軍を保持しない、洵《まこと》に堂々たる態度を示したので、私は此の委員諸君の憲法修正に対する努力を多とするに吝《やぶさ》かならないのであります。（拍手）是であれば日本が平和国家として再出発するのみならず、世界の総ての国に向つて平和主義を実現

して貰ひたいと云ふ強き要請をなすことになりまして、日本は実力なしと雖も、道義的に国際思想の第一線に立つことが出来る。此の点に付てマッカーサー司令官も数度自分の意見を発表して激励を致して居るやうでありまして、我々敗者として惨苦を受けて居りますが、再生の希望是にありと言はざるを得ないのであります。（拍手）……

犬養健君（日本進歩党）

委員長報告に賛成

私は日本進歩党を代表致しまして委員長の報告に賛成し、極めて簡潔に其の趣旨を述べたいと存じます。

……

第九条の修正は極めて妥当

第二章の戦争抛棄の条章にも相当の修正が加へられて居ります。是は原案の内容が論理としては一応意を尽くして居るのでありまするが、如何せん文章が頗る消極的でありまして、彼の現世紀の特徴であつた所の力と力の哲学を断乎として拝除し、茲に中外に向つて人類の恒久平和に関する徹底的な一大提言を試みるの気魄に乏しい憾《うら》みがありましたので、私は委員長の報告の如き修正は、極めて妥当であると考へるのであります。（拍手）……

田中久雄君（無所属倶楽部）

委員長報告通り修正せる改正案に賛成

私は無所属倶楽部を代表致しまして、政府提出憲法改正案に対し、委員会に於て修正せられました芦田委員長報告の通り修正せる改正案に賛成するものでありますが、既に各党代表の諸君に依つて凡ゆる角度より討議せられましたので、ここに重複を省略致しまして、極めて簡単に賛成の理由を申述べたいと存じます。(拍手)

ポツダム宣言と憲法改正

ポツダム宣言は勿論、之に関聯して聯合国側より発せられます所の各種の命令文書に対しましては、我が国政府は之に服従し、之を履行する義務を負うて居ることは勿論でございます。而してポツダム宣言の中、第一に軍国主義を駆逐して永久平和を実現すること、第二に我が国を誤らしめた封建勢力を駆逐すること、第三に民主主義的傾向の復活強化に対する一切の障碍を除去し、以て民主主義原理の具現をなすこと、第四に言論、宗教、思想等一切の自由を保障し、基本的人権の尊重を確保すること、此の四点が憲法改正に関係を持つ所の宣言の内容であります。而して憲法改正の方向は、正に此の四つの事項を自主的に自律的に且つ積極的に実施することが出来得るやうに改正の行はれて行くことが絶対に必要であります。

世界人類史上前例なき全面的且つ永久的戦争放棄

そこで本案を見まするに、本案は其の第二章第九条に於て、国権の発動たる凡ゆる場合の一切の戦争を全面的に抛棄するのみならず、国際紛争を解決する手段として、武力を示して威嚇をしたり、武力を行使するが如きことは一切之を抛棄すると規定し、嘗て世界人類史上に前例を持たざる全面的且つ永久的の戦争放棄を規定し、以て平和主義の徹底的確立に貢献し、此の信念に立脚して、陸海空軍其の他の戦力は之を保持することを許さずとする、軍国主義駆逐の根本規定を設けて居るのであります。即ちポツダム宣言第六項の軍国主義の駆逐並びに永久平和の確立と云ふ原則を遺憾なく貫いて居ることは、私が此の案に賛成致します第一の理由であります。……

最後に一言申上げます、我が国は今や戦争を抛棄して、世界人類の最高理想を憲法に定め、日本民族の安全と生存を挙げて世界諸国民の公正と信義に委ねんとするのでありますが、我々は果して如何なる生活を続けて行くべきかであります。

先づ他の権利を尊重し、他の幸福の為に己を捧ぐる宗教的生活、懺悔の生活によつて、戦争抛棄の大理想が実現

詰り一切を棄てて素つ裸になつたと云ふことは、燃え盛る火の中に蓮華の花を咲かすやうな実に大悲願であつて、此の実現には我々日本国民が個人としても、国家としても己の権利を主張する前に、先づ他の権利を尊重するの心掛が要る、更に進んでは世界平和、他の平和と幸福の為に己を捧ぐるの高い宗教的生活を持たなければならないのであります。奪ひ合ひ、呪ひ合ひの生活、即ち戦争の原因となる生活を捨てて、譲り合ひ、助け合ひ、拝み合ひの生活、即ち懺悔の生活を持つ民族となります時に、初めて剣も立向ひ得ざる権威が現はれ、戦争抛棄の大理想が実現するのであります。（拍手）幸ひにして我が国は既に四十余年に亙つて斯う云ふ懺悔の生活をして居る人々があり、戦争前にアメリカの一女性に依つて此の事実は賞讃をせられて居るのであります。我々は之を見ます時に、日本民族の将来は正に泰然自若たるものが其の中から生れると信じます。斯くて将来我が国に続いて敗れた国も、勝利を得た国も共に戦争を抛棄する時代が生れます時には、此の戦争は人類永遠の平和を招来する為の戦争であつたのであり、犬死をしたと思はれた幾百万の英

霊は、真に尊い世界平和実現の為の犠牲となつて生き還つて来るのであります。（拍手）私は我々の犯した過誤を、生活を通じて懺悔し、以て之を償ひ、我々の子孫と世界人類の永遠の平和の為に貢献すべき勇気と歓喜を新たに致しまして、本案に賛成を致します。（拍手）……

議長　山崎猛君（日本自由党）

記名投票を以て採決

是より第三読会の採決を致します。此の採決は記名投票を以て之を行ひます。本案を第二読会議決の通り決するに賛成の諸君は白票、反対の諸君は青票を持参せられんことを望みます。――閉鎖――議席第一番より順次投票せられんことを望みます。

〔各員投票〕

議長　山崎猛君（日本自由党）

書記官長報告

○議長（山崎猛君）　投票の結果を書記官長より報告致させます

〔大池書記官長朗読〕

投票総数　四百二十九

可とする者　白票　四百二十一

〔拍　手〕

否とする者　青票　八

〔拍　手〕

議長　山崎猛君（日本自由党）

第二読会議決の通り、三分の二以上の多数を以て確定

右の結果本案は第二読会議決の通り三分の二以上の多数を以て確定致しました。

〔拍　手〕

議長　山崎猛君（日本自由党）

此の際内閣総理大臣より発言を求められて居ります。――吉田内閣総理大臣

〔国務大臣　吉田茂君登壇〕

内閣総理大臣　吉田茂君

内閣総理大臣挨拶

只今本院に於て憲法改正案が可決されました。茲に政府を代表致しまして一言御挨拶を申述べたいと思ひます。

去る六月二十五日憲法改正案が本院に上程せられまして以来、本会議、委員会等を通じ、議員諸君の終始慎重にして熱誠なる御努力は、洵《まこと》に衷心から敬意を表する次第であります。（拍手）

申すまでもなく本案は新日本建設の礎石を築き、世界の平和の先頭に立たんとするものでありまして、本日本草案に賛意を表せられた議員諸君の御演説は、国民の総意を代表するものとして内外に反響を致しまし

て、新憲法草案の意義特色を内外に更に一層鮮明に諒解せしむるものと確信致しまして、洵《まこと》に欣快に堪へませぬ。（拍手）本案が成立するまでには尚ほ必要な手続を残して居りまするが、茲に諸君の御努力に対し、感謝の意を表する次第であります。（拍手）

Ⅲ　貴族院の部

貴族院本会議

昭和二一年六月二二日（土）

山田三良君（無所属）

草案修正の必要なる所以

私は総理大臣閣下に対して憲法改正草案に付て質問を提出しようと思ひます。……茲《ここ》には私の質問の趣旨を明かにする為に必要なる程度に於きまして、二三の例を挙げまして草案の修正の必要なる所以を説明致しまして、総理大臣閣下の御意見を伺ひたいと思ふのであります。……

第九条第一項、戦争抛棄《ほうき》の宣言は賛成、第二項は削除せらるべきもの

次に第九条に於きまして、戦争を抛棄することを宣言してありますが、是は我が国現時の情勢の下に於きましては、頗《すこぶ》る宜しきを得たる規定でありまして、我が国家の安全と生存を、列国の友誼と同情に一任致しまして、自ら戦争を抛棄すると云ふことを宣言致してあることは、私の賛成する所であります。併し第二項に於きまして、陸海軍、空軍の保持は許されないとか、国の交戦権は認められないとか、斯う言ふ規定がありますが、是は平和条約か何かで、国家の権力が制限せらるゝ場合は別と致しまして、我が国の憲法に於きまして、国家が自ら斯かる規定を掲げると云ふことは、為すべきものでないことは、恐らくは諸君も御同感であらうと信じます。従つて第九条の第二項は削除せらるべきものであると信ずるのであります。以上の三点は只修正の必要あることを説明せむ為に例示したに過ぎないのでありまして、尚国会の章、或は内閣の章、

或は司法の章に於きましても同様に修正を要すべきことがありますが、是は茲に掲げることを殊更に遠慮して置くのであります。

草案に欠けて居る点

今迄のことは、草案の明文にある規定が修正せられなくてはならないと云ふ点でありますが、次には草案に欠けて居る点を一、二掲げまして、其の欠けて居る其の不備、欠点を補充せねばならないと云ふ必要を説明して見たいのであります。……

帝国憲法改正案立案の経緯と趣旨

内閣総理大臣　吉田茂君

只今の山田博士よりのご質問に対しまして、御答へ致します。各条項に付ての御意見に付きましては憲法改正案が本院に付議せられました時、或は御審議になりました時に更に十分御説明を致す機会があると思ひますが、先づ第一に茲にはつきり申上げて置きたいことは此の憲法改正案の一字一句も修正を許さないと云ふことは、幣原前内閣に於ても断言したことはないと思ひますが、此の内閣に於ても、両院の審議に付する以上は、一字一句の改正も許さぬと云ふことは毛頭考へて居りませぬ。十分に御審議を得たいと思ひます。又政府の原案に付て、只今山田博士より憲法、国法論の各方面から色々御意見がありまして、謹んで拝承しました。

政府と致しましても、内外の事情且現在の情勢から考へて見まして十分慎重審議しまして、原案を作成致した訳であります。

憲法・国法だけの観点から立案したものではなく、国家を救ひ、皇室の御安泰を図ると云ふ観点を十分考慮

只茲に一言御注意を喚起したいと思ひますのは、単に憲法国法だけの観点から此の憲法改正案なるものを立案致した次第ではなくて、敗戦の今日に於きまして、如何にして国家を救ひ如何にして皇室の御安泰を図るかと言ふ観点をも十分考慮致しまして立案致しました次第であります。で従つて各位に於かれましても憲法論、国法論以外に現在に於ける国情、国際の情況等より御判断になつて、十分御審議を得たいと思ひます。

日本の立場は、外交に於ても、其の他に於ても、決して自由なる立場にあるのではない。内外の情勢は切迫

無論憲法改正は固より国民の総意を基調とするものでありますから議会に於て示されたる自由なる意思の表明に対しては十分尊重致し、政府と致しましても其の御議論に対しては十分審議し、又考慮致します考へでございますから、自由に御議論をなさるなり、更に十分の慎重審議をして戴きたいと考へますが、只一つ茲に一応の御注意をも喚起致しますことは、今日に於ける、日本の地位は外交に於ても、亦其の他に於ても決して自由なる立場にあるのではなくして、切迫致して居ります国際状況、或は国情に鑑みまして、如何にしても、此の国家が平和主義に徹底し、又民主主義に徹底することが国を救ふ所以であると考へて立案致しました政府の趣意に付ては十分御考慮を希望致します。元首の地位、或は天皇の認証権、交戦権の抛棄等に付きましては何れ委員会其の他に於て政府からして十分の説明を致しますから、其の時に於て迄御待ちを願ひたいと思ひます。……

今日は一応是だけの御答弁を致します。

貴族院本会議

昭和二一年六月二四日（月）

佐々木惣一君（無所属）

国家革新断行に際し、政府の考へて置くべき用意

私は我が国が今日国家の革新の断行に著手して居りまするに際し、政府は如何なる用意を以て之に臨んで御出になるかと云ふことに付きまして、其の大局から見た御意見を伺ひ、由つて以て国民が之に協力するの態度を定むること、且協力の必要から正しい批判を持つことの出来るやうに致したいと存じまして、茲に少しく質問を試みる訳であります。……

第一に今後総司令部の好意を得て活動するに当り、我等は自主的の立場に於て如何なる信念を持つて居るべきものでありますか、……それから第二には憲法の改正に関して、……それから第三には政党を活用すると云ふことに付て、……それから私は第四に、政治に於ける人間性の尊重と云ふ妙な言葉でありますが、政治に於ける人間性の尊重と云ふことに付いて……

国家としての世界的使命は世界平和への貢献

それから最後に第五点として、将来我が国家の世界平和へ貢献する使命を遂行することに付て何か政府に御計画があるのであらうか、ありはしないかと云ふことを御尋して見たいと思ふのであります。軍国的、軍国主義的生活を排除して、平和的生活を為さなければならぬと云ふことは、今日我が日本の再建の目標であ

ることは申す迄もないのでありまするが、併し此のことは独り我が日本と云ふ、さう云ふ国家の共同生活に付てのみ言ふべきことではないのでありまして、世界と云ふ共同生活を為す場合に付きましても同様であります。世界は、我が日本のみならず、軍国的共同生活を捨てて平和的共同生活をなすやうな、常にさう云ふ生活のみ行へるやうなことにならなければならぬと致しますれば、我等日本人は我が国自身をさう云ふ共同生活にすることに努力すると共に、世界の生活と云ふものをさう云ふ風な平和的の生活にすると云ふことに努力すると云ふことが許さるゝと思つて居るのであります。是が即ち我が国家としての世界的の使命であるのであります。我々は、今日国際関係に於きましては言ふ迄もなく世界的に活動することは許されては居りませぬ。併しながら、我々は我々の本来の世界に於ける通有なる所の平和を愛好すると云ふ人間性に基く所の行動をなしまして、さうして此の世界の平和に貢献すると云ふやうな行動をなすことは、決して禁止されて居るのではありませぬ。又さう云ふ筈はないのである。そこで我々は今日は我が国家的生活と致しましては、世界的の活躍を禁止されて居るのでありますけれども、併し世界の平和を是から益〻向上せしめると云ふことに付て、何等か世界的に活躍すると云ふ方法がありたいと思ふのであります。それに付きましては固より色々なこともありませう。色々な国民の間に色々な行動を執り、運動をなしまして、さうして世界と自らの平和的気分と云ふものを超すやうなこともありませうし、又目下問題となつて居りまする所の世界的の平和を齎《もたら》す為の平和憲章と云ふやうなものに付ても、我々は盛に何処かに其の意見を申出ると云ふやうな方法もありませう。

世界的平和に貢献する方法の調査工夫機関

其の他色々あるとは存じまするが、茲に私は一つ御尋ねし且又場合に依つては御願ひしたいこともあります。それは我々日本人が、先刻来申しましたやうな意味に於ける即ち世界的使命に貢献すると云ふ為には、どう云ふ一体方法を執るべきであるかと云ふことを調査し、工夫をすると云ふやうな、さう云ふ公の国家的の機関と云ふものが作られたらば宜いと斯う思ふのであります。現在既にさう云ふ機関が政府部内に置いてあるかも知れませぬ。それは私事情を一向知らぬから、あれば結構でありますが、若しなかつたならば我が国が将来世界的平和に貢献するの使命を遂ぐる為に、どう云ふ方法を以てしたら宜いかと云ふことを色々の方面から、今日色々なことをやつて居る連中が部分的に、勝手に自分の仕事としてやつて居るが、さうでなしに色々な方面から考へられる所の事柄をそこに一つ纏めて考へて、さうして然らば斯う云ふことを一つやつて貰ひたい、やらう、斯う云ふやうな我が国が世界的平和に貢献するの使命を遂行することはどう云ふ方法を以てしたらば宜いかと云ふことを工夫すると云ふ、さう云ふ一つの調査工夫機関と云ふものを政府の方で、或は国家で作つて戴くことは出来ないものであらうかと、斯う云ふことを一つ御尋ねして見たいと思ふのであります。之に依つて我が国は或は今日迄出ました所の軍国主義的、或は反平和主義的国家であると云ふやうな汚名を取返して、一層世界の平和に貢献をする所の道義国家であると云ふやうなことが、抽象的に只讃辞を受けるのではなくして、我々の現実の行動に依つて讃辞を受くると云ふことに相成ることが出来るかとも私は思つて居るのであります。以上、私は我が国家が今や我が国家を再建する為に、革新と云ふことを断行することに著手して居りまするに際しまして、考へて置くべき用意と自分で思つて居ることを少し述べたいのであります。之に付きまして甚だ御手数でありますけれども、政府が其の御所見を只私に対する所の答弁と云ふ意味ではなしに、此の壇上から一般の国民に聴かせると云ふやうな意味に於て御答弁を下さることが出来るならば、幸ひと思ふのであります。(拍手)

〔国務大臣　吉田茂君登壇〕

内閣総理大臣　吉田茂君

御質問に御答へ致します。……

具体的の御提案を俟つて審議

将来我が国の世界的使命を達成する為に、何か適当な機関を設けてはどうかと云ふ御提議でありますが、此の御提議に付きましては、尚具体的の御話を承つた後に決したいと考へまするが、即座の御答と致しましては、従来日本に対しまして随分列国、殊に聯合国から誤解があります。

聯合国の疑惑誤解の一掃が急務

日本は軍国主義であつた、或は超国家主義であつた、又何時再軍備を致して再び戦争を起す危険がありはしないかと云ふやうな日本に対する疑惑、是は疑惑であります。或は全くの誤解であります。にも拘らず此の空気は相当に世界に瀰漫《びまん》して居るやに考へられます。日本国が此の世界の平和に貢献するに先立て、先ず第一に努めなければならぬことは、斯かる誤解を一掃することであると思ひます。其の為に特殊の機関を設けると云ふことも一案でございませうが、是は一に其の機関の構成、性質、方法等、具体的の御提案を俟つて審議致したいと思ひます。一応御答へ致します。

佐々木惣一君（無所属）

詳細懇切なる答弁を感謝

私は只今の内閣総理大臣の御答弁の内容に付て反駁するのではなく、更に私の意見を述べたい所がありますけれども、併し是は他日に譲ることと致しまして、誠に詳細御懇切なる御答弁を戴きましたことを非常に満足に思ひ、感謝致します。それだけを申上げて置きます。

文部大臣　田中耕太郎君

只今の佐々木博士の御質問は、一般国政が中心となつて居りますけれども、併し各項目に付て考へて見ますると教育の方面にも可なり深い関係を持つて居る事柄だと思ひますので、私の各項目に付きましての所見を申上げて御答弁と致したいと思ふのでございます。……

世界平和実現の使命と教育

第五の世界平和の貢献の使命の実現に付きまして、教育が非常に重大なる責任を負担して居る訳であります。従来の我が国の教育は日本とか、或は日本民族とか云ふやうなことのみを念頭に置いて居つたやうな嫌ひがあります。殊に外国の人々にはさう云ふ印象を与へて居りますことは事実であります。我々は教育の理念として真理の認識、真理に対する尊重の念及び真理を愛するの念を基調に致しまして、さうして其の方向に向つて進みまする時に、自然に我々は国際的、世界人類的の精神に合致するものがあると思ふのでございます。さうなりましてこそ、極めてナチュラルに従来の狭隘なる国家主義的、軍国主義的教育を払拭することも出来るのであります。

アメリカに於ける教育のモットーは真理と平和

我々はアメリカに於て教育のモットーが二つある、何であるかと云ふと、それは真理であり、平和であると云ふことを聴いたことがございます。我々は敗けたから今仕方がないから、真理と平和を教育のモットーとすると云ふのではなくして、本来真理と平和が追及せられ、愛好せられなければならないことは、世の初めから世の終り迄変らない真理であると云ふ信念の下に、今後の教育計画を樹て、理想を其処に置きまして其の理想に向つて邁進したいと云ふ風に考へて居る次第でございます。事柄は極めて重要であります。又一朝一夕に為し遂げられないことが沢山ございます。併しながら文教当局と致しまして、微力のあらむ限りを出し尽して此の為に努力したいと考へて居る次第であります。どうか各位に於かれましても何分御鞭撻、御激励を御願ひ致す次第でございます。之を以て私の御答弁を終りたいと思ひます。（拍手）

貴族院本会議

昭和二一年八月二六日（月）

内閣総理大臣　吉田茂君

内閣総理大臣説明

……帝国憲法改正案に付きまして説明を申述べます。ポツダム宣言及び之に関聯し、聯合国より発表せられました文書には、「日本国民の間に於ける民主主義的傾向の復活強化に対する一切の障碍を除去し、言論、宗教及び思想の自由、並に基本的人権の尊重を確立すべきこと」、並に「日本国の政治の最終の形態は、日本国民の自由に表明する意思に依り決定さるべきこと」の条項があるのでございます。此の方針は正に平和新日本の嚮《むか》ふべき大道を明かにしたものでありまして、是が為には国家の基本法たる憲法の改正が其の要諦と考へるのであります。仍《よっ》て政府は前内閣及び現内閣に亙り、鋭意是が調査立案の歩を進めて参つたのでありますが、曩《さき》に成案を得ましたので、之を帝国議会に付議せられむことを奏請し、衆議院の議決を経ました。

本改正案の基調

今日貴族院の審議に付せられることになつた次第であります。本改正案の基調とする所は主権在国民の原理に依つて諸般の国家機構を定め、基本的人権を尊重して、国民の自由の福祉を永久に保障し、以て民主主義政治の基礎を確立すると共に、全世界に率先して戦争を抛棄《ほうき》し、自由と平和を希求する世界人類の理想を憲法の条章に顕現せむとするにあるのであります。此の精神は本改正案中の前文に詳細に示されて居るのであります。以下改正案中、重要なる諸点に付て申述べたいと思ひます。……

改正案の大なる眼目は戦争抛棄《ほうき》

改正案は特に一章を設け、戦争の抛棄を規定して居るのであります。即ち国の主権の発動たる戦争と、武力に依る威嚇又は武力の行使は他国との間に紛争解決の手段としては永久に之を抛棄することと致しまして、進んで陸海空軍其の他の戦力の保持及び国の交戦権をも之を認めざることと致して居るのであります。是は改正案に於ける大なる眼目を成すものでありまして、斯かる思切つた条項は凡そ従来の各国憲法中に其の類例を見ざるものと思ふのであります。斯くして日本国は永久の平和を希求し、其の将来の安全と生存とを挙げて、平和を愛する世界諸国民の公正と信義に委ねむとするものであります。此の高き理想を以て平和愛好国の先頭に立ち、正義の大道を踏み進んで行かうと思ふ固き決意を、国の根本法たる憲法に明示せむとするものであります。……

衆議院の修正

以上原案に付て大体の説明を終りますが、尚本案に付きましては衆議院に於て若干の修正を加へられたのであります。政府は其の修正に同意であります。何卒宜しく御審議あられむことを希望致します。

高柳賢三君（研究会）

改正案は一面必然的・歴史的な所産であり、他面平和的・民主的日本建設の基礎工事

帝国憲法改正案は過去十数年間に於ける国際的、国内的情勢の結果として生れた或意味で必然的な所産、歴史的な所産でございます。直接には降伏文書中のポツダム宣言の内容を実現する国際的な義務の履行として現れたのでありますが、それればかりではない、日華事変から太平洋戦争に至る東亜のみならず世界各地域に於て流された内外人の血と涙、軍と官僚との政治的、経済的圧迫に苦しんだ日本国民の隠れた自由への要求、それ等が此の改正案の背後にあるのであると考へるのであります。それは謂はば必然的な歴史的な所産でございます。併し此の改正案は単なる歴史的な所産ではありませぬ。将来の平和的民主的日本建設の基礎工事であります。国民の政治的、経済的、文化的建築は此の憲法の上に築かれ、それは有らゆる面に於ける国民の生活を方向付けるのであります。……

第九条は畢竟歴史的所産

第四に、戦争の抛棄《ほうき》に付きまして御尋ね致します。改正案第九条は武装なき日本と云ふものを想定して居ります。日本が国際交通を絶たざる限り、将来と雖《いえど》も日本が国際紛争の当事者となることは避け得ないでありませう。それ等は総て武力の背景なしに全部合理的に解決することを予定したものであります。それは「武力が最後の議論である」と云ふやうな思想を捨て去つたことを意味すると解釈致します。斯うした思想は過去に於ける日本の平和主義者中にも存在しなかつた訳ではありませぬ。宗教家内村鑑三は、嘗て「余をして首相たらしめば、先づ軍備を撤廃して世界に範を示すであらう」と言つた。併しながら敗戦と云ふ厳粛な事実がなかつたら、斯かる原則が日本憲法の原則となることは当分なかつたであらうことは明らかであります。改正案第九条は畢竟歴史的所産でございます。併しそれは将来の日本の建設に付てのみならず、世界の建設に付て重要な意味を持つて居ると考へるのでございます。

従来の主権国家の観念を捨てて世界聯邦

外敵に対する防衛と云ふことと、国内の治安維持と云ふことは、国家の最小限度の職能であると云ふことが従来の政治学的な常識でございました。斯くして武装せる主権国家から成る国際社会と云ふものは、如何なる平和維持を目的とした国際条約に拘らず、絶えず爆発の危険を内包して居るのでありました。今次大戦の結果と致しまして、原子爆弾が発見され、科学の進歩に依つて更にそれは完成されることでございませう。将来の世界戦争は或民族の殲滅のみでなく、人類其のものの殲滅に導くのではないか、従来の主権国家の観念を捨てて世界聯邦を作らなければならぬ時期に人類は到達して居るのではないか。

世界聯邦の形に於ける世界国家

併し政治思想は科学の進歩に常に遅れるのでございます。斯くして人類は自ら作つた武器に依つて自らを殲滅することになるのではないか、さうしたことが世界各国の識者の最も強い関心事となつて居ります。世界聯邦の形に於ける世界国家が成立すれば、各国は改正案第九条の想定して居る武装なき国家となるのであります。

第九条戦争抛棄《ほうき》は、世界聯邦を前提としてのみ合理的

世界に生起する総ての国際紛争は武力を背景とせず、理性に依つて解決されることになる、武力は世界警察力として、人類理性の僕としてのみ存在が許される、改正案第九条は斯かる世界聯邦を前提としてのみ合理的であります。所謂国際聯合は現在斯かる世界聯邦建設への萌芽を包蔵して居ります。それがどう云ふ風に発展、展開して行くか、或は展開せしむべきか、是は将来の問題でございます。併し改正案第九条を採択

する以上、速かに之への参加を要請する方針を以て一面武装なき日本国民の安全を確保し、他面世界聯邦建設に努力することが必要不可欠であると思ひます。此の点に関する政府の所信を御伺ひ致します。

最後に改正案の予定して居る憲法の運用の問題に付て御伺ひ致します。……

内閣総理大臣　吉田茂君

国際聯合への加入については、御趣意の通り

御質問の中で、戦争抛棄《ほうき》に関する部分に付て御答を致します。其の他の御質問の部分に付ては主務大臣から御答を致すことに致します。第九条戦争抛棄の原則を採用する以上は、国際聯合への加入を政府が努力すべきではないかと云ふ御質問と考へますが、政府と致しましては、御趣意の通りであります。唯現状に於きましては、日本政府の行動はポツダム宣言に依つて制約せられて居りまして、従つて御趣意の通り、此の問題は、将来の問題でありますが、将来国際聯盟《合?》に加入する時期、若しくは努力致すべき時期が参りました場合に、政府と致しましては十分努力する考であります。

貴族院本会議

昭和二一年八月二七日（火）

南原繁君（無所属）

憲法改正事業は完全なる独立国として立ち得るや否やの試金石

今回の憲法改正事業は、祖国敗残の後を承けまして、自らの過誤を清算して、我が国が将来完全なる独立国として立ち得るや否やの試金石であると考へるのであります。是迄我が国の歴史に於きまして、之が審議に当りまする今期議会位重大なる使命を帯びたものは嘗てなかつたでありませう。併しそれにも勝つて、此の草案の作成の任に専ら当り来つた政府の責務の極めて重大なるを思ふ者であります。何故なれば今回の憲法改正事業の成否は、一に懸つて此の草案の作成にあつたと考へるからであります。

草案の成立過程を重視

此の意味に於きまして、政府が憲法改正に際して当初から如何なる根本方針と態度を以て臨まれたか、又此の草案が如何なる成立過程を辿つたかと云ふことを、私は極めて重大視する者であります。斯かる見地から私は草案自体の質疑に入るに先立ちまして、先づ此の問題に付きまして、相関聯した数箇の点に付て御尋を申したいのであります。それ等に付きましては前首相、幣原国務大臣並に吉田総理大臣からそれぞれ御答弁を煩したいのであります。

憲法の根本的な改革は、自らの更生のため進んで断行すべきもの

抑ゝ日本が将来国際社会に伍しまして恥づるなき独立国となる為には、何よりも正義と、自由が人類の至宝であることを改めて認識致しまして、外は世界に向つて最早戦端を開かず、却て人類の間に実現せらるべき高貴なる理想を自覚した平和的国家の建設であります。又内に向ひましては、最早人の人に対する圧迫と隷属を知らず、再び大権の蔭に隠れて人間の自由の権利を抑圧する危険のない国民共同の民主国家の建設でなければなりませぬ。此の事は我が国が受諾致しましたるポツダム宣言の結果からさうであるばかりでなくして、実は日本が自らの更生の為に進んで断行しなければならぬ所の問題であります。

政府は問題の重要性を認識し、これに相応しき根本的対策を持つて居つたか

而《しこう》して其の事は外ならぬ国家の基本法たる憲法に向つて、根本的な改革を加へなければならぬと云ふ問題であります。従つて之が解決は単に法律解釈論的な立場に囚はれることなく、世界の政治的動向と、時代の意義を能く洞察致しまして、之に適応したものでなければなりませぬ。然るに当時幣原首相は此の問題に関しまして、果して問題の重要性を認識されて、之に相応しき根本的な対策を御持になつて居つたかどうかと云ふことを先づ第一に御伺ひ致したいのであります。……

是より草案内容に関する主要な問題に付きまして質疑を致したいと存じます。……

改正草案内容に付きまして私の質疑の第一項目は、日本国家の所謂政治的基本性格に関してでございます。……

戦争抛棄《ほうき》は賛同を惜しまないが、それだけに問題がある

憲法の内容に付きまして、以上御尋ね申しました所謂政治的基本性格の次に質疑致したいことは、第二項目として、所謂戦争抛棄の条章に関係してでございます。是は新に更生しました民主日本が、今次の不法なる戦争に対する贖罪としてでばかりでなく、進んで世界の恒久平和への日本民族の新な現想的努力を捧げる其の決意を表明するものとして、我々の賛同惜まざる点でございます。殊に此のことは、古来幾多の世界の哲学者乃至宗教家の夢想し、構想して参つた理想が、はしなくも我が国の憲法に於て是が実現されるものとして、世界人類史上に新な意義を持つものとして我々は之を重大に考へるのであります。それだけに問題があることを又私共は考へなければならぬのであります。理想は高ければ高いだけ、それだけに現実の状態を認識することが必要でございます。さうでなければ、それは単なる空想に終るでございませう。本案が発表されました当時にアメリカの新聞の批評の中に、是は一個のユートピヤに過ぎないと云ふことがありましたことは、兎角我々の反省すべき点であると思ふのでございます。

歴史の現実を直視すれば、少くとも国家としての自衛権と、それに必要なる最小限度の兵備を考へることは当然

戦争《ママ》あつてはならぬ、是は誠に普遍的なる政治道徳の原理でありますけれども、遺憾ながら人類種族が絶えない限り戦争があると云ふのは歴史の現実であります。従つて私共は此の歴史の現実を直視して、少くとも国家としての自衛権と、それに必要なる最小限度の兵備を考へると云ふことは、是は当然のことでございます。

かかる意味の自衛権は国聯憲章によつても承認されて居る。これをしも抛棄せんとするのか

吉田総理大臣は衆議院に於ける御説明に於きまして、是迄自衛権と云ふ名の下に多くの侵略戦争が行はれて来た、故に之を一擲するに如かずと云ふ御説明であるやうでありますが、是は客観的に其の正当性が認められた場合でも、尚且斯かる国家の自衛権を拋棄《ほうき》せむとせられる御意思であるのか、即ち国際聯合に加入する場合を現在の草案は予想して居ることと考へますが、其の国際聯合の憲章の中には、斯かる意味の国家の自衛権と云ふことは承認されて居ると存じます。尚又国際聯合に於きまする兵力の組織は、特別の独立の組織があると云ふことでなしに、各加盟国がそれぞれ之を提供すると云ふ義務を帯びて居るのであります。

徒らに東洋的諦め、諦念主義に陥る危険はないか

茲に御尋ね致したいのは、将来日本が此の国際聯合に加入を許される場合に、果して斯かる権利と義務を拋棄されると云ふ御意思であるのか、斯くの如く致しましては、日本は永久に唯他国の好意と信義に委ねて生き延びむとする所の東洋的な諦め、諦念主義に陥る危険はないのか、寧ろ進んで人類の自由と正義を擁護するが為に、互に血と汗の犠牲を払ふことに依つて、相共に携へて世界恒久平和を確立すると云ふ積極的理想は却て其の意義を失はれるのではないかと云ふことを憂ふるのであります。それのみならず現在の国際政治秩序の下に於ては、アメリカ国の或評論家が批評致しましたやうに、苟《いやし》くも国家たる以上は、自分の国民を防衛すると云ふのは、又其の為の設備を持つと云ふことは、是は普遍的な原理である。之を憲法に於て拋棄して無抵抗主義を採用する何等の道徳的義務はないのであります。

兵力を維持する目的の一は国内治安の維持にある。その兵力をも拋棄すると云ふのか

又何れの国家に於きましても、国内の秩序を維持するが為には、警察力だけでは不十分であります。本来

兵力を維持する一つの目的は、斯かる国内の治安の維持と云ふことも考へられて居るのであります。殊に日本の場合には、将来を想像致しまするると、国内に於きまする状勢の不安、其の状態は相当覚悟して居らなければならぬと思ふのであります。政府は近く来たらむとする講和会議に於て、是等内外よりの秩序の破壊に対する最小限度の防衛をも抛棄《ほうき》されると云ふことを為さらうとするのであるか、此の点を御尋ね申上げたいのであります。若しそれならば既に国家としての自由と独立を自ら抛棄したものと選ぶ所はないのでありま す。国際聯合は決して国家の斯かる自主独立性を否定して居りませぬ。寧ろそれを完全なものにする為に、互に聯合して、世界に普遍的な政治秩序を作らうと云ふのが其の理想であります。

民族共同体を越えて世界人類共同体へ

尚且大事なことは、斯かる新しい国際運動は、結局に於て、世界は一つ、先程申した私の申上げまする各国の民族共同体を越えて、そこに世界人類共同体と云ふ理想を目途として居るものと我々は解釈するのであります。然るに此の世界共同体の理想に於きましては、単に其処に与へられて居る平和を維持し、唯国際の安寧を維持すると云ふだけぢやなしに、人種、言語の区別を立ち越えて、世界に普遍的なる正義を実現すると云ふ為に各国間の協力が要請せられるのであります。其の為に功利主義的な、単に現状を維持すると云ふだけでなしに、政治経済上のより正しき秩序を建設する為に絶えず努力が各国民に依つて払はれなければならぬのであります。

是迄の過誤を清算した日本は世界人類共同体の理想を持つことが必要

而もそれを武力に依らないで、飽く迄も人類の理性と良心に愬《うった》へ、平和的方法に依つて之を達成しようとする所の大なる理想があるのであります。日本が是迄の過誤を清算致しましたる以上は、将来世界に向つて単に戦争を抛棄《ほうき》すると云ふことだけを宣言するだけでなしに、進んで世界共同体の間にありまして実現すべき斯かる理想目的を持つことが必要であります。それは現に近く来らむとする所の講和会議に対しても其の備があるべき筈だと私は思ふのであります。

第九条に対する衆議院の修正は修正中最も重要な意義を持つ。これに対する政府の所見

今回衆議院の修正に於きまして、「日本国民は、正義と秩序を基調とする国際平和を誠実に希求し、」と云ふ一句が当該条文に加へられたのであります。此のことは私の以上説明しましたやうな意味に於て、頗《すこぶ》る重要な意味を持つて居ると私は思ふのであります。何故なれば、是は単に戦争を抛棄すると云ふだけではなしに、進んで民族の平和の理想を謳つたものであります。それ以上に私の考へますことは、単なる平和の現状を維持すると云ふのぢやなしに、飽く迄も国際正義に基いた平和を理想とすると云ふ所に重要なる意義があると思ふのであります。今回の衆議院の憲法修正に対して、修正の中の最も重要な意義を持つて居るものは是であると私は叫ぶ者であります。政府は右修正案に対しまして、此の問題を如何やうに御考になつたか、又此の問題に対して如何なる御用意があるのかを吉田外務大臣に御尋ね致したいのであります。又其の間の法理的な問題に付きましては、金森国務相に御尋ね致したいのであります。……

改正案の趣旨は、祖国日本を自由と正義の完全なる国に高めるにある

以上憲法改正に対する私の質疑を終るに臨みまして、一言申上げることを御許し願ひたい。今回の改正は祖国日本を打換へて、自由と正義の完全な国に迄高めむとするにあるものと我々は考へます。従つて此の出

発点に於て自由と正義其のものが護り得ず、其の基礎の上に国を立てることが出来なかつたなれば、祖国の独立は不可能であります。我々の建設の事業は何時か又崩壊するでありませう。真実は一時の間は掩はるかも知れませぬけれども、歴史は何時か之を明白なる白日の下に之を照し出すでありませう。其のことを私共は今次の大戦に於て身を以て経験した筈であります。其の意味に於て私共は飽く迄真理を真理とし、偽りを偽りとして、互ひに真理の発見に協力すべきであると思ふのであります。

貴族院最後の御奉公

祖国の運命を決すべき重大なる改正草案は、今や衆議院を通過して本院に廻りました。此の時に貴族院と致しましては、仮に根本的なことは何も加へることは出来ないと致しましても、之を自由に批判し、質疑し、将来の改革の日の為に国民に勧告をすることが出来ます。蓋《けだ》し貴族院に相応しい最後の御奉公でありませう。

何よりも国民の前に真実を明かにせよ

私は一議員とし又一学究として乏しきながら自己の良心と理性に従つて責任を以て質疑を致した積りであります。故に関係各大臣に於かれましても、国家更生の為に良心的な責任ある御答弁を願つて此の機会に於きまして、何よりも国民の前に真実を明かにされむことを希望致す次第であります。（拍手）

〔国務大臣　男爵幣原喜重郎君登壇〕

国務大臣　幣原喜重郎君（男爵）

只今の南原博士の御質疑に御答へ申上げます。御答へ申上げる上に於きまして吉田首相に対する御質疑の点にも自然触れる所があるかと思ひます。其の点に付きましては私の申述べることは単に私個人の考へと、斯う云ふ風に御聴取を願ひます。

私等は当初より方針を決めて問題の調査に著手したのではない、調査してから方針を決めると云ふことにした

前内閣が当初より憲法改正問題に関して如何なる方針を執つて居つたかと云ふことであります。先づ南原博士の御質問の第一点は、私等は当初より方針を決めて此の問題の調査に著手したのではありませぬ。先づ調査をしてから方針を決めると云ふことに致したのであります。従つて当初の構想とは調査の進むに従つて、漸次変つて来ると云ふことは、是は当然であらうと考へます。御承知の通り前内閣時代には松本博士が本問題の調査立案を主宰せられまして、日夜此の為に肝胆を砕れたのでありまするが、私は何も此の問題に専門的知識を持つて居る訳でもなく、唯同僚の一人として其の議に与つただけのことでありまするけれども、只今御質疑がありましたから、私に関する範囲内に於て私がどう云ふ心持で此の議に与つたかと云ふことを大体先づ御話申上げたいと存じます。……

戦争抛棄《ほうき》とマッカーサー元帥の痛論

又改正案の第九条には国際紛争解決の手段として、戦争に訴へることを否認する条項があります。マッカーサー元帥は本年四月五日対日理事会に於ける演説中、此の第九条の規定に言及致しまして、世間には戦争抛棄の条項に往々皮肉の批評を加へて、日本は全く夢のやうな理想に子供らしい信頼を置いて居るなどと冷笑する者があります。今少しく思慮のある者は、近代科学の駸々《しんしん》たる進歩の勢に目を著《しる》けて、破壊的武器の

発明、発見が、此の勢を以て進むならば、次回の世界戦争は一挙にして人類を木っ葉微塵に粉砕するに至ることを予想せざるを得ないであらう。之を予想しながら我々は尚躊躇逡巡致して居る、我が足下には千仭の谷底を見下しながら、尚既往の行懸りに囚れて、思切つた方向転換を決行することが出来ない、今後更に大戦争の勃発するやうなことがあつても過去と同様人類は生残ることが出来さうなものであると云ふが如き、虫の良いことを考へて居る、是こそ全く夢のやうな理想に子供らしい信頼を置くものでなくて何であらうか、凡そ文明の最大危機は、斯かる無責任な楽観から起るものである、是がマッカーサー元帥が痛論した趣旨であります。（附録参照）実際此の改正案の第九条は戦争の抛棄を宣言し、我が国が全世界中最も徹底的な平和運動の先頭に立つて指導的地位を占むることを示すものであります。今日の時勢に尚国際関係を律する一つの原則として、或範囲内の武力制裁を合理化合法化せむとするが如きは、過去に於ける幾多の失敗を繰返す所以でありまして、最早我が国の学ぶべきことではありませぬ。

文明が戦争を絶滅しなければ、戦争が文明を絶滅するであらう

文明と戦争とは結局両立し得ないものであります。文明が速かに戦争を全滅しなければ、戦争が先づ文明を全滅することになるであありませう。私は斯様な信念を持つて此の憲法改正案の起草の議に与つたのであります。……

尚其の他の諸点に付きましては係の大臣から御答弁になると考へます。（拍手）

内閣総理大臣　吉田茂君

日本としては、国権の回復、独立の回復が差迫つての問題

……南原博士に御答へ致しますが、……戦争抛棄《ほうき》に付て、将来国際聯合に入る意思であるか、或は自主的、自衛的の戦争をも抛棄したのであるかと云ふ御尋でありますが、今日は日本と致しましては、先づ第一に国権を回復し、独立を回復することが差迫つての問題であります。此の国権が回復せられ、さうして日本が再建せられる此の目下の差迫つた問題を政府は極力考へて居るのでありまして、万事は講和条約或は国家の態勢が整ふと云ふことを、政府として極力其の方向に向つて努力して居る訳でありまして、それ以上のことは御答へ致すことは出来ないのであります。(拍手)

牧野英一君(無所属) 此の憲法改正案に対し、私は唯極く小さい、狭い、さうして細かい立場から政府の御考を伺ひたいと思ひます。……

改正案に用ひられた言葉と文体

是で私の質疑を終りますが、唯序《ついで》に小さなことではありますが、此の改正案を読みながら、此の用ひられた言葉と文体とに付て聊《いささ》か私の印象とする所を附加へることの御許を願ひたいと思ひます。此の改正案が憲法として成立するの日には、此の憲法は国語として標準的なものにならねばならぬ筈でございませう。併し政府は此の憲法の全文、即ち各条の規定が是で我が国の国語の用ひ方の模範的なものとして、使命を果し得るものと云ふことの覚悟がおありになるものと言つて、失礼ながら……御答を蒙むらないことを御願ひ致したい。

政府の草案を読んだ時、余り好い心持にはならなかつた

固より此の全文を読みまして此の文章の心持として之を論ずるのでありますから、是で結構ではないか、又衆議院に於て或程度の修正を経ました、さう云ふ衆議院の或方の演説には誠に此の前文の如きは天下の名文であると云ふやうに賞讃をして賛成された方がありますするが、私としては不幸にして此の前文を読みながら、少くとも先づ政府草案を読んだ時に余りに好い心持にはならなかつたのであります。内容に於て成る程好い心持になり得ない理由もありませうが、其の文章が其の滑らかさ、其の潤ひ、果して是で宜いものでございませうかと思ふのであります。

翻訳を見ると様子が違ふ

処が翻訳として英文のものが我々に配付せられて居るのでありますが、翻訳の方を見ますると云ふと、ちよつと様子が違ふ。私は英語をそんなに巧には致しませぬけれども、一通りは読んで分る積りでありますが、英語の方で読むと云ふと割に穏やかに理解の出来る所が、失礼ながらぎごちないやうな国語の用ひ方になつて居るのではないかと思はれるのであります。

中学校の教科書にし、これからの文章の模範となるやうにして戴きたい

言ひ過ぎでありますならば当局としてどうぞ御宥恕《ゆうじょ》を御願ひ致したいのでありますが、どうぞ一つもう少し国語のことに達者な方が何とか、之を中学校の教科書にし、小学校の子供に読ましても納得するやうに模範とするやうに、さうして我々が之に従つて是からの文章を書くやうなことになるやうにして戴く訳には行きますまいか。それは文章全体の滑らかさ、潤ひと云ふやうな点の問題でありますが、又言葉の微細な使ひ

方に付ても、何とか御考慮を仰ぐことが出来ないかと思ふものが相当に沢山あるのであります。例へば前文を第一に開いて見ますと云ふと、「政府の行為によつて再び戦争の惨禍が発生しないやうに」と書いてある、発生しないのは政府の行為に依るのでせうか、どうもさうでないやうですな。さうすると云ふと是は「政府の行為に依つて再び戦争の惨禍が発生することがないやうに」斯う云ふ風に御書きを願ふ方が宜いのではないか、是では政府の行為に依つてと云ふ、一つのアドヴァービァル・フレーズ、是が惨禍と云ふ名詞に掛つて居るので、どうも文法としては体をなさぬ書き方であると私は斯う考へます。……

戦争抛棄《ほうき》と云ふ弱い言葉でなく戦争自体を否定する勇気はないか

其の他もう一つ、是は余程遠慮して申上げねばならぬことでありまするが、「戦争の抛棄」と云ふことが、是で国語として意味を為すでございませうか、戦争と云ふ言葉に依つて、普通我々が考へることが、「戦争の抛棄」と云つてそれで意味を為すか、英訳の方を見ますと云ふと、国民の主権的権利としてのウオー、ソヴェレント・ライト・オヴ・ザ・ネーションと、斯う書いてあるのですから、そこでウオーの抛棄と云ふことが意味を為すやうに思ひますが、日本語で戦争とやつた時に、戦争を抛棄する、分らぬこともないやうですな、皆さん御使になつて居るから、私も使ひます此の頃は……是《ママ》で宜いであらうと思ひますがどうか、併しながらまあ抛棄と云ふやうなことを離れて実体的に議論をすれば、更に進んで我々は、戦争を否定すると、斯う云ふ処迄行つて抛棄以上の力強い言葉を用ひると云ふことが出来ないものでございませうか。先程幣原国務大臣が文明が戦争をなくするか、戦争が文明をなくするか、斯う云ふ関係に今立つて居ると仰せられた、其の御言葉が私は非常に名言であると思ひます。さうして我々は其の一つの意気込の下に戦争の抛棄をするなら、我々が戦争を抛棄するなどと云ふ弱い言葉でなくて、戦争と云ふものそれ自体を否定すると云ふやうな処迄行くと云ふ勇気はないものでございませうか。……

陸海軍、空軍は之を保持してはならないと云ふ文句、是は衆議院で修正しました。戦力は之を保持しないと云ふのでありますから、是はもう私が申述べることはありませぬが、英訳の方には戦力の保持は許されない、斯う云ふ風に素直に出来て居ります。

憲法は国民の経典、国民の教科書、その用語、文体は洗練されて然るべし

文章其のものが文化国家の憲法に相応しい気力と滑かさとを欠いて居ると云ふことが此の憲法の改正案に付て言ひ得ることではないか。甚だ私の立場としては自分を顧みない言葉でありまするけれども、御急ぎの間の立案であつたとは言へ、憲法は尊重せられ擁護せられねばならぬものであつて見ると云ふと、此の憲法の用語、文体と云ふものはもう少し一つ洗練されて然るべきものではありませぬか。即ち汚れたる古い衣を抛《なげう》つたのであります、新しい衣を我々が身に纒うたことになれば、其の新しい衣は矢張り寒さ暑さを凌ぐばかりでなく、我々の体に相応しく上手に縫針が出来て居ると云ふことを希望すべきではありますまいか。（拍手）……

憲法は、繰返して申します、我々の国民の経典であり、国民の教科書であると云ふことを考へねばなりませぬ。失礼致しました。（拍手）

貴族院本会議

昭和二一年八月二八日（水）

国務大臣　金森徳次郎君

昨日の牧野先生より非常に多方面に亙つて御専門の範囲に於て幾多の御教へを受けました。其の中に於きまして私から御答へ申上ぐるのが適すると思ひまする若干の点に付て御答を申上げます。……

先生の御質疑としては最後に、此の憲法改正案の用語が、或は文体が甚だしく不満なるものがあると云ふ御前提の下に、恰《あたか》も決定せるものの如き論調を以て御非難になりました。是は大いに私共も其の御非難を傾聴し、反省をして居る訳ではありまするけれども、幾分考へ方に違ふと申しては語弊がありますが、私共にも幾分の考へ方があり、又申し開きをしたい点が残つて居るやうに考ふるのであります。

憲法は美術品ではない。内容の充実に重きを置き、関係者の勢力をこれに注ぐ。形式については、時間的にも、これを顧る余裕がない

何分にも此の憲法は非常な変化を僅かの間に見透さうと云ふ立場を以て築き上げられて来た草案でありまするが故に、僅かの時間を以て、其の間の関係者の勢《精?》力を、内容の充実と云ふ点に重きを置き、形式の点に付きましては、自然力を割く余裕がない。又此の際にはさう云ふ態度も是認せらるゝであらうと云ふ前提の下に進行致しました。尚又此の憲法は国民に対して大きな影響を持つのは、それが美術品であると云ふことではなく、其の内容に於て烈々として起り上るべき所の国民の信念が盛り込まれてある、国民の行くべき途が指し示されて居ると云ふ点に重点があらうと思ひましたので、其の点をも考慮を致しまして、決して弁解に特に駆《か》る趣旨ではありませぬけれども、字句の点に於きまして、幾分美術品としての方面に於て思ひ至らなかつた点のあることは、是は認めなければならぬと思ひまするし、若し出来得るならば御許を願ひたいと考へて居るのであります。併しながら用語及び文体の中に於きまして、今日の此の広い標準に照しまして、許すべからざる程度のものであるかどうかと云ふ点になりまするとと、自ら各語句の問題に論点が分れて来る次第でありまして、昨日先生は七つ八つの点を挙げて御指摘になりました。

「戦争抛棄《ほうき》」必ずしも不穏当ではない

それ等の一々に付きまして御答を致しますることは、此の場合不適当と考へまするが、例へば特に顕著に御指摘になりました所の「戦争抛棄」と云ふ、其の「抛棄」と云ふ言葉が如何にもをかしいではないかと云ふ御意見でありました。成る程其の「戦争の抛棄」と云ふ文字だけを特に注意周到に見守りまするると、茲に慊《あきた》らざる色々の感じが出て来るのであります。併しながら此の言葉は既に過去に於きまして不戦条約締結の当時に明かに条約の中に認められて、既に慣熟せられ、其の言葉が生硬、生硬と云ふのはぎこちないと云ふ意味でありますが、生硬でないと同時に、又国民に対して理解に愬《うった》へ易い言葉であるのではないかと云ふ風に考へて居ります。民法の中には確か相続の抛棄と云ふやうな言葉もありまして、是も能く考へて見ますれば、多少不穏当なものであるかも知れませぬけれども、我々は長い間怪しまずに過ぎて来て居ります。まあさう云ふやうな点に於きまして広い意味で御覧を願へたならば仕合せであらうかと考へて居る次第であります。

貴族院本会議

昭和二一年八月二九日（木）

佐々木惣一君（無所属）

本来意義多数であることを認めながら、主権と云ふ言葉を法文中に用ひらるるに至つた事由

昨日に引続きまして質問を致します。今日初には此の第三類改正内容の中の第十点となりますが、政府は自ら意義が不定であると知つて居らるゝ主権と云ふ言葉を法文中に用ひらるゝに至つた事由は、どう云ふ訳であるかと云ふことを御尋ね致したいのであります。主権と云ふ文字が、此の帝国憲法改正案に関係致しまして、屡々《しばしば》用ひられて居るのであります、帝国議会外に於ける言論に於きましても亦、帝国議会内の言論、即ち衆議院に於きまして、又此の本院に於きましても、屡々用ひられて居ります。私の感じを率直に申上げますれば、此の言葉が今回の問題の中心を非常に誤らして居るのであります。実は斯う云ふ文字を法文に於て用ひ得べきものでないと私は信じて居るのであります。

主権と云ふ言葉は意義頗る多様、即ち不明

元来此の文字は、或は言葉は、是は金森国務相が自ら御認めになつて居りまする通りに意義頗《すこぶ》る多様であります。多様であると云ふことは即ち其の意義が不明であると云ふことに帰著《きちゃく》するのであります。併し或は学説上の所論に於て斯う云ふ文字を使ふことは、それが不明でありましても一々説明を加へることが出来るのでありますから差支はありませぬけれども、法文、又其の法文の説明に当るべき前文と云ふやうなもの

の中に斯う云ふ文字を用ひると云ふことは実は私は賛成出来ないのでありまするが、私だけではない、金森国務相御自身が頗《すこぶ》る此の文字は不明であると云ふ風に仰つしやつて居るのでありまするが、それは一体どう云ふ訳で御用ひになつたのでありませうか。初に政府原案の儘《まま》の時には所謂此の戦争拋棄《ほうき》と云ふことに関する第九条の規定の中に「国の主権の発動たる戦争」と云ふ文字がありました。此の主権と云ふことを殊に使つている、まあ英訳と云ふやうな方面と関係して私は茲に非常に九条の解釈上多大なる疑問を持つて居るのでありまするけれども、是は兎に角此の条文と致しましては、衆議院の修正に依つてなくなりましたが、併し衆議院は更にさう云ふ個々の一箇条と云ふことではなしに更に重い地位を与へまして、改正案の第一条に、天皇の此の地位と云ふものは主権の存する国民至高の総意に基く、政府の方の案に依りまするに云ふと、単に「日本国民の至高の総意に基く」と云ふ文字を、今度は「至高の」と云ふ文字を変へて特に「主権の存する日本国民の」と斯う云ふ言葉に変りました。更に其の日本国憲法の前文に於きまして「ここに国民の総意が至高なる《ママ》ものであることを宣言し、」と云ふ初の政府の原案を特に変へまして、「ここに主権が国民に存することを宣言し、」と斯うなつて居りまするが、昨日の総理大臣の御説明に依りますれば、政府は此の衆議院の修正に同意を表せられたと云ふことであります。仍《よつ》て本院に廻つたのでありまするが、特に斯う云ふ文字を御用ひになる所以のものはどう云ふ意味であるか、主権と云ふ文字は、使ふにしても本来意義多様であると云ふことを御認めになりつつ尚且特に斯う云ふ風に御改めになることはどう云ふ理由であるか、是は明確なる所の御説明がなくてはならぬかと存ずるのであります。……

次に十五点ですが……我々が世界正義と云ふものを実現しなければならぬのであるけれども、併しそれは我々日本人の共生体だけがさう云ふ責任を持つて居るのではない。即ち天下に存して居る所の総ての共生体は皆一様に此の世界に正義を実現すると云ふやうな、さう云ふ責任を持つて居るのでありまするから、さう云う建前を考へますると云ふと、即ち私は茲に昨日から話がありました所の条約の効力のことなども申したいけれども、是は余り重要性がないので止めてしまひますが、戦争抛棄《ほうき》に付きまして一つの私の愚見を申したいと思ふ。

戦争抛棄についての愚見

敢て不必要な謙遜の言葉ぢやない、本当に謙遜して居る者でありまするが、此の戦争の抛棄と云ふことに付きましては、殆ど私共以外の者は皆、是は宜いことだ、正しいことだと云ふことに言はれて居るのでありまして、而して私は密かに之に付て疑を持つて居る者でありまするから、是はどうも自分の考が愚ぢやないかと実際思つて居るのです。そこで私の考へまするのに、世界は今申しましたやうに、平和的に正義を実現をするのであるが、併し此の平和的に正義を実現すると云ふことは日本だけのことぢやない、日本だけの責任ぢやないのだ、是は皆の国が相寄つて其のことに寄与すると云ふのでなくちやならぬ。

歴史的現実を離れた観念論は非常な危険

それでありまするから、我々は如何に平和的に正義を実現すると申しましても、此の世界の現実と云ふものを見なければならぬ、此の世界の歴史的現実と云ふものを離れて観念的に問題を考へることは、此処に非常な危険があるのみならず、是は本当の意味に於ての即ち共生体の理論に適はないと私は思ふのであります。現実に於きましては、此の間申しました通りに、兎に角他の国家に於きまして其の戦争と云ふものを致さなければならぬ事実があると云ふことは現実に示されて居る。現実に戦争して居ると云ふことを言ふのぢやありませぬよ。歴史的経験から見ますると、さう云ふことをせなければならぬ必要があるのだと云ふことが考へられる。然らば我が国に於きましても、我が国の国家と云ふものの性格自体から見まするど云ふと、自分からさう云ふ力を国内的に棄ててしまふと云ふことはどう云ふ訳か。

国際関係において戦争せぬと云ふ国際的義務を負ふことはよいが、国家法において、他に類例を見ない戦争抛棄の規定を何故に設定する必要があるか

是は但し外国との関係に於て、或は他の国家と条約に入る、或は聯盟に入つて、さうして自分は戦争をせないと云ふ国際的義務に入ることはそれは宜しい、私は今後それは大いに希望するのです。今後国際聯合に入るとか、其の他の時に当りまして、嘗ての不戦条約と同じやうに戦争はやらないと云ふことを皆で決めると云ふ関係に入ると云ふことは宜いが、自分の国が自分の力で以てそれを棄ててしまふと云ふことを何故宣言する必要があるか。宣言せないと云ふことは戦争をすると云ふことぢやありませぬよ。宣言しなくても戦争をすることが悪ければしなければ宜い、何故に之を国法的に宣言すると云ふ必要があるかと云ふことに付きまして非常な疑問を持つて居るのであります。固より他の国との国際関係に於て戦争せぬと云ふ国際的義務を負ふことはそれは宜しい。併しながら国家法に於て何故に他の国に於て類例を見ない所の斯う云ふ規定を設ける必要があるかと云ふことに付て非常に疑問を持つのです。誤解されてはいけませぬです。戦争其のものを私が賛成して居ると云ふのでもなんでもない、それは戦争せぬと云ふことは国際的義務としては負うて然るべきである。それは他国も、共同に世界平和を実現する責任を持つて居る者皆が戦争せぬと云ふ責任を相互に負ふことは、それは非常に宜いことである、唯日本だけがさう云ふことを国法的に宣言すると云ふ、さう云ふことは言はぬでも宜いと思ふ。……

第十章最高法規に関する規定は全然無意味。全部削除するが宜い

今度は十七点になりますが、最高法規、是は非常に重大な点であります。憲法の第十章に「最高法規」と云ふ規定があります。……九十七条の如きは日本のことには当らぬ、全然削除したいのですけれども、それよりも九十八条と九十九条の如きも、是も我が国に於きましては全然無意味の規定であります。それは九十八条に於きましては、詰り修正に依りますと、此の憲法は国の最高法規でありまして、さうして其の条規に違反する所の法律命令云々のものは、其の効力を有しないとありますが、是はどうも一昨日でありましたか、澤田議員も之に触れられたかと思ひますが、或は触れられなかつたか知れませぬが、不必要なことがあると言はれた時のことに属する、こんなものは実はない方が宜い。第九十九条に於きましては、「天皇又は摂政及び国務大臣、国会議員、裁判官その他の公務員は、この憲法を尊重し擁護する義務を負ふ。」、こんなものもない方が宜い。……第十章の如きは何等書く必要がない、こんなものは書かぬで置いたつて当然なことであります。書いたが為に特別の何か必要があるが如き意味を与へる、是は非常に面白くない規定だと思つて居る。私は全然削除が宜いと思つて居るのであります。……

是だけのことを以て私の質問を終ります。（拍手起る）

国務大臣　金森徳次郎君

佐々木博士より連日に亙りまして、各種の広汎なる事項に付き御質疑がありました。其の論点は、憲法の改正案を研究致しますに付ての、必要なる各般の事項を、恐らくは一つも残らず網羅されて居らる丶やうに考へまして、私共が御答弁の機会を十分に得ましたことを喜ばしいと考へて居る次第でございます。……

主権と云ふ言葉を用ひた衆議院の修正に賛成した理由

佐々木博士は主権の問題を御論議になりました。主権と云ふ文字は面白くない、然るに衆議院に於て、前文及び第一条の中に新たに主権と云ふ文字を加へたのであるが、之に政府が同意した其の理由如何と云ふ風の御尋でありました。

政府も本来佐々木博士と同意見

是は前々から衆議院に於て私が申して居りました通り、佐々木博士も幸にして御賛成を下さいました通り、日本の言葉に於て、主権と云ふ言葉には幾つもの意味がある、外国の言葉に於ても主権と云ふ言葉には幾つもの意味がある、其の多くの意味を持つて居りまする言葉を使ひますれば、其の間に同じ文字を使つて考ふる人の意味が皆違つて来る、議論は紛糾し、解決は混乱する、故に斯くの如き文字は避けることが好ましいと云ふ主張は堅持して居つた次第であります。従つて此の憲法に付きましての政府提案の原案に於きましては、主権と云ふ言葉は、国家其のものが外に向つて持つて居ると云ふやうな風の、国家の統一したる意思自体を言ふ為に国家の主権と云ふやうな言葉を用ひ、又前文の終り頃の所にもさう云ふやうな字が使つてある、詰り嵌箇所に極く平たい意味の主権と云ふ言葉を使つて、其の他の特殊なる意味の言葉は之を避けたのでありまして、それに代ふるに至高の意志《思?》と云ふやうな字を当嵌めたのであります。然るに世の中の議論の道行と致しまして、私共が意を用ひて字を選択して居りましたのに拘らず、是は却つて政府が曖昧なる言葉を以て事自体を曖昧にしようとする嫌ひがあると云ふ風の疑惑を受けたかの感があるのであります。私は衆議院に於きまして、或意味に於て主権と云ふのは国家意思の源泉を指すのである。其の意味の主権と云ふものは国民全体にあるとはつきり申しました。申しましたに拘らず、之に疑惑を組合されて何となく満足せられざるが如き向もあつたやに聞いて居りますが、恐らくはさう云ふことが一つの原因の中に加はつて、前文及第一条に、主権は国民にあると云ふ趣旨の規定が入つたのであると私は考へて居ります。意味に於きまして私共の当初からの考と寸毫の差はありませぬ。

単純に主権と云ふ言葉を使へば紛糾の種。しかし前後の関係を見れば意義は分明

而して主権と云ふ言葉を今用ひましたやうな場合に使ひますれば、前後の関係に依つて自ら此の主権と云ふ言葉は何を意味して居るかがはつきりして来るのであります。単純に主権と云ふ言葉を使へばそれは非常な紛糾の種になりまするが、主権が国民に在りと云ふやうな使ひ方でありまするならば、決して類例のないことでもなく、孤立したる見解でもありませぬ。自らはつきりした意味が出て来るのでありまして、衆議院に於て斯く修正せられる上に於ても同感であると申上げましたのは、其の理由に基いて居る訳であります。

……

次に国際活動と云ふ点に付きまして、詰り憲法第二章の平和的宣言と云ふことに付ての御疑点を御示しになりました。要は原案第九条の戦ひを行はざる宣言、軍備を持たざるの宣言と云ふものは、是は国際的なる約束としてやれば意義があるけれども、一国だけで、国内法的に主張したつて弊害あるのみであつて、実益はないのぢやないか、日本だけでものを言つても役に立たぬのぢやないか、斯う云ふ風の趣旨を以て御質疑になつたと思ふのであります。其の考へ方は確かに理由があると思ひます。人が寄つてたかつて初めて立派な事が行はれるのであります。自分一人ぢや出来ないのだ、だからやらずに置かう、或は言はずに置かう、此の考へ方が世界の秩序をして今日迄十分なる発達を為さしめずして、平和に対する望みを遠ざからしめて居るのではなからうか。

戦争抛棄《ほうき》については、有らゆる角度から本当に物を考へて、勇気を要することを断行した

有らゆる角度から本当に物を考へて、此の時日本が起つて、平和に対するはつきりした覚悟を示すと云ふことは、それこそ勇気を要することでありますけれども、其の勇気を要することを断行したのでありまして、人がやる迄は、やらないとか、人の振りを見てのみ我が振りを決めて行くと云ふ考へ方は、斯の如き根本の問題に付ては我々は執りたくない、斯う考へて居る次第であります。……

各種の法規に体系を与へ、条約尊重に関する国際の誤解を一掃するためには、第十章の規定が必要

次に第十七点と致しまして、此の最高法規に関する政府提出案の九十四条、九十五条の規定は無意義の規定である、アメリカなればこそ意義があるかも知れぬが、日本に取つては意義はなからう、斯う云ふ御趣旨の疑点でありましたが、私は必ずしもさうは思ひませぬ。各種の法規に系統的な価値を認める、或は条約と云ふものを決して軽視しないと云ふ趣旨をはつきりさせるとか云ふことは、国内的に非常に必要なことであり、殊に条約の点に付きましては、日本の現に置かれて居る地位が、過去に於て条約を軽視したと云ふ疑を世界に撒き散らして居りまする時に、相当理由ある規定であると信じて疑ひませぬ。……

私は是だけを以て御答と致します。

貴族院本会議

昭和二一年八月三〇日（金）

国務大臣　幣原喜重郎君（男爵）

今朝は吉田首相が已むを得ない用事が出来て、こちらに出席が出来ませぬので、私に代つて御答弁申上げて呉れと云ふことであります。……

戦争抛棄《ほうき》と闘争本能

戦争の抛棄のことであります。此のことに付きまして、今林伯爵は、人間には闘争本能と云ふものがある、是は争ふべからざることである、之を利用してこそ始めて進歩と云ふものが現れて来るのであると言つたやうな御趣旨の御意見がありました。闘争的本能と申しましても、極く平和的な建設的な闘争でありますれば、其の本能の発達されることは望ましいことでありまして、其の方向に向つて、どうしても進まなければならぬと思ふのであります。

殺人的、破壊的闘争は何処迄も否認。その本能は矯《た》めなければならぬ

斯う云つたやうな本能を棄てると云ふことでありますれば、世の中に進歩もありませぬ、発達もありませぬ。是は望ましいことでありまするが、又此の闘争的な、殺人的な、破壊的な闘争でありまするならば、是は我々は何処迄も否認しなければならぬのである。左様な本能がありまするならば、其の本能は矯めなければ

ばならぬと思ふのであります。昔と比べて見ますると云ふと、段々と武器の進歩、破壊的武器の進歩、発明と云ふものに伴ひまして、どうも此の戦争の惨憺たる残虐なる有様が心の内に映じて参りますると云ふと、始めて戦争抛棄《ほうき》と云ふ議論が行はれて来て居るのであります。我々は今日、広い国際関係の原野に於きまして、単独に此の戦争抛棄の旗を掲げて行くのでありますけれども、他日必ず我々の後に蹤いて来る者があると私は確信致して居る者である。此のことを、私は憲法の案が初めて発表されました時に、外国の新聞記者が参りましたので、私は此の確信を其の当時、其の新聞記者に説明を致したのであります。何年後のことか知らぬけれども、斯う云つたやうな状況は、長く続けるものではない、原子爆弾と云ふものが発見されただけでも、或戦争論者に対して、余程再考を促すことになつて居る、斯う云つたやうな状況は長く打つちやつて置くべきことでない、斯う云つたやうなことを私は言ひまして、日本は今や、徹底的な平和運動の先頭に立つて、此の一つの大きな旗を担いで進んで行くものである、必ず此の後に蹤いて来るものがあると云ふことを私は言つたことがあります。私は左様に信じて居ります。

戦争抛棄は理念だけのことではない。もう少し私は現実の点も考へて居る

単に是は、先刻仰せられた理念だけのことではありませぬ。もう少し私は現実の点も考へて居るのであります。即ち戦争を抛棄すると云ふことになりますと云ふと、一切の軍備は不要になります。軍備が不要になりますれば、我々が従来軍備の為に費して居つた費用と云ふものは是も亦当然不要になるのであります。

従来の軍事費を平和産業の発達、科学文化の振興に転用。国家の財源、国民の活動力を挙げてこの方面に邁進

斯様に考へまするならば、軍事費の為に、不生産的なる軍事費の為に、歳出の重要なる部分を消費致して居る諸国に比べますと云ふと、我が国は平和的活動の上に於て極めて有利な立場に立つのであります。国際間に於きまして我が国際的地位を高くするものは、是は即ち、我々の是からして後の平和産業の発達、科学文化の振興、之に如くものはありませぬ。此の平和的活動があつてこそ、日本の将来はあるものと私は考へて居るのであります。是は数年の中にはまだ戦争の敗け戦の跡始末の為に、其の善後策の為に、色々我々の活動力を奪はれるでありませうけれども、追つて是が一度片附きますれば、我々の前途と云ふものは大きな光で以て充ちて居ると思ふのであります。どうか、我々は皆様と共に此の理想を持つて、斯くの如く我々が平和活動の上に於きまして、総ての全力、国家の財源、国民の活動力を挙げて、此の方面に進む日の一日も速かに来らむことを私は心から祈るものであります。(拍手)

林博太郎君(伯爵・研究会)

戦争は何処迄も抛棄《ほうき》すべし。但、闘争本能は挫折しないでもう一歩高い段階に持ち上げて行く、即ち克服するを要する

……私は少し誤解された点に付きまして、ちよつと此の席から説明致して置きたいと思ふのであります。簡単に申上げますが、先程幣原国務相は、戦争と云ふものの抛棄すべき所以を御説きになりまして、又其の弊害を縷々御述べになりまして、戦争は是はもう抛棄すべきものであると云ふことを仰しやつた点は、私も其の通り申した積りであります。戦争は賛成であると云ふやうなことや、或は闘争本能が即ち戦争の本能であると云ふやうな風な意味に於て御話があつたやうでありますけれども、さうではないのであります。戦争は何処迄も抛棄すべし、此の条項は其の通り私は賛成であるのであります。唯闘争本能と云へば、蜂にもあります。蜂も喧嘩をしますし、螢合戦と云ひまして螢でさへ合戦をやります。雀も蟻も合戦を致します。人間に限らないのであります。だから本能生活と云ふものは動物的なものであつて、中には芸術的なものもありますけれども、大体は動物的なものが多いから、本能生活に止るならば、人間は動物的な程度に止ると云ふことが大体なのだから、それはいけない。唯本能力と云ふ力を挫折してはいけないと云ふことを申上げたのであります。闘争即ち戦争と云ふのぢやありませぬ。戦争は闘争本能の一つの現れである、現れであるが戦争即ちそれが闘争本能の全部であると云ふやうな風な解釈を以て申上げたのではないのでありまして、本能を克服すると云ふことを申上げたのであります。本能は挫折しないで、もう一歩高い段階の上に持ち上げて行くと云ふことが、是が私の申上げたことで向上させて行く、克服……《ママ》克服と云ふのは征服ぢやない、其の意味に於て申上げたのでありまして、先程御述べになりましたことは、少しく私の質問申上げたことと齟齬して居る点でありますから、其のことを申上げて置きます。……私の質問を終ります。

山田三良君（無所属）

第九条第二項を削除して、自衛権の行使を留保せよ

……第三には、第九条第二項を削除しまして、自衛権の行使を留保するの必要がある。此の三点は原案に付て特に修正を要する著しき点であるとしたのであります。……是等の点は是非修正しなくてはならない点でありますから、政府は憲法草案の審議に際しては正当の理由ある修正は必ず入れられると云ふことを予め御考へ願はなくてはならないと申したのであります。

衆議院の修正は誠に適切。問題の大半は既に解決

併し是等の問題は衆議院に於て大半既に決定されて居るのであります。……又第九条に付きまして、即ち戦争の抛棄《ほうき》に付きましても重要なる修正を加へまして、第二項の規定を自主的に改めましたことは、誠に適切なる修正であると言はねばならないのであります。

原案の不備

私は先に第九条の第二項を削除せねばならないと申しましたのは、国家の自衛権を尊重すると云ふ必要からだけではなく、第九条第二項の規定の形が甚だ相応しくないのでありまして、即ち陸海軍の戦力を保持することは許されないとか、国家の交戦権は認められないとか、恰も何か外から制限せられ、圧迫せられたるが如き規定でありましたから、さう云ふ軍備の制限と云ふことは一国の憲法に於て規定すべきことではないのでありますから、是は是非改められなくてはならない。

衆議院の修正により、徹底的平和主義の堂々たる宣言となる

さう云ふ規定は、平和条約等に於きまして国家が軍備を制限せられると云ふやうな時には已むを得ない規定でありますけれども、我が憲法の規定として斯かる言葉で之を規定することは甚だ不穏当であるから、是は是非改正せられなくてはならないと云ふことを主張したのでありまして、然るに今度衆議院に於て修正せられました所に依りますと云ふと、大いに宜くなつて来たのでありまして、御承知のやうに「日本国民は、正義と秩序を基調とする国際平和を誠実に希求し、国権の発動たる戦争と、武力による威嚇又は武力の行使は、国際紛争を解決する手段としては、永久にこれを放棄する。」、斯くの如くにして徹底的の平和主義を世界万国に対して堂々と宣言したるものでありまして、此の意味に於て、此の精神に於て第九条第一項は誠に

立派なる、国際的にも大いに認めらるべき堂々たる宣言となつたのであります。而して第二項に於きまして、「前項の目的を達するため、陸海空軍その他の戦力は、これを保持しない。」、此の前項の目的を達する以上は徹底的に武備は要しない、斯う云ふ考で第二項を改めて規定してあります。

修正意見撤回、衆議院の修正に満腔の賛同

是ならば私は此の形に於きまして之を是非削除せねばならないと云ふ必要を感じないのであります。或は国家自衛権の為には、斯う云ふ規定を置けば自衛権迄も抛棄《ほうき》すると云ふことになりまして、甚だ不都合であると云ふ議論もありますけれども、我が国の現状に顧みまして将来を慮ります時には、自衛権の行使の為に、或程度の武力を備へなくてはならないと主張する根拠は甚だ薄弱であると言はねばならないことになります。のみならず斯う云ふ規定を置くか置かないかが、まだ未定の問題であるならば宜しいんでありますけれども、既に一旦斯くの如き規定を置いて、武力は持たない、交戦権は行はないと、斯う言ひました後で、是は困るから、自衛権の為に此の規定を削除、或は改正しなくてはならぬ、斯う云ふことになりますと云ふと、現在の国際情勢に於きまして我が国は、我が国民は外国から甚だ謂はれなき誤解を招くと云ふことになりますから、一旦斯う云ふ規定を置きながら、新たに之を削除すると云ふことは、容易ならぬ理由がなくては出来ないことでありますから、私は前に主張しました第二項削除説を抛棄致しまして、衆議院の此の改正に満腔の賛同を表する者であります。……

貴族院帝国憲法改正案特別委員会

昭和二一年九月二日（月）

国務大臣　金森徳次郎君

憲法改正草案の大体の意味と衆議院の修正に対する政府の見解

只今総理大臣から全体に付ての御話がございましたが、私より此の憲法改正草案の持つて居りまする大体の意味と、それから衆議院に於て大いなる範囲に亙りましての修正がございましたので、それに対しまする政府のあらましの考へ方を申上げたいと存じます。先づ本案は、御覧の如く、前文の外に十一の章に分かたれて居ります。

改正案の眼目とする精神は、凡そ前文中に尽されている。各条項は前文の思想と連絡を保ちつつ、相照応するもの

其の中前文は、今回の憲法改正の目的と、それから此の改正憲法が拠つて立つて居りまする根本の精神を或程度力強く且詳細に述べて居る次第でございまして、其の点から少しく所見を申上げたいと存じて居ります。先づ此の前文の冒頭に於きまして、日本国民が、我が国再建の唯一の途は、外に於ては諸国民との間に平和的協力を成立させ、内に於ては我が国の全土に亙つて基本的人権と自由の福祉とを確保する以外にはない、之に依つて政府の専断に依る戦争の再発も防止出来ると云ふ風に考へまして、茲に国民の総意が至高のものであると宣言致しました。其の趣旨に依つて従来の憲法を改正するものであると云ふことを述べて居る

次第でございます。次に右の基本の原理と申しまするものは、要するに国政の終極の権威が国民に由来をして居り、其の権力は国民の代表者が之を行ひ、其の利益は国民が之を受けると云ふ、此の三つの点に依つて明かであることを述べて居りまして、過去の我が国に於て見られました所の、一部の権力者が国政を壟断致しました其の危険を防止する方針を規定して居る訳であります。次に更に前文に於きまして、今後の我が国の行き途が、国際社会の一員として再び名誉ある地位を占めむとする熱望に燃えて居ると云ふことを述べまして、其の為には我が国民の安全と生存とを挙げて平和愛好の諸国民の公正と信義に委ねる決意を持つものであると云ふことを明かにして居ります。更に其の次に於きまして、此の前文の中で政治道徳の原則は、何れの国家にも共通する普遍的のものでなければならぬと云ふことを強調致しまして、従来諸国が自国本位の原則を以て国際社会に臨みまして、それが為に非常な禍ひを生じて居りまするが、斯様な思想に基礎を置いて、広く世界各国に呼び掛けると云ふ高遠なる意味を有すると云ふやうな趣旨のことを規定して居り、此の事は一面に於きましては、過去の我が国の態度に対する深い反省を示す趣旨である訳であります。次に前文の最後の一節に於きましては、日本国民は国家の名誉に懸けて此の高遠なる主義と目的を達成する為に全力を捧げるものであると云ふことを誓つて居るのであります。斯様に致しまして、改正憲法の眼目と致しまする精神は、大凡そ前文の中に表されて居るのでありまして、此の前文の中に表されて居りまする思想と連絡を保ちつつ、此の憲法の中の各条項が出来て居るのでありまするから、前文と本体とは相照応すると云ふ趣旨を含んで居ると云ふことを申上げて置きたいと存じます。……

次に第二章になりまして、戦争の抛棄《ほうき》に関しまする規定が設けてありまするが、是は条文としては僅かに一箇条、第九条のみでありまするけれども、是こそは日本が捨身の態度に立ち、全世界平和愛好諸国の先頭に立たうとする趣旨を持つて居りまして、恒久平和を冀《こいねが》ふことは我が大理想であると云ふ趣旨を、且又之に基く諸般の方針を力強く闡明《せんめい》したものであります。……

衆議院の修正は、大体に於て、文字及び表現の修正。実質の意味に於て変る所がない

御承知の如く衆議院に於きましては、幾多の箇所に於きまして修正を加へられて居ります。之に対しまする政府の見解に付きまして、比較的重要と思ふ点に付て申上げたいと存じまするが、先づ前文に関しましては多くの文字が修正せられて居りますが、大体は文字及び表現の修正でありまして、斯くの如く衆議院に於て修正することに依りまして、憲法の前文たる体裁を一層整備し得るものと考へられまして、謂はば修辞上の注意を凝らされたものと考へて居ります。政府は曩《さき》に本会議に於ても述べましたやうに、政府原案の文章が、或程度の世の中に行はれ得る組立てと云ひますか……を持つて居ると云ふ風に存じて居りまするが、其の実質の意味に於て変る所がなく、個々の点に於て是正せられる以上は、殊に此の前文に掲げて居りまする若干の点に於きまして、意味が一層明瞭になり得る、斯う云ふ風に考へましたので、同感の意を表して居る次第であります。……

第二章の第九条の修正は、我が国が戦争抛棄《ほうき》、軍備撤廃を決意致しました其の精神を更に積極的に明かにしようとする意図に出でたるものと了解して居ります。此の趣旨は既に前文の中でも遺憾なく示されて居るとは存じますけれども本文の中でも更に之を明示することを又適当なることと考へて居る次第でございます。……

尚以上申上げました他に若干の条項に付きまして修正が加へられて居りまするが、それは茲に取立てて申上げませぬで、其の時々の御質疑に応じまして、所見を申上げたいと存じて居ります。

貴族院帝国憲法改正案特別委員会

昭和二一年九月三日（火）

松本學君（研究会）

戦争抛棄《ほうき》と世界平和との関係

……御伺したいことは、戦争抛棄のことであります。戦争抛棄と世界平和との関係のことに付て本会議の質疑応答の中で、疑を持つたのであります。本会議での質問に対しての御答弁は将来国際聯合に加入するのだと云ふことが一つと、それから幣原国務相からは戦争は廃《や》めるけれども、文化国家としての国内文化から強化して行く、又林伯爵の御質問に御答になつて、闘争の本能と云ふものもそれに依つて満足させるやうにするのだ、斯う云ふやうな御答であつた。

国際聯合への加入は、自衛権と武備とを条件とするのではないか

私は是だけではどうも満足がいかない、国際聯合加入と云ふことになりますと、是は無論将来のことでありまして、是には自衛権と武備と云ふものが条件として加はるのではないかと思ひますが、此の点は私は詳しくは存じませぬので、其の加入すると云ふ時に当つて、全然自衛の武備を持たない国家として容易《たやす》く入り得るかどうかと云ふことに疑問を持ちます。それから国内宣言として国内に向つて戦争の抛棄をした、さうして文化国家として起つたのだから国民も其の積りでやれと云ふことだけでは、どうも何だか戦争抛棄の大きな理想は十分でないと思ふ。

戦争抛棄《ほうき》は世界に向つての大宣言

苟《いやし》くも戦争抛棄と云ふやうな劃期《かっきてき》的な世界を驚かすやうな宣言を為さる、是は憲法の第九条と云ふ一条項でありますけれども、是は世界に向つての宣言だと思ふ。日本国の名誉に懸けての大宣言であります。此の大宣言を為さる以上は国際聯合に加入して貰ふのだ位では済まぬ。適当な時が来たならば国際聯合に入れて貰ふ前提にやつたと云ふことだけでは済まぬと思ふ。又国内の文化力を強化すると云ふことだけでも片附かぬことである。

ユートピアと云ふ批評も無理はない

世間では之をアメリカなんかでもユートピアと批評して居る、成る程さうでありませう。アメリカ人から見れば斯んなに惨敗をして立つことも出来ぬやうな国情になり、全部の武備は剥ぎ取られてしまつて居る、無防備な、武備なき日本国民が戦争抛棄なんと云ふことは是は負惜しみを言つて居るのだ曳かれ者の小唄のやうなものだ、自分で実力を持つて居つて、其の実力を持つて居りながら戦争を抛棄するぞと言ふのならば成る程と言ひませうけれども、実力のない四等国、五等国になつた最も弱い此の日本国家が斯う云ふ理想を言つた所で、誰も納得する者はなくして、ユートピアと言ふのは是は無理もありませぬ。

世界平和の具体案なくしての戦争抛棄は世界の物嗤

私は恐らく是だけの世界に向つての大宣言を為さつた以上は政府に於て必ずや世界平和への何かの具体案を持つておいでになるのだらうと思ふ。具体案なくして俺は戦争を廃めたと言つたのでは世界の物嗤ひになる。私は繰返して申しますが、第九条は決して一日本国憲法の一条項ではありませぬ、世界に向つての大宣言であります。世界人類の幸福の為に日本国民が本当の真心から出た叫び声であらうと思ふ。さうであるならば何か具体案を持つて居るに違ひない、文化国日本として世界人類、文化の為に貢献するに付て戦争と云ふやうなものは廃める、そして斯くの如き具体案に依つて世界に呼び掛けるぞ、君方賛成するかせぬか、斯う云ふ何か腹案を持つて居るのだらうと私は思ふ。それがなくして唯空念仏のやうなことを仰しやつて居るのではないか。

ローズヴェルト夫人の世界平和論

数年前確か昭和十三年だつたと思ひますがローズヴェルト夫人、ミセス・ローズヴェルトが、ザ・トラブルド・ウァールドと云ふ小さいパンフレットを著はしました。是は例の第二次世界大戦が将に始らむとして居るあの不安な世界情勢の中で此の著書を出したのでありますが、其の中に書いてありますことは、世界の平和と云ふものは人間性の根本的改革が起らなければいかぬのだ、さうしてブラザーフッド・ラヴ、兄弟愛と云ふものを基本に置いて世界人類が結んで、茲に初めて国際平和と云ふものが出来るのであつて、其の具体的な方法として紛争等が起つた場合の解決策としては国際結合を強化しなければならぬと云ふやうな意味の小さいパンフレットであります。斯う書いて居られるのであります。斯う云ふやうな一つの考へ方が或は国際聯合の因を成して居るのではないか、即ちミスター・ローズヴェルトがあの当時頻りに国政の上に表はして居つたことがミセス・ローズヴェルトの此の著書にも反映して居るやうに私は観た。是も一つの案で、具体案のない嘲りを受けるよりも同じユートピアと片附けられるにしても、斯く我は信ずると云ふ具体案を持つてユートピアと嗤はれるならば其の方が宜い。此のローズヴェルト夫人の説などは観様に依つてはユートピア、夢かも知れない。

政治家は夢を説き、ユートピアを説き、哲学を持て

併しながら私は夢を説くことが必要だと思ふ。殊に今日の此の世界情勢に処して、此の日本の難局を切り抜けて行かうとする時の政治家は夢を持たなければなりませぬ。其の日其の日の出来事を唯片附けて行くかと云ふことだけでは政治家の本当の素質ではない。夢を説き、ユートピアを説き、哲学を持たなければいかぬのであります。斯んな諺があります。ステイツマン・イズ・ザ・ウォーキング・フィロソフィア、政治家は歩いて居る所の哲学者である、是が私は必要だと思ふ。歩いて居る、活動する哲学者である、さうして夢を説かなければならぬ、夢を考へることが今日最も要求せられたる政治家ではないでありませうか。今から何百年かの前に、丁度オランダがイギリスに段々と蚕食されて、イギリスの勢力が強くなつてオランダが段々下火になつて行つた時に、オープン・シーに於てイギリスの権力が非常に盛んになつて、オランダが圧迫された。其の当時国際法学者のグローチウスが公海の自由と云ふことを唱へたのであります。其の当時は物笑になりました、実力を持つて居るイギリスなんかからも一笑に附せられて居るのであります。……

内閣総理大臣　吉田茂君

戦争抛棄《ほうき》の趣意は、平和日本の平和精神を世界に闡明《せんめい》するにあり、国聯加入のためこの条項を設けたのではない

松本委員に御答へ致しますが、御質問の戦争抛棄の条項に関して、私の説明が国際聯合に入る為にあの条項を作つたと云ふやうな意味合のやうにも承りましたが、是は屢々《しばしば》本会議其の他に於て申して居ります通り、所謂御話の、世界に先立つて戦争を抛棄することに依つて平和日本の平和精神を徹底せしめる、世界に闡明《せんめい》せしめると云ふのに先づ趣意があるのでありまして、単に国際聯合に入る為のみに此の条項を設けたのでは

ない、是は松本委員に於ても無論御了承のことと思ひます。

世界平和の具体案については、国際情勢により、答弁に苦しむ

又此の条項を憲法に挿入した以上は、何か具体案を持つて居つての話であらうと云ふやうな御尋でありますが、政府と致しましては、現在の国際情勢及び将来の国際情勢を考へまして、斯かる戦争抛棄《ほうき》の決意をすると云ふことが現在の国際情勢に合ひ、又将来国家として存置する為にも宜しいと云ふ観点から挿入致しましたので、偖《さて》今日に於て如何なる意味に、如何なる具体案を持つかと云ふ御尋に対しては、政府としては甚だ答弁に苦しむのであります。何となれば、政府と致しましては、政策と致しましては単に夢を見るばかりでなく、其の時其の時の状況に於て考を決めるべきものであり、又今日の国際情勢及び将来の国際情勢は可なり複雑を極め、現に微妙を極めて居りますので、今日斯う云ふ案を持つて居る、斯う云ふ考を持つて居ると云ふことを、仮にありました所が、発表することが宜いか悪いかと云ふ、国際関係もございますから、其の点に付ては説明を致し兼ねると御了承を願ひたいと思ひます。……

松本學君（研究会）

適当の時機にその夢を世界に発表されたい

戦争抛棄のことに付て総理大臣から御答弁を得て満足を致します。私も質問の中で申上げました通りに、政府は御持ちになつて居るのだらうと思ふ。具体案なくして斯様なことを御発表になつて居る筈はない。ですから適当な時機に於て其の夢を一つ世界に御発表を願ひたい。それは其の日其の日の国際情勢に依つて時機を御考にならなければならぬことは当然のことでありますから、さう云ふ立派な案を世界人類の為に世界

に向つて御発表願ひたいのであります。其の希望を申上げて置きたいのであります。

貴族院帝国憲法改正案特別委員会

昭和二一年九月五日（木）

昨日吉田外務大臣が御出席がございませぬでしたが為に、保留して置きました問題、即ち戦争抛棄《ほうき》に関聯致しまして、御尋ね申上げたいと存じます。

南原繁君（無所属）

将来国際聯合加入の場合に、第九条の改正を予想するかどうか

一つは我が国が将来国際聯合加入の場合に、今回成立すべき新憲法の更に改正を予想するものでありますかどうかと云ふことを吉田外務大臣に御尋ね申上げたいのが第一点でございます。其の点は本会議に於ても私が申上げましたやうに、国際聯合の憲章に依りますと、其の加入国家の自衛権が一面に於て認められて居ります。其の外に重要なことは、兵力を提供する義務が課せられて居りますことは御存じの通りでありま す。然るに今回の我が憲法の改正草案に於きましては、自衛権の抛棄は勿論のことでありますけれども、一切の兵力を持ちませぬが為に、国際聯合へ加入の場合の国家としての義務と云ふものを、そこで実行することが出来ないと云ふ状態となつて居るのではないかと云ふ問題があるのではないかと存じます。処で一昨日でございましたか、本委員会に於きまして、吉田首相の御説明の中に此の憲法草案は国際聯合の場合を必ずしも直接に考へて起草して居ないと云ふやうな意味の御答弁があつたやうに私ちよつと承つたのでございます。それと併せて考へまする時に於て、将来愈々《いよいよ》現実的に国際聯合に加入すると云ふ場合が起つて来た場合

に、さう云つた点に付て憲法の更に改正、詰り第九条を繞《めぐ》りまして、更に改正を予想せらる丶やうな意味でありますかどうかと云ふことを先づ吉田外務大臣に御尋ね申上げたいのであります。

外務大臣　吉田茂君

国際団体への復帰は希望するが、国聯に加入するか否かは、講和条約締結後の内外の情勢によつて判断すべきもの

御答へ致します。国際聯合に加入するかどうか、是は私の意味合は成るべく早く国際団体に復帰すること は日本の利益であり、又日本国としても希望する所であり、又経済的利害の上から申しましても、政治的の関係から申しましても、国際団体に早く復帰すると云ふことが政府と致しましても、努力もし、又希望も致して居る所であります。扨《さて》、然らば国際聯合に加入するかどうか、是は加入することは無論の希望せざる所ではありませぬが、併しながら加入には御話の通り色々な条件がありまして、其の条件を満し得ると言ひますか、満すだけの資格が満し得ない場合には或は加入を許さないと云ふこともありませうが、然らば如何なる条件で、如何なる事態に於て加入するかと云ふことは、今日の場合に予想出来ない所でありまして、今日我々の考へて居ります所は、国際団体に復帰する、其の前に講和会議と言ひますか、講和条約を結ぶ、此の時期を成るべく早めると云ふことに専心努力して居るのでありまして、さうして講和条約の出来た、講和条約の締結前後の国際情勢、或は日本内部の情勢等を考へて、さうして国際聯合に入ることが善いか悪いかと云ふことも考へなければならぬ、現に又加入して居らない国もございますことは御承知の通りでございます。講和条約締結後のことを今日に於て直ちに斯う云ふ条件であるとか、或は憲法を改正することを予想するかと云ふことに付ては御答へしにくいのであります。其の時の講和条約締結後の国際情勢、国内情勢に依つて判断すべきもの、斯う私は考へます。

南原繁君（無所属）

戦争抛棄《ほうき》後の国際政治政策

只今の問題はそれ以上御尋ね申上げませぬ。第二点と致しまして、戦争抛棄後の是から後の我が国の国際政治、《ママ》政策は何を御執りにならうとするか、其の方向は何処に御執りにならうとするかと云ふことを吉田外務大臣に御尋ね申上げたいのであります。此の点も実は本会議に於て私は御尋ね申上げた積りであります。けれどもどう云ふ御都合か御答を戴けなかつたのでありまして、今日は多少それを具体的に申上げまして簡単に御所見を伺ひたいと思ふのであります。

平和は単なる現状維持、安全第一であつてはならない

是は極めて重要なる日本の今後の問題を含んで居ると考へます。即ち私共の考へる所に依りまするると平和と云ふこと、是は固より人類の偉大なる目標であり、理想でございまするけれども、それは単なる安全第一、即ち現状を其の儘保つて行くと云ふ現状維持の平和では決してあつてはならぬと考へるのでございます。此のことは御承知の通り此の前の第一次世界大戦の後、即ちヴエルサイユ条約の結果と云ふものが、如何にあつたかと云ふことは、人類の苦い経験を嘗《な》めた点でございます。即ち余りに第一次世界大戦後の其の時の現状と云ふものを何処迄も枠に嵌めて、之を維持せむとしたと云ふ意味に於きましては、或は是が第二次世界大戦を誘発した一つの原因であつたとも考へられるのでございます。

普遍的な国際正義に基いた平和でなければならない

さう云ふ意味に於きまして今回此の不幸なる人類が、有史以来の第二次世界大戦とも申すべき今回の此の大戦の後では、さう云つた失敗や苦い経験は決して繰返してはならぬと私共は考へる次第であります。従つて大事なことは何よりも正義に基いた世界に、普遍的な所謂国際正義に基いた平和を確立すると云ふことでなければならぬと考ふるのでございます。

人類の理性と良心に従ふ現状の平和的変更

即ち単に巧利主義的な便宜主義的な安全第一主義と云ふものの平和主義であつてはならぬと云ふことは、是は何人も異存のない点であらうと考へるのであります。従つて其の結果と致しまして、現状と云ふものを唯其の儘維持すると云ふのでなくして、現状を変更すると云ふ一つの要請、固より武力とか強力に依つて変更するのではありませぬで、人類の理性と良心に従つて平和的に変更する、言ひ換へて見まするると現状の平和的な変更と云ふことが当然です。それに伴つて来なければならぬと考へるのであります。

一国のデモクラシーから国際の普遍的デモクラシーの実現へ

此の点が実は国際的デモクラシーの確立であると考へるのであります。現在はデモクラシーを唱へますけれども、一国のデモクラシーと云ふことに急でありますけれども、更に当然の論理の帰結として、世界的に国際の普遍的のデモクラシーの実現と云ふことに向はなければ本当の理想にはならぬと思ひます。さう云ふ点に於きまして我が国は、誠に我々は過誤を犯したが為に、斯かるやうな状態になつたことは、是は我々の敗けた結果としまして甘受しなければならぬ、忍ばなければならぬと考へるのでございます。けれども我々の罪科を償うた以上は更に進みまして、是からさう云ふ意味に於て世界の正義の確立、正義に基いた平和の確立と云ふことに、及ばずながら将来国際団体の一員に加入を許された場合には努力し、其処に理想を向けて行くと云ふことが一番大事なことと考へるのであります。

単なる戦争拋棄《ほうき》では相成らぬ、正義に基いた平和の確定こそ将来の国際政策

即ち単なる戦争を拋棄したと云ふことだけでは相成らぬのであります。拋棄した以上に今申した意味の正義に基いた平和と云ふことに向つての理想、是こそ日本の将来の大きな所の国際政策、世界に寄与すべき政策であると考へるのでございます。さうして我が国の将来を考へます場合に御覧の通りな政治上、殊に経済上、交通上、総ての点に於きまして我が国の将来と云ふものは極めて暗澹たるものなりと思ふのであります。此のことは十分世界に向つて愬《うった》へ、又合理的なる解決と云ふものを世界の輿論に依つて之を図ると云ふことが、一つの日本の政策でなければならぬと思ふのでございます。独り日本の為ばかりでなしに、進んで他の国、何処の国であらうとも、地球上の何処の国に起つたことであらうとも、正義を確立すると云ふことに向つて、互ひに諸民族の結合、協力を図ると云ふことが、大きな今後の外交政策でなければならぬと考へるのでございます。固より只今総理の仰せの通りに、我が国の現状はさう云ふ所迄行つて居ない、講和条約、更に国際団体に加入を許されると云ふことが目的であると仰しやいますが、誠に其の通りでございます。どうかそれを通して、矢張り此処に目標を置いて、現在迫つて居ります所の講和会議に対しても対処する、真の正義、真の真理のある所を世界に愬へて其のことを達成すると云ふ、今から其の抱負と計画と云ふものを御持になることが大事ではないかと考へますので、此の点に関しましての政府の御所見を承りたいと思ふのでございます。

外務大臣　吉田茂君

質問の御趣意は誠に御尤も。御趣意に副ふやう努力

御質問の御趣意は誠に御尤もでございます。又私共と致しましても御趣意に副ふやうに努力致しつつある積りで居ります。此の戦争抛棄《ほうき》と云ふ条項を特に憲法に掲げて、さうして世界に類例のない条項を憲法に掲げて、以て日本国家として平和を愛好し、平和に寄与せむと欲する希望及び抱負を憲法に明示致しますことに依つて、平和愛好の国民として世界に愬《うった》へると云ふ気持もありますが、同時に自ら武力を撤して、さうして平和団体の先頭に立つて平和を促進する、平和に寄与すると云ふ抱負を加へて、戦争抛棄の条項を憲法に掲げた考であるのでございます。

南原繁君（無所属）

単なる平和でなく、正義に基いた平和、現状の平和的変更を理想とせよ

只今総理から御答弁を戴きましたが、其の外に私の申上げましたのは、それが所謂単なる平和でなしに、正義に基いた平和と云ふ所に実は私は力点を置いて政府の御所見を伺ひ、又希望を申上げたのでありまして、それが単なる平和確立でなしに、正義に基く、即ちそれを具体的に申しますと、将来、詰り現状の平和的な変更、平和的手段に依る変更と云ふことを各国が協力して達成すると云ふ所迄発展すべき理想を持つて居るものであると云ふことを申上げたのでありまして、其の点はどうか外務大臣として御含みの上、十分将来帝国の為に御努力を願ひたいと思ふのでございます。

どう云ふ見地から衆議院の修正に同意したか

第三点に伺ひたいのは、今回の改正案に依りまして、第九条に於て戦争抛棄《ほうき》を宣言致しましたが、過日衆議院に於きまして、それに修正を加へまして、其の冒頭に一句が加つて居るのであります。即ち「日本国民は、正義と秩序を基調とする国際平和を誠実に希求し」と云ふ一句が加つたのであります。之に付きましては、先般金森国務相から簡単な御説明が一応ありましたけれども、どう云ふ見地から政府は此の修正案に御同意になつたかと云ふことを金森国務相に御伺ひ致したいのであります。私の考に依りまするど、衆議院が其のことを意図したかどうかと云ふことは、是は別問題と致しましても、先程第二点に於て私が申上げましたやうな意味に於て、即ち正義に基いた平和確立、単なる現状維持の平和でなしに、正義に基礎を置いた新たな平和と云ふ意味に解してこそ、又さう云ふことを意図してこそ是は重要なる意義を持つものと思ふのであります。

衆議院に於ける幾多の修正中、最も重要な意義を持つ

今回の衆議院に於ける幾多の点に於ての政府原案に対する改正の中で最も是は重要なる意義を持つて居るものと私は考へて居るのでございます。是は政府はどう云ふ風に此のことを御解釈の上御同意になつたかと云ふことを、先づ金森国務大臣に伺ひたいのであります。

国務大臣　金森徳次郎君

御説の如き見地に力点を置いたものと考へる

第九条に於て衆議院で此の字句を直されました趣旨は、私は南原君の御言葉の中に現れましたやうに、正義と秩序を基調とする国際平和を希求すると云ふ点に力点を置いて直されたものと考へて居ります。

南原繁君（無所属）

衆議院の修正は、戦争抛棄《ほうき》以上に重大な世界的宣言

誠に其のことが自覚され、又意図されて、衆議院が之を修正し、政府が同意したと云ふなれば、是は此の憲法に於て戦争抛棄と相俟つて、或はそれ以上に世界的に実は重大なる一つの宣言であります。又帝国の理想を示したものとして、深く之を評価したいのであります。何故ならば、御承知の通りに現在の国際聯合の憲章に於きましても、其の点に付てはまだ問題であるのであります。そこ迄踏込んで居ないと私は解釈して居るのであります。けれども民族協同体、一国の国民協同体を超えて、其の根柢に世界の協同体と云ふことを理想として考へまする以上、斯う云つた世界聯合の目的、計画と云ふものは当然そこ迄行かなければならぬと私は考へるのであります。さう云ふ意味に於きまして、是は実は劃期的な日本の大きな理想の宣言であると私は思ふのであります。どうか政府に於かれましては、さう云ふ遠大なる計画の下に将来の計画を樹てられて、更にそれを間近かにある講和会議に於て、先づ其の一面を吐露されるやうに、今から政府の十分なる御努力を御願ひ申上げて置きたいのであります。最後に過日総理大臣が御出席がなかつたが為に、御留守ではございましたけれども、私は日本の国体、或は此の主権問題に関聯しまして、一つの問題だけを吉田総理大臣に質疑を申したこと、所謂日本の世界的性格の変更の問題に関しまして、総理大臣は既に御承知か存じませぬけれども、此の機会に後で御答弁を戴きますれば幸ひでございます。

外務大臣　吉田茂君

御趣意はよく了承、誠に御同感

御答へ致します。先程私の御答へ致した言葉が足りなかつた為に、重ねての御話でございますが、御趣意

は能く了承致しましたのみならず、誠に御同感でございます。御趣意に副うて今後共、或は講和会議等に於ても、正義に基く平和の確立に付ては、政府と致しましても十分主張もし、努力も致す考であります。此の点は御了承願ひます。……

織田信恒君（子爵・研究会）

言論、政治の各面において、国際事情の考慮を欠く

……終戦後の一箇年の経過を眺めて見ますと、言論、政治の各面に亙つて、国際事情の考慮の非常に欠けた場面が多いと思ふ。非常に主観的な言ひ分がございまして、さうして壁に当つて打突かつて引込むと云つたやうな姿が私には見えるので、此のことは誠に残念なことで、決して、我々誇りとするものでないと思ふのでありますが、併し此の大きな原因が何処にあるのかと考へて見ると、色々原因もありませうが、何と言つても相手方の事情を知らないと云ふ所に大きな原因があるんぢやないかと私は思ふのであります。

外交のない戦争

此のことは今起つたことばかりでなく、今度の戦に敗けたのも、大きな原因は矢張り外交がなかつた、相手方のことが分らないで、外交のない戦をしたと云ふ所に私は大きな原因があるんだと思ひます。此の点は一つ、今後十分御考慮を願はねばならぬことだと思ふのであります。一体此の憲法が、午前中冒頭に申上げましたやうに、山は世界の平和にある、さうしてデモクラシイ態勢は、此の山に登る旅姿であると云ふことを申しましたのでありまするが、平和の問題に対して、今迄衆議院以来の論議を全部私速記録を読んだ訳ではありませぬが、拝見すると、非常にそれが少いのであります。衆議院に於ては、芦田委員長の質問の中に

大きくそれが出て来て居る位の程度で、非常に私は寂しいと思つて居つたのです。貴族院に参りまして、流石に平和問題が度々取扱はれ、佐々木博士からも、本会議で以て平和の外交はどうするんだと云ふ御質問があり、又今日南原博士からも、平和問題に付て正義との関聯に付て御質問があり、誠に私は嬉しいことで、有難いことだと思つて居るのでありますが、此の大事な点が今迄寂しい感じを持つて居つたのであります。

憲法と外交との関係

例へば私のやうな素人の者が外交上の質問を致すと云ふことも、実は私の本意ではないのでありまして、是は矢張り外交に経験のある方から、十分にして戴きたいと思つて居るのでありますが、御覧の通り特別委員会には、さう云ふ外交出身の御方の御顔触れがないと云ふやうなことは、私は非常に遺憾と思つて居るので、已むなく立つた訳でありまするが、此の憲法と外交とは関係が薄いんだなどと云ふやうな考へが、若しもおありだつたら、是は非常な誤りだと私は思ふのであります。それ程私は外交と憲法と重大に見たいと思ふのであります。例へば戦争抛棄《ほうき》の条章に関して、是も午前中に南原博士から御質問があつたので、実は私は御質問致さうと思つて居る種がなくなつてしまつたので、是は重複することを避けますが、併し唯、此の委員会に於ては、南原博士のみならず他の委員に於ても、戦争放棄と平和の問題、殊に正義の観念に付て心配し懸念して居る者があるんだと云ふことだけは、一つ世界的に認識して置いて戴きたい、斯う私は思ふのであります。

国際聯合と国際聯盟

国際聯合の問題でありますが、是はもう私は触れない積りで居りますが、併し少し之に附加へて私は申したいのは、是は政府としては、今迄国際聯合に入るとか入らないとかと云ふことに付て、色々な御答弁がありましたが、私が重点を置く点は国際聯合の精神と、将来どう云ふ方向に国際聯合が行くべきものであるかと云ふことが、私は大事だと思ふのであります。それで、午前中御話がありましたやうに、私は国際聯盟の外交は滅びてしまつたのだ、さうして国際聯合精神の外交、国際聯合精神の外交と云ふものは、新らしく樹立された。是が外交の一つの劃期的なエポックを成すものぢやないか、さう云ふ風に私は思ひます。

国際聯盟の外交は世界的封建制度

詰り国際聯盟の外交と云ふものは、矢張り世界的封建制度だらうと思ふ。所謂主権国家と云ふものにポイントを置いて、世界が封建的に割拠して、其の上に建てられたる一つの平和政策だらうと思ふ。

国際聯合の精神はインターナショナル・デモクラシイ

此の国際聯合の精神は午前中南原博士から言はれた通り、封建を打破してインターナショナルのデモクラシーの精神に進むべきが方向だらうと思ふ。私は余り勉強した訳でありませぬから、能く分りませぬが、併しそれにしても、例へば最近ですか、何時の頃か知りませぬが、アメリカの方でワン・ワールドと云つたやうな、世界国家であります。さう云ふやうな考へ方が議論され色々日常論議されて居ることを聞いて居ります。さう云ふやうな思想其のものが、国際聯合の下の思想にカーレントを成して居る、斯う云ふやうに私は思ふので、恐らく是からの外交方針と云ふものはさう云つたインターナショナル・コンミュニテイと云ふやうなものに進んで行くのが一つの方針ぢやないか、人類の要求して居る流れぢやないかと、斯う云ふやうに私は思ふのであります。

国際思潮、国際事情を国民に周知せしめよ

さう云ふやうに考へて参りますと、何も国際事情其のものを国民に知らせる必要はないのでありまして、さう云ふやうな、将来人類が進んで、日本も是から一緒に足並みを揃へて、平和の山に登る準備としても、さう云ふ下を流れて居る思想を日本国民に、斯う云ふ意見があるのだ、斯う云ふ学説があるのだとか、それを基礎にして、此の国は斯うだと云つて、国際情勢でありますが、さう云つたやうなことを、是非是から国民に知らせて戴きたい。

国際知識なくしては、憲法の運営は出来ない

是は何も国際の秘密ではない、平和を樹立する手段であります。之に遠慮は何も要らないと思ふ。無論我が国は聯合国の占領治下にあります。報道の自由は無論制約されて居ることは承知して居りますが、併し兎に角憲法に此の国際的の大事業を掲げて置いて、さうして正確な知識がなかつたとしたならば、実際此の憲法の運営と云ふものは出来ない、木に魚を求める類だと私は思ふ。さう云ふことに何も秘密もなし、又聯合国に於ても、さう云ふ方向に国民を教育して行くことは、大きなデモクラシーの教育なのであります。世界的デモクラシーの教育なのでありますから、それを拒否する筈はないのであります。色々の書物、新聞雑誌、何でも宜い、さう云ふものを出来るだけ自由に入れると云ふことに御努力を願はねば、此の憲法の趣意とそぐはないことになつてしまふ、斯う云ふことに私は思ひます。

将来の平和運動の方向

私は過日アメリカの或雑誌を読みました中に、過去の国際聯盟と云ふやうな平和工作が失敗になつて居る、

将来、それならばどう云ふ考へ方で平和を樹立するかと云ふ意見の一つに、将来は国際協約の対象と云ふものは、主権国家にばかり認めてはいかぬ、是は過去の失敗だ、だから今度、国際協約の対象を各国の人、個人に置いて、国際間の法律が各国民の個々の上に働くやうにしなければならないだらう、さう云ふことをしなければ、本当に将来の世界の平和と云ふものは出来ないだらう、丁度日本に於ても、封建時代に皆群雄割拠して居る、さうして皆武力を持つて居る、それでは平和は出来なかつた、矢張り国に統一されて、初めて国の法律に各封建諸侯が皆従つて、其処に初めて平和が出来たやうに、世界の平和も、世界に一つの中心に大きな法律上の力を持つて、それに各国の国民が直結して作用を受けると云ふことにしなければ、世界の平和と云ふものは樹立しないだらうと云つたやうな意見が書いてありました。無論斯う云ふやうな意見は、必ずしも新らしい意見でないかも知れませぬが、併し戦の惨害を見まして、心の中から平和を欲求する新らしい人心の要求と云ふ方面から見れば、是は非常な矢張り新らしい議論として考へなくてはいけない、必ずしもユートピアでは私はないと思ふ。何か斯う云ふ考へ方から新らしいものが生れて来る予言のやうに思ひまして、将来の平和運動の方向は、さう云ふ考へ方の中に暗示されて居ると云ふやうに思ふのであります。

国際軍事法廷は擬律だけを目的とせず、平和維持の高遠な理想を指導原理とせよ

例へば目下我々の目前で、市ヶ谷の岡の上で国際軍事法廷が開かれて居ります。之を今申しましたやうな理想から眺めて見ますと、此の法廷は単に罪を裁くと云つたやうな擬律だけの目的ではないと思ふ。之に依つて、将来の戦争を永久に防止する、世界の平和を維持しようと云ふ高遠な理想が其処に潜んで居るべきであらうと思ふのであります。でありまするから、裁く者も裁かれる者も、又之を報道する者も、共に世界平和の将来の為に、各国民が尤もであると納得出来るやうな、立派な成果を挙げるやうに皆努力されて居るも

のだ、斯う私は信じて居る。是はまあ、一つの例でありますが、さう云ふ工合に能く注意をして見ますると、色々、問題が沢山あると思ふのであります。それを常に怠らないで見て居つて、さうして之を捉まへて国民の意識の中に隠されて居つた問題を意識の表面に浮び上らせると云ふことが是から外務当局の最も努力されなければならない点であらうと思ふ。

国民外交の神髄

所謂国民外交と云ふものを本当に指導して行くにはどうしてもさう云ふことをなさることが重要な点だらうと思ふ。矢張りさう云ふ問題を引出して国民にぱつと投げて、国民が国際的の問題に付て、一生懸命に考へ議論する、其の出たものが外国の方に又知れる、日本ぢや斯う云ふ話がある、是が私、国民外交だらうと思ふ。私の親友の例を挙げては甚だ恐縮ですけれども、松本學君が国際文化聯盟と云ふやうなものに対する一つの構想を以て、ずつと前にパンフレットを書かれたことがあり、それが向ふに翻訳されて、実に日本に斯う云ふ声があると云つて、他の国の学者から手紙を貰はれたさうでありますが、詰り、それが、私は国民外交だらうと思ふ。さう云ふことが国民外交の神髄で、大事なことだらうと思ふのでありまするが、此の私の考が間違つて居るものでありませうか、幣原大臣の御意見を伺ひたい。

国務大臣　幣原喜重郎君（男爵）

国際問題、平和問題については、時勢の進歩に遅れないように、国民全体相率ゐて、真剣に研究したい

只今、織田子爵の御述べになりました御意見、如何にも御尤もであらうと思ひます。其の通りであらうと思ひます。日本国民が、本当に国際問題に関して深い興味を持つて貰ひたい、殊に平和を維持する問題に付

て、特に注意して貰ひたい、どうすれば一緒に皆相率ゐて此の平和の方向に向つて進んで行くかと云ふことを真剣に研究して貰ひたいと云ふこと、是は織田子爵の述べられた通りであります。私もさう考へて居ります。併し先刻織田子爵は、何だか国際聯盟と云ふものは封建的の臭味を帯びて居る、今回の国際聯合は国際的の民主主義を示したものであると云ふやうな区別を説かれましたが、果してどう云ふ所にさう云ふ区別がありますか、私には余りはつきり分つて居ないと思ひます。私は国際聯合に付きまして、一種の考を持つて居りますけれども、今日此処でそれを論議する立場でないと思ひます。併し孰《いず》れに致しましても、今日の時勢と云ふものは、最早戦争のことばかり考へて居る時期ぢやないと思ひます。必ず其の中には世界列国とも、戦争と云ふものは如何にも惨憺たるもので、斯う云ふものは、一つの組織として人類社会に存続して行くべからざるものであると云ふことを、必ず自分の実験的に悟る時機が来ると思ひますから、我々も其の時勢の進歩に遅れないやうに、国民全体相率ゐて、此の問題を真剣に研究すると云ふ気持になつて戴きたいと云ふことは、本当に私も切望する所であります。どうかさう云ふ風に行きたいと思つて居ります。

織田信恒君（子爵・研究会）

只今幣原大臣から、私が国際聯盟と国際聯合に付て申しましたことを、さう云ふ区別が果して今あるかどうか、自分は能く信じない、信じないと言ふよりも、必ずしもさう明確には言へないと仰しやいました。其の通りであつて、私も必ずしも現在がさうだと申したのではない、精神が其処にあると思ふのであります。それはアメリカの雑誌にも書いてあります。次に第四番目に伺ひたいと思ひますのは、まあ以上申しましたことは、大体政府御当局に求めるやうな問題でありますが、併し是等の事柄は又政府に任せて置いてばかりで宜いものではないと私は思ふ。

平和運動は個々の人の心に愬《うった》へる事柄が非常に多い

矢張り国民自らが之を受け容れる態勢を整へなければならないと思ひます。抑〻《そもそも》平和の運動は申上げる迄もなく個々の人の心に愬へる事柄が非常に多いと思ふのであります。従つて日常生活の中に、国民個々に不断に働き掛ける作用が非常に大事なものではないか。

日本の芝居の野蛮性

習慣的に文化、平和と云ふやうなものと矛盾することも知らないで、無意識にやつたり言つたりして居ることが相当あります。例へば日本の芝居で首をぶら下げて歩いて居る、私は嘗て或劇場が国際人を呼んで日本の芸術を観せるのだから、お前もちよつと観てみろと言つて呼ばれて行つて見ると、其の場面に首をぶら下げて歩いて居る、いや是は日本人は観て、何とも思つて居ないかも知れないけれども、所謂高度の文化と言ふか、さう云ふものから言へば、甚だしい野蛮的なもので、是は却て日本のシェームになりはしないかと言つた処が、後で聴きますと、矢張り是は評判が悪かつたさうであります。悪いと思つてやつたのではないのでせうけれども、矢張り評判が悪かつたと云ふ話であります。

社会運動において戦争用語を濫用するは正しくない

若しくは何か社会運動をやるのに、或一つの戦争用語を使つて、さうして人の心に潜んで居る闘争心と云ふものを掻き立てて、さうして或運動の目的を達成しようと云ふやうなことも、是は正しい指導方法とは私は思へませぬ。其の外、例へば動物虐待と云つたことも、之を観て居るやうなことでは、矢張り人の心から平和を生ませることは絶対出来ないだらうと思ふ。

平和問題研究の中心機関

さう云つたやうな事柄に付て、悪い気で皆やつて居るとは思ひませぬけれども、知らず識らずやつて居ることを反省する機関がないと云ふと、何時迄経つても改まらない、気が附かないと思ふ。そこで私は、矢張り自分の姿を斯う、しよつ中反省し、映す中心機関と云ふものが、一つ常置されなければならないだらうと思ひます。其の機関と云ふのは、私は内容は、今は何も具体的な考はありませぬが、必ずしも厖大なものは要らない、極く地味なもので宜いだらうと思ひます。唯それを構成する人が、矢張り終生平和の為に一生を捧げると云つたやうな人々の衆智を集めることは必要だと思ひますが、さうして政府と表裏になつて、常に此の人類平和の科学的解剖をやつて行く、さうして心理学的にも、哲学的にも、法律的にも、経済的にも、之を深く研究致しまして、将来の戦争原因と云ふものを除去することに努めるやうにしなければならないと思ひます。のみならず、今我々は、実際此の戦争の惨禍と云ふものを眼の前に見まして、多年の経営された文化が瞬時にして人畜諸共、焼土に化して行く現実を見て、さうして此の戦争に対する呪ひ、平和に対する欲求と云ふものを、今国民は皆心の中に持つて居るのであります。段々年月が去つて、我々の子孫の時代になつて、さうして、さう云つたやうな気持が薄らぐやうになつて来ますると、此の憲法の平和と云ふものと、国民の気持と云ふものが、又遊離しないとも限らない。それを常に、永久に固く繋いで、本当に人類の平和の為に、理想と信仰を以て進むと云ふやうに之を導いて行く上からも、何かさう云ふ機関が中央になければならないと云ふことを私は思ふのであります。今眼を転じて世界を眺めますと、他の民主的の文明国家群と云ふものは既に国内情勢は皆態勢を完了してしまつて、先程から申すやうに、次の大きな目標に取掛つて居るのであります。で我々は唯目前の鹿を逐ふことばかりに没頭して此の大きな山を見ることを忘れたならば、将に天下の物笑ひになるのぢやないかと、斯う思つて居ります。

輿論は改正案を拍手を以て迎ふ。国民平和運動の方図を考へるは、時宜に適した政治的処置

今度の草案が発生《表?》されまする と、我国の輿論と云ふものは、心から拍手を以て之を迎へて居る、中には進んで平和の天使としての誇りも感じて居る者も尠《すくな》くないのであります。でありまするから、斯様に盛り上る此の人の心を捉へて、直ちに此の国民的平和運動の方図を考へ、其の実行に入ると云ふことは、時宜に適した政治的処置だらうと私は思ふのであります。先程幣原国務大臣も、ちよつとそれに触れられたやうな、即ち方法が大事だと云ふやうな御話がありましたが、将に今御伺ひして居るのは、一つのさう云つた方法はどうであらうかと云ふことを伺つて、之に対する御答弁を伺ひたい。

国務大臣　幣原喜重郎君（男爵）

平和問題の研究、宣伝機関は官製は不可、民製でなければならぬ

日本国内に、一つ平和に関する宣伝と申しますか、其の機関を一つ設けて見る方が宜しからうかと云ふ御意見を伺ひました。御尤もであります。御承知の如く、今や日本は、改正憲法第九条に依りまして、徹底的な平和運動の大きな旗を担いで、広い国際社会の原野に歩み出したのであります。国民が之に共鳴して同じく力を協せて、此の目的を達成せしめることに尽して呉れますと云ふことは、是は是程望ましいことはないと考へます。従つて民間に於きまして、斯様な平和問題の研究、或は宣伝の機関が設けられますと云ふことは誠に私等の切望する所であります。是は成るべくならば、官製であつてはいけない、民製でなければならぬと思ひます。政府固より出来るだけの御世話致しませうけれども、其の機関の本体と云ふものは、民間の方から進んで斯様な機関を作ると云ふやうな気持になつて貰ふことが、一番宜しいのでなからうかと考へます。

織田信恒君（子爵・研究会）

政府の答弁に満足、疑義も解く

度々幣原国務大臣、又金森国務大臣、其の他政府委員からも、御親切な御答弁を戴きまして、私誠に満足致します。自分の疑義も大変解けまして仕合せでございます。私の質問は以上で終るのでありまするが、唯最後に、私の希望を述べさせて戴きたいのであります。

アメリカ国民の平和への援助を心から希望

それは、今度の憲法の草案の前文に、我々国民は安全と生存を挙げて平和愛好諸国民の公正と信義に委ねると謳つてありまするやうに、聯合国の絶大の協力を求める次第でありますが、取分けポツダム宣言の実行と、日本再建の指導力として今日迄着々成果を挙げて来られましたマックアーサー元帥を通じてアメリカ合衆国国民の平和への援助を心から私は希望するのであります。此のやうな表現は、決して不自然なものではないと思ひます。此の平和の大道では昨日の敵は今日の味方であります。そればかりでなく、過去に於ては日本に於てもアメリカと手を握つて、世界戦争の拡大を防止しなければならぬと云ふ輿論すらあつたのであります。併しながら不幸に致しまして、事、志と違ひ、戦ひを交へるの悲運に陥りましたことは返す返すも私は残念で堪まりませぬ。是は私の希望でございますが、其の他、私の質問も多少ございますが、是はもう時間もなく他に沢山の質問者もおありでありますから、逐条《ちくじょう》審議の時に又、御質問致すことに致します。

貴族院帝国憲法改正案特別委員会

昭和二一年九月一〇日（火）

いづれの国家も、自国のことのみに専念して他国を無視してはならないのであつて、政治道徳の法則は云々の表現では、世界に対する国家の責任が明かにされて居ない

長谷川萬次郎君（交友倶楽部）

前文の前の方の色々字句の問題等に於て質問があつたのですけれども、此の前皆さんの御質問に依つて大体了解されましたので略しますが、後半の方の終ひから二番目の項でありますが、「われらは、いづれの国家も、自国のことのみに専念して他国を無視してはならないのであつて、政治道徳の法則は、云々」とありますが、どうも之を読んで見ると少しをかしいのですが、それは自国のことのみに専念して他国を無視すると云ふのは、是は此の憲法を出さない前の、此の憲法草案の作られない前の、詰り終戦以前の我が国の態度であつたと思ふのです。

英訳文は誤訳かも知れぬが、この誤訳の方が意味が徹底する

自国のことのみに専念して他国を無視すると云ふことは、それを翻して斯う云ふ憲法が作られた訳であります。自国のことのみに専念して他国を無視すると云ふことは問題にならない、それを愈ゝ《いよいよ》憲法で斯う云ふ風に持つて来る理由が分らないと思つたのですが、英訳の方を見ますと云ふと、自分自身に対して責任があるのみでない、如何なる人民も自分自身に対してのみ責任があるのぢやない、詰り政治的のモラリティと云ふものはユニバーサルのローであるから、それに如何なる国民も従はなければならぬ、斯う云ふ風に訳されて居りますが、是は誤訳かも知れませぬが、此の誤訳の方が意味が徹底すると思ふ。

この憲法に於ては、一歩を進め、自国民に対する責任のみではなく、世界の政治道徳に対する責任をも規定するこそ、前文の趣旨に適ふのではないか

詰り我が国は自国のことのみに専念して他国を無視したと云ふ態度を改める為此の憲法を作るのでありますが、此の憲法に於きましては一歩を進めまして、自国民に対する責任のみではなく世界の政治道徳に対する責任を持たなければならぬと云ふ風に規定してこそ此の前文の意味に適ふと思ふのです。既に改正した、昔の法則を持つて来て斯う云ふ風に、昔の態度に対することをここに持つて来るよりは一歩進んで訳文にあるやうな、自国の人民に対してのみ責任を持つものでないと云ふ所から、唯自国を前の封建的な体制を改めてさうして平和の国にしたと云ふことは、自国民に対しての責任はそれで果されるかも知れませぬが、如何なる人民も、さう云ふ点だけではいけない、詰り世界に対する責任を感じて居なければいけないと云ふ所に一歩を進めたのが此の所の意味であつて然るべきだと思ひますが、さうなつて居らないのであります。

日本国民の認識不足、戦争に対する国民としての責任感の不足と世界の政治道徳に対する責任感の不足

どうして斯う云ふ風な書方になつたかと云ふことを推測して見まするど、どうも我が国が詰りここに書いてあるやうな自国のことのみに専念して他国を無視すると云ふやうな態度の為に斯くの如く敗れた、然らば其の以上にどう云ふ発展をすべきであるかと云ふ認識の不足だらうと思ふのでありますが、第一の認識の不足は斯う云ふ戦争を起したと云ふことに対する責任感の不足だらうと思ふ。第二の不足は、更にさう云ふ責任を持つものに代る、さう云ふ責任のあるなしに拘らず、世界国家の責任で、ポリティカル・モラリティと云ふものに対する責任を持つと云ふことは、如何なる国民に取つても訳文にあるやうに、如何なる国民に対してもさうなければならぬ。さう云ふ第二段の責任を感ずる訳である。併し第二段の責任迄進み得なかつたのは、第一段の責任の自国の起した戦争に付ての責任を此の憲法の起草者なり国民の多数なりが適切に感じて居らぬことだと思ふ。詰り戦争を起したのは今戦犯其の他で被告となり追放の対象となつて居る人々である。我々は其の後を引受けて日本の国家を建直すのだと云ふ風な考であるのぢやないかと思ふ。勿論今働いて居られる方は戦時中、戦前に於きましても斯う云ふ戦争の起ることには反対された方が多い。戦時中に於きましてもそれは国民として敗けてはならぬと云ふ所で協力はしましたが、其の程度の協力でありまして、決して戦争を肯定しての協力ではなかつた。今現に働いて居る方々は政府の方々を初め民間の人々と言ひ皆さうである。其の結果、何か自分だけは責任のないやうな気持を皆持つに至つて居るだらうと思ふ。ちよつと市中で話を聴きましても、何か戦争は外の者がやつて俺達は関係しなかつた、引摺り込まれたのであると云ふ風に唯感じて居るらしい。恐らく政府当局もさう云ふ御考である所から斯う云ふ文句を思はず挿入して、さうして其の先一歩進めた、常識で考へて一歩進むべきものと云ふ、此の文章を訳する者がさう云ふ誤訳をする程それは常識のことであります。さう云ふ常識的のことも忘れる位国民としての責任と云ふものを感じなかつたと云ふことではなかつたらうかと思ふのであります。此の点に付きましては、更に戦争抛棄《ほうき》の条項に対する場合に政府当局の御答を得ようと考へて居りますが、此の前文に於きましては、どう云ふ意味で日本の国家が唯、今迄の態度をしてはならないと云ふことを避けて、さうして是等の目的を掲げることをしなかつたかと云ふことに付て御答を得たいと思ひます。

国務大臣　金森徳次郎君

この一節は、一般的な態度を採り、客観的に真理を言ひ現はしたもの。英訳と特別な差はないと思ふ

長谷川委員の御質疑の点は少し聴き落した点があるかも知れませぬが、「われらは、いづれの国家も」と云ふ所からの此の文章は、客観的に真理を言ひ現すと云ふ態度を採つて居りまして、日本がどう云ふ間違をしたか、之に対する自ら償ふ所の念慮が如何に厚いかと云ふことをはつきりこゝには言ひ現して居りませぬ。唯一般的な態度を採つて、斯く々々のことが正しいと思ふ、それで斯く々々することが各国の責務であらう、斯う客観描写をして居ります。併し斯様な風にものを言ひ現しまます根柢に於て、此の憲法全体が自らを反省して日本国民が本当に目醒むべきであり、其の目醒むべき段階を通り越え、目醒めて居ると云ふことを基本として書いて居りまする所以でありまして、英訳と違つて居るとか仰せになりましたが、左様な所に特別な差はないものと心得て居ります。

長谷川萬次郎君（交友倶楽部）

いづれの国家も世界に対して負ふ所の責任について規定しなかつた理由如何。これを規定することに不賛成であるか否か

只今の御答弁は私の質問する所とは少し外れて居るやうに思はれますが、詰り此の憲法は私共としては懺悔の憲法ではないのでありまして、もつと前進的のものだらうと思ふのです。全体がさう云ふ構成になつて居りまして、唯消極的に何々してはならぬと云ふやうなことではなく、寧ろ進んで斯うしなければならぬと云ふことを詰り主に規定して居られると思ふのであります。其の意味から申しますと、無論此の文句を入れたことが悪いと私は申したのではなく、一歩前進すると云ふ此の憲法の精神から当然入るべく、如何なる国

家も世界に対して責任を負ふ所の其の責任をどうして御入れにならなかつたかと云ふことを御尋ねしたのでありますが、若し気付かれなかつたのならば、さう云ふ文句を御入れになつてはどうか、御入れになるには不賛成であるかと云ふことに付て御答弁を得たいと思ひます。

国務大臣　金森徳次郎君

憲法自身の建前を日本の再興に置き、その国際的地位に相応しく、比較的謙抑なる態度を執る

仰せは能く分りました。此の憲法自身の建前が兎もあれ日本の再興と云ふことに立場を置きまして、比較的謙抑なる態度を執つて居りまするが故に、日本以外の国を明かに茲に引出して、それに強く或義務を負はせるやうな風の規定を避けた訳でありまして、常に日本を中心とすると云ふ考の範囲に言葉を限定致しまして、日本の現在ある国際的な地位にも相応しき形を執らう、斯う云ふ風の考を以ちまして、従つて積極性が十分でないと云ふ御趣旨も起り得る訳でありまするが、考へ方自体は左様なことで出来て居る訳でございます。

長谷川萬次郎君（交友倶楽部）

然らば、「いづれの国家も」の一句は削った方がよい

さう致しまするると、「いづれの国家も」と云ふことを御削りになつた方がいいと考へまするが、如何でありますか。削られた方があなたの御趣旨に適するのぢやありませぬか。

国務大臣　金森徳次郎君

そこまで論理を徹底させせなくてもいいのではないか

徹底をすれば左様な考へ方も理由が成立つものと考へて居りまするが、ここでは謙抑なる姿を以て我らは斯く信ずると云ふ大きな前提の下に一つの普遍的な原理と考ふるものを此の程度に於て立証して居る次第でありまするから、そこ迄論理を徹底させなくともいいのではないかと考へて居る次第であります。

長谷川萬次郎君（交友倶楽部）

世界に対する国家の責任を明かにした方がいい

併し「いづれの国家も」と云ふ言葉がある以上は、斯う云ふ消極的なものばかりでなく、矢張り進んで此の憲法の趣旨に適ふ所の世界に対する国家の責任と云ふものを明かに言はれた方がいいと思ひますが、斯う云ふ問答を何時迄繰返して居つても駄目ですから、私の質問は此の点に関しては打切ります。

貴族院帝国憲法改正案特別委員会

昭和二一年九月一三日（金）

佐々木惣一君（無所属）

私は此の草案の第二章、戦争の条文としては第九条だけですけれども、それに付て、少し明かにして置きたいことがあります。質疑を申上げたいことは色々ありますが、総理大臣に御願ひすることは沢山ありますけれども、色々の御関係でおいでにならなければ別に総理大臣でなくてもどなたでも宜しうございます。

問題の核心は、憲法の中に戦争抛棄《ほうき》を規定することの可否にあり、戦争をするが宜いかどうかではない

それで此の憲法の規定としての戦争抛棄のことを色々考へますに当りまして、先づ明かにして置きたいのは、此の問題は憲法の中に戦争を抛棄すると云ふことを規定をして置く、さう云ふことに関する問題であつて、戦争をするが宜いかどうか、さう云ふやうな問題でないと云ふことを明かにして論ずる必要があると思ふのです。是は分り切つたことですけれども、非常に混同されて、時に誤解を生じます。例へば仮に、或者が戦争抛棄の規定を此の憲法の中に入れることはいけない、或は必要なしと云ふやうなことを言ひまする時には、如何にも、それが戦争其のものを愛する戦争論者であると云ふかの如き誤解を生じて、さうして其の下で其の人の説を彼此、言ふと云ふ風潮があり得るし、又現にある。問題は、私は少くとも、此の憲法の中に戦争抛棄と云ふ規定を設くること、其のことに付て一つ明かにして置きたいと云ふのでありまして、決して戦争其のものを彼此、言ふのぢやありませぬ。併しさう云ふ誤解を生じまするから、戦争其のものに付て、私の考を申しますれば、私は申上げる迄もなく平和論者であります。戦争と云ふものに常に反対の者であります。一般的に今でもさう思つて居りますが、此のことを明かにして置いて、此の問題に入る。

世界平和の維持、確定は世界共同の責務

そこで第一として、明かにして御説明を願ひたいと思ひまするのは、世界平和の理想と其の実現の為の、世界及び我が国の責務と云ふことに付て、少し御尋ねして見たいと思ふのであります。

世界平和は自然事実ぢやない、我々の理想

只今申しましたことからも分りまする通りに、私個人と致しましては勿論、一般に人間と致しまして、世界の在り方と云ふものは、言ふ迄もなく平和でなくちやいかぬ、其の故に戦争なんと云ふものは、是はあつてはいけないと云ふのが私の立場でありまして、さう云ふことを前提として置くのでありますが、併し是は自然事実ぢやないのです。戦争があるとか平和があるとか云ふことは、人間の行為に依ることでありまするから、是は我々の一つの自然現象的の因果関係で決まることぢやない。我々の理想、さう云ふことに価値を置くと云ふ我々の理想でありまするから其の理想の実現と云ふ問題から考へなければならぬ。

世界平和の理想は、一国のみの努力によって実現出来るものではない

即ちそれは結局我々、根本的には人間が、それに努力すると云ふことにありますが、此処から問題に入るのでありまして、我々人間が努力すると云ふことは、結局国家を構成して居りまする各国の人間と致しましては、国家が努力すると云ふことになる訳であります。そこで斯う云ふ世界に平和を持ち来し、それからし

て戦争をなくすると云ふ、斯う云ふ理想実現の為の努力は、是はどうも、其の世界に国をして居るものが、皆共同して、初めて共同の行為に依つて、さう云ふことが実現出来るのだと私は思ふのですが、単に一国のみがさう云ふ努力をしても出来るものではない、斯う云ふ風に私は思ふのでありますが、そこで其の故に、結局一国の方面から見まするとしても出来るものではない。

世界平和実現のための世界共同の努力に寄与するが、わが国の責務

斯う云ふ風に私は思ふのでありますが、そこで其の故に、結局一国の方面から見まするとと云ふと、其の理想実現の努力と云ふものは、自分の国だけが自分の国の責務として努力すると云ふことではなしに、結局世界が共同してさう云ふことに努力すると云ふ、其の世界共同の努力に寄与すると云ふ責務だらうと私は思つて居る。此の点はえらい詰らぬやうなことであるけれども、此の点から総ての現実の規定が定まることだらうと、斯う云ふ風に思ふものでありますから、そこで此の点に付きまして、私の只今申しましたやうな出発点が誤つて居るかどうかを御尋ねして見たい、是だけのことでございます。

国務大臣　金森徳次郎君

終局の意味に於ては、左様の筋合

御尋になりました第九条は、第九条と申しまするか、或は世界平和を達成する手段を以て動くと云ふことは、日本だけでは出来ないのだ、世界共同して、努力して、其の一端に貢献すべきであると云ふ、斯う云ふ御趣旨を基にされて居ると存じます。私も終局の意味に於ては左様になるべき筋合のものと思ふのでありま す。併しながらものの出発点と云ひますか、何処かの国がそれをやり出さなければ、全体の空気も起りませ

ぬ。日本は今為し得る範囲に於て、先づ我々が起つと云ふことを表はしましたものが、第九条でありまして、其の前途に於て描いて居るものは、此の文字の外に存在するものと考へて居ります。

佐々木惣一君（無所属）

憲法に戦争抛棄《ほうき》を規定することが、果して世界共同の努力への寄与となるかどうか

そこで、此の世界共同の努力に寄与すると云ふ為の規定だ、斯う云ふ風な御立場でありますことは、私は大変嬉しく思ふのでありますが、唯さうなりまするとと云ふと、果して斯くの如き我が憲法に、私共が我が国に取つてだけ、一方的に、国内法たる憲法に規定すると云ふことが、さう云ふ世界共同の責務への努力への寄与と云ふことに役立つかどうかと云ふことを、唯御尋ねするのでもありますですが、此の規定の出来ましたことに付きまして、総理大臣なり金森国務大臣などの是迄の御説明を、言葉通りに覚えては居りませぬですけれども、是は我が国が従来好戦国と云ふ風に思はれて居るからして、其の誤解と申しますか、それを解く為の規定である、さう云ふことの為に茲に宣言するのであると云ふやうなことを伺つたと思ふのでありますが、単にそれだけでありますまい。

我が国だけでは出来ないと思はれるやうなことを憲法に規定することは却つて外国をして誤解を懐かしめはしないか

ですけれども、さう云ふことに致しまするとと云ふと、是は私は段々と後で御尋ねして、斯う云ふことが現実に我が国だけで出来ることであるかどうかと云ふことから出発して、仮に結論を私の認識から申しますれば、出来ない、我が国だけでは、こんな憲法を決定しても出来ない、我が国だけでは出来ないと私共が思ひ

まするやうなことを憲法に規定すると云ふことは、却て、誤解を解くに役立つばかりではありませぬで、何《ど》か《こ》誤《ろ》解《?》を外国をして懐はしめはしないか、斯う云ふ私は感じを持つのでありまして、本来の目的以外に、却て其の誤解を増すと云ふ虞はないか、斯う云ふ考を持つのですが、其の点に付て如何ですか。

国務大臣　金森徳次郎君

世界の誤解の一掃と云ふは、目的と云ふよりは、結果から考へたもの

御尋は二点と考へて居ります。第一は世界の誤解を解く為に、此の規定が出来て居るのだと、私は今迄、どう云ふ言葉が使はれて居つたか能く存じませぬ。大体さう云ふ風に、主とする意味を考へて宜いと思ひます。唯正確に言へば、之に依つて誤解が解けると云ふ結果を生ずるであらう、斯う申上げた方が寧ろ好いのでありまして、目的と云ふよりも、何と云ひますか、結果の方から考へた方が正しき考ではないかと思つて居ります。それから第二に日本だけでやつたつて斯う云ふことは役に立たないではないか、斯う云ふ御尋ねでありました。日本だけで出来ないことであるから、従つて斯様な規定を設くると云ふことが、それ自身誤解を増す所以ではないか、斯う云ふ御尋ねであります。それを仮に私の考に依つて翻訳して見ますれば、人を瞞《だま》すやうな規定だ、或は子供瞞しのやうな、出来ないことを唯高らかに言つて居るに過ぎないやうだ、斯う云ふ風に世界が却て誤解するではなからうか、斯う云ふ御心配であらうと存じて居ります。

さう云ふ考へ自身が今迄世界を混乱の巷に陥れたのではあるまいか

此の点に付きましては、成る程法文だけで、世界の人が十分に得心をするかどうかと云ふことは、私には見透しが附きませぬ。併しながら、日本が是から執りまする態度如何に依つて、世界が今後誤解を持たない

であらうし、若しも誤解を持つならば、それを消してしまふことが出来るであらう、斯う云ふことを考へまして、同時に独りだけで、出来ないことをやり掛けるのはをかしいではないか、斯う云ふ御気持であつたと思ひまするが、此の考自身が、今迄此の世界を混乱の巷に陥れたのではなからうか、斯う云ふ考を私は持つて居ります。善いことは誰でもやりたいけれども、又やるに忍びざる方面を持つて居る。其の時に先づ突進して、善い方に向つて行つて、悪い方から来る若干の損害等は我慢をしてしまふと云ふ、大乗的なる勇気を揮ふ者がない限り、此の問題は世界的に解決せられないのでありまして、日本は将に其の役割を努めようと、斯う云ふ趣旨と考へて居ります。

佐々木惣一君（無所属）

世界から戦争を無くすることについて何か考へがあるか

それで、私の言葉が足らぬのですが、それは積極的に、他の国家をして戦争をせしめないと云ふことに努力をすると云ふやうなことはどうかと申上げましたことに対しまして、無論それは考へることは必要でありますが、そこで、私は世界の戦争が一体どうすれば無くなるものであらうかと云ふことに付て、今日本の努力は別として、それでどう云ふ風にしたならば、世界に戦争と云ふものが無くなるかと云ふやうなことに、さう云ふ問題に付て、何等か御考がありますでせうか、それを伺ひたい。

国務大臣　金森徳次郎君

答弁は憲法と直接関係を持つ限りに限局したい

それは固より、政府に於て考へて居るべき筈のことであると思つて居りまするが、私は此の憲法の直接関与する部分に於てのみ研究を致して居りますので、此の際私から御答を申上げることは、憲法と密接の関係を持つ限りに限局したいと思ひます。

佐々木惣一君（無所属）

思想的方面から努力することも必要だが、平和維持の世界的秩序を作ることが大事

宜しうございます。それでちよつと伺ひますが、私の考に依りますれば、此の戦争を世界から無くすると云ふことに付ては、我々の此の思想的の、戦争と云ふものは厭だ、私もさうでありますが、平和が宜い、此の思想的の方面から戦争を無くすると云ふやうなこともありませうが、併し世界的の秩序からして、さう云ふ風に戦争の出来ないやうに為すと云ふ秩序を作ると云ふことが大事である。嘗《かつ》て、例へば私もさう云ふことを古くから言つて居るのでありまして、カント等が永久平和、それを或は空論とか、日本で非常に言つた時に、それはさうでない、思想の方面から見て出来る出来ぬは別だけれども、ああ云ふ思想に依つて世界に戦争の出来ないやうな、平和のみしか行はれないやうな秩序を世界的に作つたら宜い、斯う云ふことを私は、予《かね》てさう考へて居りますが、其の秩序と云ふものの成立に日本が参与すると云ふやうなことに努力すると云ふことは、是は矢張り、さう云ふ私の申しましたやうな積極的に平和、戦争を無くすると云ふことに参与する所以だらうと私は思ひますけれども、先刻それは憲法論とは別だと仰しやいましたから御尋はしませぬ。又さう云ふ出来ました所の平和維持の秩序と云ふものを破壊すると云ふことが行はれむとした時に、それを其の破壊を妨げると云ふことに日本が参与すると云ふやうなことも、是も詰り私の言ふ積極的努力だらうと思ひますが、結局是は、思想だけで行つたつていけないのでありまして、結局、さう云ふ世界的な秩序と云ふものを作ると云ふことに私は考へられるのでありまするが、そこで、即ち現に、斯くの如き世界的の

秩序と云ふやうな、平和実現の為の世界的秩序と云ふやうなことが、嘗て国際聯盟と云ふやうなものに依つて、大体に於て企てられたのであります。

国際聯合、世界の平和について、何等か政府の考へを述べることは出来ないものか

国際聯盟と云ふものは、終ひには皆さん御存じの通りに、日本では非常な反対を受けまして、ああ云ふやうなことになりましたが、今現に行はれて居りまする所の国際聯合と云ふものが、色々細かいことは違つて居つても、国際聯盟と根本の思想は同じでありますが、そこで此の国際聯合と云ふやうな方面のことに付て、まあ、無論其の法的に意見を述べると云ふやうな資格は固よりありませぬけれども、併し此の国際聯合と云ふやうな方面に、何等か直接にでも、間接にでも、世界の平和と云ふやうなことに付て、我が国の考を述べると云ふやうなことは、是はどうも出来ないものでありませうか。是は憲法論以外だと仰しやればそれで宜いのでありますが、どうでせうか、どなたでも宜いのです。

国務大臣　幣原喜重郎君（男爵）

国際聯合の如何に拘はらず、日本の将来を考へれば、平和に精進することの決心が必要

只今国際聯合のことの御話がありました。御承知の如く国際聯盟は既に失敗の歴史であります。国際聯合なるものは、果して成功の歴史になるかどうかと云ふことは、是は私、今の立場に於て批判することを好みませぬ。其の立場でないと思ひます。併しながら、列国がどう考へやうが国際聯合が如何なる手段を執らうが、我々、日本の将来を考へますれば、どうしても、此の平和に精進すると云ふことの決心が必要だらうと思ひます。此の決心、是が即ち、日本の根本的の国策と認めて、我々は之を憲法の上に於て宣明すると云ふ

ことは、是は決して意味のないことぢやない、深い意味のあることだらうと私は考へて居ります。

佐々木惣一君（無所属）

私は、それ以上御伺ひしても仕様がないですから、私は兎に角、無論国際聯合、国際聯盟の比較、各々の特色、利害得失と云ふものは、無論研究すべき範囲に属しますが、唯斯う云ふ世界平和の秩序と云ふものを、一つの実証的に、思想的に、唯頭の中で色々のことを言ふのでなしに、実証的に、実定的にさう云ふ秩序が具現されむとする時に、何等かそれに付て、仮に国際聯合がまだ疑はしい、従つて賛成せむとして見ても、然らばそれをどう云ふ風に向けた方が宜いとか、何とか云ふことに付ては、日本が何か言ひ得るやうな状況があれば宜い、私は唯さう思つて居るだけでありまして、是以上、其の点に付て質問しても仕様がありませぬから申上げませぬ。

戦争抛棄《ほうき》の条項に付ての法律上の意義、法意上の疑点
戦争抛棄の規定は世界に稀有の例

それから三点には、第九条の戦争抛棄の条項に付ての法律上の意義、法意上の疑点が少しあるものでありますするから、実は、それでちよつと御尋ねして見たいと思ふのであります。それは斯う云ふ規定を設けたのは、憲法に類例はないと云ふことは、屢々《しばしば》誰も言ふことでありますが、アメリカの憲法にはあるのです。あるけれども、それは矢張り、詰り各支分国が、各アメリカの合衆国の意思と云ふものと無関係には戦争をせないと云ふことを、してはいけぬと云ふことを決める為に、合衆国の憲法にありますのですが、併しそれは、それですから全然違ふ。

「主権の発動たる戦争」と云ふ意味が少しも分らぬ。これを「国権の発動」と修正した法的意味如何

だから、稀有の例だと言つて宜いと思ひますが、そこで、さう云ふものでありまするから、斯う云ふことを憲法の規定に入れまするに当りましては、私は外の規定とは違つて、非常に其の法的意義をはつきりとして置かなければならぬ、殊に戦争が良いとか悪いとか云ふ思想でなくして、法上の法意と云ふものを非常にはつきりとして置かなければならぬ、斯う云ふ考を持つて居る訳でありますが、それで色々、幾多の法意上の疑問もありますけれども、時間を取りますからそれは止めまして、只一点だけ、「国権の発動たる戦争」と云ふことがありますが、「国権の発動」と云ふことは、特に「国権の発動」と云ふことを規定してある意味はどういう意味であるか、是が元の政府の案に依りますると、「国の主権の発動」となつて居る、而して衆議院に於きまして之を「国権の発動」とした。そこで第一、「主権の発動たる戦争」と云ふことの意味自体が少し分らぬし、それから、それを更に特に「国権」と云ふやうに直した意味、是等のことを唯、法的の意味ですから、意見の何でありませぬですか《ママ》、何かありませうか。

国務大臣　金森徳次郎君

「国の主権」と言ひ、「国権」と言ふも、この場合、実質的には意味の差はないものと考へる

第九条の「国の主権」と云ふ政府原案が衆議院に於きまして「国権」と云ふ言葉に変りましたのは、衆議院の本当の肚は固より存じませぬけれども、私共の解釈して居る所では、実質的には意味の差はないものと考へて居ります。是は事情を申上げましたならば、少しく御了解を得易いかと存じまするが、度々申しまするやうに、政府の原案には国民主権と云ふ言葉はなかつたのでありまして、其の所は、国民至高の意思と云ふ言葉で言ひ現して居りまして、さうして主権と云ふ言葉は、第九条の原案と、それから前文の終りから二

項目と申しますか、終りから四行目の所に「自国の主権を維持し」と云ふ所に使つて居りまして、詰り主権と云ふ言葉が二つ此の憲法の草案にあつて、さうして国民主権と云ふ所に当るべき所には、主権と云ふ言葉を使はないで、至高の意思と云ふ言葉を使つて居つたのであります。是は衆議院に於ては、どうも国民至高の意思と云ふことだけでは意味が的確に感ぜられない、そこで、其の国家の意思の基本の源泉が何処にあるかと云ふことを明かにする意味に於て、主権が国民に存すると云ふ風に前文を直しました。第一条に於て又「主権の存する」と云ふ言葉を使ひまして、そこで在来の第九条の「国の主権の発動たる」と云ふ言葉と違つた意味に於て使はれると云ふことになるのでありますから、それで之を避けて国権と云ふ言葉に直したものと思ふのであります。平たく申せば、普通憲法学者が言つて居りまする国家意思、国家に意思があるかどうか存じませぬが、国家に意思あるものとして、其の言葉を基として、諸般の現象を説明して居ります。其の説明の基礎となる意味に於ける国家意思と同じ意味に於て、是は使はれて居ると考へます。

佐々木惣一君（無所属）

占領軍司令官が日本に向つて、参戦を要求した場合如何

御考になつて居る意味は、それではつきり致しました。少し法の解釈に付て多少疑問があります。それは何としまして、そこで、ちよつと此の適用に付て、例へば、是で外国と詰り戦争をすると云ふことに付て、外国と戦争するのでありませぬ、某国と某国と戦争すると云ふことに付て、他の外国との関係に付て御尋ねしたい。具体的に申しますれば、例へば、詰り現に我が国を占領して居りまする司令官が、何等かの必要上、日本に向つて戦争に参加しろと云ふやうなことでも言うて来ると云ふやうな場合にはどうなりますか。

国務大臣　金森徳次郎君

詰り、参戦しないことになる

多分それは憲法の法的解釈に付ての御質疑と存じます。法的解釈に於きましては、此の九条の示すが如く、永久に之を放擲《棄?》して居りますから、其の結果に従つて行動します。詰りしないと云ふことになります。

佐々木惣一君（無所属）

占領下に於いては国の主権は司令官の意思に従属して居る。其の点の関係如何

処が、詰り今占領されて居る下に於きましては、我が国の国権はサヴジェクト、司令官の意思にサヴジェクトして居る。日本の《ママ》オーソリティに従属して居ると云ふことは、積極的と消極的の両面があるので、斯う云ふことをしていかぬと云ふのも従属であります、斯う云ふことをしろと云ふのも従属でありますが、さうすると其の場合に、其の点に付ての関係はどうなりませうか。

国務大臣　金森徳次郎君

仮想的な答弁をしなくても、結論は既に御了解の筈

日本の国内法と、ポツダム宣言受諾に基いて、占領軍と日本との間に置かれた国際法的秩序と云ふものの関係が、如何に調節せられるかと云ふ一般論に帰著すると存じます。斯様な場合に於ては自ら其の国際法と国内法の関係に於て理解されるものでありまして、今此処で、其の仮想的な御答を申上げなくても、もう既に結論は御了解のことだらうと存じて居ります。

佐々木惣一君（無所属）

ポツダム宣言を正当に理解すれば、参戦の義務がありはしないか

私は実際結論に迷つて居るから御尋ねするのです。それはポツダム宣言の方を正当に理解すれば、戦争をしなければならぬと云ふことになりはせぬかと思ふ。曖昧かも知れませぬが、私の今の考ではさう思ひます。それで私は、矢張り戦争をしなければならぬ状況に置かれはせぬか、例へばポツダム宣言の中の或国が、相互間でも宜うございますが、他国と戦争した、偶〻《たまたま》日本が其の交戦国の意見、判断に依れば、日本に戦争をさせる方が自国の為に宜いと思ふやうな場合がないとも限りませぬが、さう云ふ場合に戦争に入れと云ふことを言つた時に、いや、俺の国はどうも戦争をやらないと云ふことが言へるかどうか、唯是だけの問題です。

想定された事実であるが、仮想された事実ではない

何も此処で決して仮想のことを伺つて居るのでありませぬ。屡々《しばしば》金森国務大臣は外の委員の方の質問に対して、仮想々々と仰つしやるけれども、現状の与へられた歴史的事実に依つて起るかも知れないと云ふ場合のある時は、それは決して仮想ぢやない。今現に起つて居ないから想定せられた事実でありますけれども、仮想せられた事実ではない。それでありますから、此の問題は今此処で返事を戴かなくても宜い、私も実は判断に苦しんで居りますので、研究さして戴きますが、どうか御研究を御願ひ致したいと思ひます。

戦争抛棄《ほうき》は国家の独立性を喪《うしな》ふ危険がありはしないか

それから戦争のことに関する第四と致しまして、此の規定は国家の独立性を喪ふと云ふやうな考を与へられはしないか。但し独立と云ふのは国際法上の学問上の意味に於て言ふのではありませぬ。世俗通常、是は

独立して居るとか、居ないとかと云ふ意味に於ての独立でありますが、さう云ふ意味に於て、国家の独立性を喪つて居ると云ふやうに思はせる危険があると思つて御尋ねするのであります。国際法学者の説明に依りますれば、一体国家に独立の権と云ふやうなものがあるかどうか、日本の学説ではさう云ふものはないと仰しやつて居る方もあるが、それにしても、それは法的意味の権はないのであつて、併しながら事実上の問題として、宣戦を為すとか、其の他適当と認める所に依つて外交官が処理すると云ふことは、是は別に法的権利として認められなくても、当然と云ふやうなことを言つて居られますが、さう云ふことは別として、さう云ふ意味に於て独立と云ふ立場から見て、此の戦争を絶対にしないと云ふことと、何か牴触するやうなことがありはしないか。

不戦条約も戦争そのものを否定して居るのではない

無論私共は思想的には戦争に反対である。併し今日の国際生活を為して居る以上は、時には戦争に訴へると云ふやうなことがあることは皆予想して居る。例へば、所謂不戦条約に於てもはつきりと、それを説明する学者は、不戦条約は戦争其のものを否定して居るのではない、不戦条約を締結する国の間には、戦争其のものを否定して居るのではないと云ふやうなことを書いて居られます。

今日の国際生活をなして居る以上、場合によつては戦争も已むを得ないと思ふが、さう云ふ考は誤りか

それは後の不戦条約の条項其のものにもありますが、それに基いて説明して居る所の、外国の国際法学者にもありますから、さう致しますと、詰り国際生活、世界生活を国が為す時には、場合に依つては戦争があると云ふ事実は、是はどうも已むを得ぬと認めて居るのではないかと思ふのでありますが、さう云ふ考へ方

は誤りだと、斯う云ふ風に考へて宜しうございますか。

国務大臣　金森徳次郎君

第九条の根本義

第九条の規定は、前に申しましたやうに本当に人類の目覚めの道を日本が第一歩を踏んで、模範を垂れる積りで進んで行かう、斯う云ふ勇断を伴つた規定である訳であります。

第一項は不戦条約を明かにしたもの、諸国の憲法中類例もあるが、第二項は更に大飛躍を試みた劃期的なもの

それに付きましても、先程御質疑の中にありましたやうに、此の第一項に該当しまする部分、詰り不戦条約を明かにする、不戦条約の趣旨を明かにするやうな規定は、世界の諸国の憲法中類例を若干見得るものであります。日本ばかりが先駆けて居ることではございませぬ。が併し其の第一項の規定、詰り或種の戦争はやらないと云ふことをはつきり明言するだけではどうも十分なる目的は達し得ないのでありまして、諸国の憲法も之に類する定めは甚だ不十分であります。さうなりますと更に大飛躍を考へて、第二項の如き戦争に必要なる一切の手段及び戦争から生ずる交戦者の権利をもなくすると云ふ所に迄進んで、以て、此の劃期的な道義を愛する思想を規定することが適当なことゝなつたと思ふのであります。

所謂独立性を維持する上に於て、相当苦心を要することは、自然の結果

其の結果と致しまして、国が現実に世俗的に申しまする独立性を確保致しまする上に於きましては、相当

苦心を要することは、是は自然の結果であらうと思ひますけれども、それをやらない限りは世界は救はれない、斯う云ふ考でありまして、此の規定は示されたるが如く、確実に、適正に日本が守つて行くことに依つて、大きな世界の波瀾を、良き意味に於ける波瀾を起し得るであらうと云ふことを前途に置きつつ起案せられたものであるのであります。

佐々木惣一君（無所属）

戦争抛棄《ほうき》の国際法的意味

それに付て、其の必要もあるでせうが、少しまだ御説明で納得せぬこともあるが、それは止めて置きます。第五点は、此の戦争抛棄の、此の憲法の規定の持つ国際法的意味……《ママ》、茲には実際的意味となつて居りますが、是は間違ひでありまして、国際法的意味であります。其の国際法的意味と云ふことを御尋ねしたいのであります。それで第一斯う云ふ規定は何か国際法的に意味が、効果が生ずるものでございませうか。

国務大臣　金森徳次郎君

これは明白に国内法的の規定

是は明白に国内法的の規定でありまするが故に、其の効力も其の範囲に止まるものと思ひます。

佐々木惣一君（無所属）

外国から挑戦された場合に、戦争することは、国際法上許されるか

さう致しますと、外国が我が国に対しまして、此の規定があつても、戦争を為して来ることは国際法上勿論出来る訳であるのですね。其の時に日本として戦争を為すと云ふことが国際法上出来るでせうか。是は国内法的には出来ない。併し日本に戦ひを持つて来たに対して戦ひをすると云ふことは国際法上許されるのですか。

国務大臣　金森徳次郎君

国際法上は毫も禁止されて居ない

国際法上は毫も禁ぜられて居る所はないと存じます。

佐々木惣一君（無所属）

我国から戦争を仕掛けることも国際法上は許される訳

さう致しますと、今度は反対に我が国からも、此の規定があつても、外国に対して戦争を為すと云ふことが国際法上許される訳でありますな。

国務大臣　金森徳次郎君

さう云ふ方向に於て議論することはなるべく申し上げたくない

法律論の範囲に於ては、是はまあ出来ると云ふ結論になり得るものと思ふのでありまするけれども、併し此の憲法が前文にも明かにして居りまするやうに、世界に対して平和の呼び掛けをして居る訳でありまして、さう云ふことを組合せて、余り明白に御答を……《ママ》、明白に御答しましたけれども、併しさう云ふ方向に於て此の論議を致しますることは矢張り何か……《ママ》是が学術の研究室であれば兎も角も、自然之に伴ふ或影響があり得ると思ひもして、まあ成るべく申上げたくないと思つて居ります。

佐々木惣一君（無所属）

戦争抛棄《ほうき》の規定は国際法的に無意味

私の申上げて居るのは、是は矢張り結局国際法的に無意味なものだ、それで戦争と云ふものを真になくすると云ふ理想を実現して、さうして平和の世界を現実に実現すると云ふ為には、結局世界の国家が共同に努力すると云ふ方がどうも根本的の必要だからと、斯う云ふやうなことを、さうぢやないかと云ふことを御尋ね申上げまして、さうしてそれが初に申上げましたやうに、国際的の、世界の国家がさう云ふ方面に努力すると云ふ、世界平和の秩序の確立と云ふやうなことの為に努力すると云ふ方が先きなのぢやないか。

戦争抛棄は、思想的には賛成だが、これを国内法に規定しても、何にもならぬ

戦争抛棄は、講和会議の要件となつて居るのか

国内法で斯う云ふことを決めて置きましても、現実の世界生活其のものには関係がない。唯是で国内の思想を、戦争をせぬとか、抜けると云ふ、それは別なことです。それは能く分つて居りますが、併しながら思想的にはさう云ふことの目的ではないのです。それで初めから申上げましたやうに、此の思想其のものが、私共の思想其のものが併しこんなことを国内法に書いても何にもならぬ、斯う思ふのでありますが、もう一つ茲で、茲には書いて居りませぬですけれども、附加へて置きたいのは、戦争抛棄の規定の実際的な意味、今のは総て法理的な意味です、其の実際的な意味と云ふものは、国外関係の……《ママ》、斯う云ふ規定を設けると云ふことが、今現に講和条約を我々が与へられるとか、それに参加せしめられるとか、現にさう云ふことに

関する何等か……無論法的ではございませぬが、実際的の要件になるとか、或はなつて居ると云ふ風なことはないのでございませうか。それも言へぬと云へばそれ迄ですが……。

国務大臣　金森徳次郎君

憲法は法理学的な面と共に、多分に政治的要素をもつ。国民に対し、多くの心理作用をもつと同時に国際的意義を有する

段々御質疑のことを伺つて居りまするると、佐々木委員は法律学的に、或は法理学的な正確さを以て常に私を御糺明になつて居りますが、憲法は勿論其の法理学的な面を持つことは持つて居りますけれども、他に多くの政治的空気を其の周りに持つて居ります。一面に於きましては国民に対して多くの心理作用を持ち、又他面に於きましては国外に対して大きな面を持ち、其の全体が恐らく議会に於ける論議の的となる訳でございまして、其の場合の私共の言葉遣ひと云ふものにも相当に注意をしなければならぬと存じます。殊に此の憲法の持つて居る味《あじわ》ひと申しまするか、或は日本が今置かれて居る全体の空気と申しまするか、従来は国と云ふものを完全に外国と切り離して、所謂独立最高の原理に依つて他所の方を余り顧みないやうに出来て居りましたが、それが法律的には変つたとか云ふ訳ではございませぬけれども、此の憲法の前文が明かに言つて居りまするやうに、世界と云ふものを常に目掛けて言つて居りますから、国内法でありながらも、同時に効果に於ては、法的な冷やかな論を離れました効果に於ては、世界的意義を持つて居るもののやうに思つて居ります。従つて国内法的に拵《こしら》へても、国際法的に大した法的効力はないと云ふ御言葉は、法理学的には固より正当な御見解と存じまするけれども、自然之を綜合的に見られる場合もありまするので、私は成るべく之を国際的にも影響力あるもののやうな気持を持つて読みたいと存じて居る次第であります。而して是が来るべき世界の色々な審議せらるゝ事件の資料となるかどうかと云ふことは、私は実は存じませぬ。全く盲であります。併し斯様な態度を示すと云ふことが、若し一時の出来心でなくて、本当に之に従つて行動すると云ふ意義を以て世界に採り入れられまするならば、決して無意義に終らないものと信じて居ります。

佐々木惣一君（無所属）

戦争抛棄《ほうき》の結果、独立性を失ひ、自主的でない、卑屈な気持を持たせはしないか

初めから私が申上げたやうに、戦争せぬと云ふことは宜いと思つて居りますけれども、私は今大臣も御説明がありましたけれども、既にはつきりと独立国家と云ふものの性格としては、まあ必要に応じて戦争を為すやうな力を持つて居ると云ふやうなことを国際法学者の説明もあるやうでございまして、それで詰り一般の国家の性格、国家と云ふものの性格として自ら外国との条約、或は世界的の協約に依つて戦争をせぬ、例へば不戦条約見たやうに、それは国際的の関係で制限を受くることは別として、それ以外に自分で、自分の力から戦争をすると云ふ力はないものだと云ふ風に、自分の一般的の能力から戦争と云ふ能力は自分で国際関係でなしに自分で取つてしまふ、それを国民に示すと云ふ時には、固より今仰せられたやうに、日本の国は従来とは成る程考は変つたと云ふことは分りませうけれども、併しながら半面に於きまして国民は何だか自分は国を為す人間として自主的でない、何か独立性を失つたやうな、従つて朗かでない、自分は戦争は厭だけれども、戦争は自分はやる力は法的にないのだと云ふやうな考を持ちます時には、日本の国民は果して少しも卑屈のやうな気持を持つことがないと云ふ風に安心出来るものでありませうか。是はどうも判断のものでありますから、別に御意見を伺ふ必要はないが、私は非常に憂へるのであります。

戦争抛棄《ほうき》を憲法に規定せず、開戦の決定を法的に、実際的に非常に困難ならしめるように規定にしたら宜いではないか

併し私は実は初めに申上げましたやうに非常な平和論者である。是は皆さん大抵御存じの方が多いと思ひますけれども、斯う云ふことを国法に於てはつきり書くと云ふことはどうも一般国民に与へる影響と云ふものを相当憂へて居るのであります。是で卑屈な国民になると云ふやうなことがありやしないか、なければ宜いでありませうが、ありやしないかと云ふ風に思つて居りまして、そこで私は実は修正意見を出すのではありませぬけれども、無理に憲法上全然自分の能力から、国家としての能力から戦争力を取つてしまふと云ふやうな規定を書くに非ずして、どうせ其の時々の国務機関が行ふことでありますから、そこで事実戦争行為を為すと云ふことを決定することが法的に、実際的に非常に困難なやうに規定にしたら宜い。即ち言ひ換へて見れば、日本が戦争を為すと云ふ時には、或は例へば議会に於きまして……例《ママ》へですよ、例へば三分の一の反対があれば出来ない、三分の二とか、出来るのでなしに、三分の一の反対があれば出来ない。或は又進んでは国民一般の意見を国民投票にでも問ふ、其の場合にそれに依つてやると云ふやうな規定に一体此の検討をしたら宜いと云ふ私の意見であります。何も戦争能力其のものを国として一般的に取つてしまふと云ふやうな規定を設ける必要はない。其の時々の政府者なり、議会なりが、具体的の戦争行動に入るのに非常に困難なやうにしたら、宜いぢやないか。是は私の意見でありますから、答弁を求める訳でありませぬ。全般的に私は戦争を我が国が避けて、将来平和の国家として行かうと云ふことは我々の平素の考でありますけれども、併しそれは国民一般的の国家能力から戦争と云ふことはないと云ふ風に国の憲法で規定すると云ふことはどうも妥当でない。自分の意見だけ申上げて置きます。是で私の質問を終ります。

山本勇造君（無所属）

私は憲法の前書のことに付て発言の通告を致して置きましたが、病気をして欠席を致しました為に発言の機会を失ひましたが、適当の処で之を言はして戴けるやうにして戴きたいと思ひます。今日は戦争抛棄《ほうき》の条文に入つて居りますので、戦争抛棄と云ふ言葉のことに関してだけ御質問を致したいと思ひます。此の言葉に付きましては衆議院の方でも問題になつたやうでありますが、それに対しまして政府は前に用例があると云ふ言葉で以て其の儘此の戦争抛棄と云ふ言葉を依然御用ひになつて居ります。併し此の抛棄の抛と云ふ字を今度は抛《なげう》つと云ふ字でなしに放つと云ふやさしい字に変へて居ります。是は漢字制限と云ふやうな声が世間で喧《かまびす》しくなつて居りますので、民意を考へまして衆議院でさう云ふ風に御修正になつたものだと思ひます。民のことを考へまして衆議院がさう云ふ風なやさしい字を使つて呉れたと云ふことを私は嬉しく思ふのでありますが、併しながら抛棄と云ふ字が残つて居ります限り私には此の言葉に疑問を持つて居りますので、少し質問をしたいと思ふのであります。

戦争抛棄と云ふ言葉の意義と用例と思想的背景

私は此の文字に付きまして、此の言葉に付きまして、其の言葉の意義と、それから用例と、さうして此の言葉の後に潜んで居ります所の思想と、其の三つのことに付て先づ考へて見たいと思ふのでございます。最初に其の意味でありますが、此の頃では戦争抛棄、戦争抛棄と無暗に言ひますので、殆どなたでもそれ程此の言葉ををかしく感ずる方はないのではないかと思ひますが、それは此の漢字と云ふもののマジックに掛つて居るからではないかと私には考へられるのであります。之を若し日本語に直して見ますと、此の言葉のをかしいことが直ぐに分つて来るのであります。

「戦争の否認」と言ふなら分るが、「戦争抛棄《ほうき》」では意味をなさない

戦争抛棄と云ふ言葉を純粋の日本語に致しますと、戦争を抛つとか戦争を棄てるとかと云ふことになります。戦争と云ふものは捨てたり、拾つたり出来るものではございませぬ。さう云ふ意味で実にをかしい言葉だと私は思ふのであります。若し戦争権を抛棄すると云ふのならば是は分ります。或は又戦争を否認するとか、戦争を否定すると云ふのでありますれば、是も私に能く分ります。併し戦争を抛《なげう》つとか戦争を放り出すと云ふのでありましては、是は日本語として意味をなさないやうに私には考へられるのであります。さう云ふ風な日本語として意味をなさないやうな言葉を憲法に入れると云ふことは如何なものであるか、私は第一にそれを疑問に思ふのであります。

戦争抛棄と云ふ言葉には、果して不戦条約にその用例があるかどうか

第二に、用例に付てでありますが、私は斯う云ふ条文等のことに付ては、門外漢でございますから一向に知らないのであります。併しながら唯戦争抛棄と云ふ字を見ました時に、自分の語感からどうもをかしいと云ふ気がしまして、先程のやうな考へ方を持つたのであります。併し斯う云ふのが何か用例にあるのかどうか分りませぬので、私の控室の専門の方に伺ひました所が、それは不戦条約に出て居る、斯う云ふことを聴きましたので、それからさう云ふ条文を私は調べて見たいと思つたのでありますが、何しろさう云ふ条文集のやうなものを手許に私持つて居りませぬ。それから図書館で其の方を調べたいと思ひました処が、条約のものはあるけれども、生憎そこの所が抜けて居る、斯う云ふのであります。そこで已むを得ないで私は家にあります所の朝日新聞の縮刷版を出して見たのであります。

不戦条約批准頃までの一般の用例は、「抛棄《ほうき》」でなくて、「廃棄」であつた

此の不戦条約は千九百二十八年のことだと云ふので、それは丁度昭和三年になりますから、そこの所を出して見ました処が、此の朝日新聞の八月二十七日の所に、十五箇国の巨星会して不戦条約調印式と云ふ大きな見出しの下に沢山の記事があります。其の中に条約文が載つて居るのでありますが、其の条約文を見ますと云ふと、第一条の中の必要な所だけを読みますと「締約国相互間ノ国策ノ具トシテノ戦争ヲ廃棄スルコトヲ茲に厳粛ニ宣言ス」と書いてあるのであります。抛棄とございませぬで、廃棄すると斯う書いてあるのであります。廃棄ならば私は分るのであります。此の廃棄と云ふ言葉が良い言葉かどうかは姑《しばら》く別と致しまして、廃棄ならば私は意味を為すと思ふのでありますが、抛棄では全く意味をなさないと思ふのであります。併し新聞が或は間違つて居るかも知れぬ、さう一応考へたのでありますが、御承知のやうにあの縮刷版は写真で縮めたものでありますから、あの当時としては誤植があると云ふことはないのであります。其の一の新聞だけを見まして、それが用例だとは考へられませぬから、其の当時の私雑誌を調べたのであります。さうしますと、昭和三年十月の中央公論に蠟山氏が「不戦条約と太平洋の将来」と云ふ論文を書いて居るのであります。其の論文の中に、条文は出て居りませぬけれども、其の条文の中の言葉を取りまして、さうして戦争の廃棄とか、戦争を廃棄するとかと云ふ言葉を使つて居るのであります。さうして抛棄と云ふ言葉は其の中に一つも出て来ないのであります、それから其の翌年の昭和四年の六月号の改造を見ますと云ふと、此処に御列席の高柳さんが、「我国外交の基調」と云ふものを書いて居りますが、其の中にも戦争廃棄と云ふ字が使つてあるのであります、詰りさう云ふ風にして見て行きますと云ふと、昭和三年八月の日本で新聞等に発表されましたものも廃棄でありますし、其の後約一年間位日本では此の所で廃棄と云ふ文字を使つて居るのであります。併しながら条約文の方を見ますと、政府の言ひますやうに確かに抛棄になつて居ります。で

すから政府に用例がある、斯う云ふことを言ふのは不思議ではないのでありますが、併し其の条約文と云ふものも、私は本を見て居りませぬが、矢張り朝日新聞の縮刷版に依りまして、昭和四年七月二十五《六?》日のものでありますが、此の日本のあれが批准されて行きましたものですから効力を発生するに至つたので、アメリカのホワイトハウスで以てフーヴァー大統領が不戦条約効力発生の宣言と云ふのを致して居りますが、それに依りますと、其の宣言の中に書いてあるのは、余は茲に国家政策の手段としての戦争を廃棄すべき不戦条約、斯う云ふ風に書いてあるのであります。

不戦条約に「抛棄《ほうき》」とあるとすれば、「廃棄」から「抛棄」と改められたのはどう云ふ訳か

戦争を廃棄すべき不戦条約、是は丁度日本の不戦条約の文章が出たと同じ日に出て居るのでありますが、斯う云ふ風にして見ますと云ふと、世の中での少くとも其の時迄では用例は廃棄であつたやうに思はれるのでありますけれども、今申しました通り、何と言つても条約文に抛棄とあります以上は、是は抛棄を尊重しなければならないのは当然でございます。併しながらさう云ふ条約文に一つの用例があつたから今度の憲法に於ても其の用例に従つて行くかどうかと云ふことに付ては私には尙疑問があるのであります。どう云ふ訳で今迄廃棄と使つて居つたものが、此の批准のされた後に発表された条約文に於ては抛棄となつたのでありますか、門外漢でありますが私には一向分りませぬ。

「抛棄」と云ふ言葉には、その背景に、帝国主義的、侵略主義的思想が潜んで居るやうに思はれる

さう云ふことに付きましてはどなたか其の間の事情を御承知の方から御発表を願ふより外に私には知る途はないのでありますが、併し私に若し想像を許させて戴きますならば、今迄さう云ふ風に廃棄と使つて居つ

たのが急に批准の後に抛棄《ほうき》となつたものだとしますならば、恐らくはそれは枢密院に於てさう云ふ風に訂正されたものではないかとそんな風に想像されるのであります。若しそれが枢密院で直したものと仮定しますれば、枢密院には学識経験の最も優れたる方が集つて居るのでありますから、先程私が申しましたやうな抛棄と云ふのは意味を為さぬ、さう云ふ風位のことは分らない筈はないのであります。それをどう云ふ訳で斯う云ふ風に其の時に変つたか、勿論私には分りませぬけれども非常に不思議に思ふのであります。非常に私はそれが不思議でありますけれども、又考へて見ますると云ふと、其の時代に於ては或はそれが不思議でなかつたのかも知れないとこんな風にも想像されるのであります。御承知のやうに不戦条約の批准の際には、例の「人民ノ名ニ於テ」と云ふ言葉が挿《はさ》んでありました為に非常に問題になりまして、さうして全権で署名をなされた所の内田さんが顧問官を辞めなければならぬと云ふやうな問題になり、後には是れ一つだけではありませぬけれども其の内閣が潰れて居るやうなことになつた程大事な問題の一つなのであります。「人民ノ名ニ於テ」と云ふやうな言葉は非常に怪しからぬものだ、国体を害するものだと云ふやうな意見があの当時非常に盛であつたことは皆さんの私よりもずつと御承知になつて居る所であります。

昭和三年への回顧

さう云ふ空気の時でありましたが、更にあの当時のことを回顧して見ますと云ふと、此の御批准になりました前年の昭和三年と云ふ時は、どう云ふ時であつたかと考へて見まするると、あの時は一方では最初の普通選挙が行はれたと云ふやうなことがございましたが、併し又一方では三・一五事件として最も有名な所の共産党の大検挙があつた年であります。又非常に悪法と謂はれる治安維持法の改正が行はれたのも、亦此の年でございます。さうしてそれだけではなしに、満洲事変の発端とも云ふべき張作霖爆死事件と云ふ事件も亦実に此の年に起つて居るのでございます。斯う云ふ空気が其の時を支配して居つたのでありますからして、従つて其の空気は枢密院の方にも陰に陽に大きな影響を投げ掛けたのではないかと私には思はれるのであります。果してそれは枢密院で直したのかどうか、私は本当のことは知らないのでありますけれども、若しさうであるとしますれば、今迄「廃棄」と云ふ字を使つて居たのに、急に「抛棄《ほうき》」と云ふ風に直したと云ふことが、さうでないとちよつと我々には分り兼ねるのであります。さうして此の「抛棄」と云ふやうな字を何故態〻《わざわざ》斯う云ふ時に使つたのか非常に不思議ではございますけれども、今のやうな空気から察しますと云ふと、是は戦争を止めると云ふやうなことに、其の当時の空気が余り喜んで之に加入しようと云ふやうな気持がなかつたのではないかと云ふやうな気さへするのであります。詰り普通で云つたら、戦争の廃棄とか、廃止とか、否定とか、否認と云ふやうな、当り前に誰にでも分るやうな言葉を使ふべきでありますのに、態〻「抛棄」と云ふ字に変へると云ふことは、不戦条約其のものには反対は出来ませぬから反対は致しませぬが、何だか嫌々ながら、俺は戦争すれば何時でも出来るのだと云ふやうな気持が、さう云ふ未練なものが其の後ろにあるやうに思はれるのであります。此の「抛棄」と云ふ文字の蔭には帝国主義的なものと云ひますか、侵略主義的なものと云ひますか、何かさう云つた思想が此の文字の後に潜んで居るやうに私には考へられてならないのであります。不戦条約が批准をされる当時に於きましては、或はさう云ふ言葉が使はれても仕方がなかつたかも知れませぬけれども、併し今日は時代が全く一変して居るのであります。

政府は用例と言ふが、これを憲法にその儘用ひて宜いものであらうか

此の憲法の中に戦争を止める、我々は武器を捨てて、さうして戦争と云ふものを否認するのだと云ふ、此の建前で使つて居ります所の我々の気持と云ふものは、不戦条約の時のやうな、或は昭和三年の時のやうな、

さう云ふやうな時の気持とは全く違ふのであります。国家の運命も、我々の運命も生命も総て投げ掛けて此の大きな問題を憲法の中に入れようとして居るのであります。でありますからして、是は「抛棄《ほうき》」と云ふやうな、其の文字の後に何か忌はしい糟《かす》が着いて居る文字を今度使ひますことは、果して宜いでありませうか。

意味をなさない言葉を憲法に入れることは、国語の立場からも非常に疑問

政府は用例と、斯う云ふ風に申しますけれども、此の用例と云ふものは果して好い用例でありませうか。憲法に使ふのに斯う云ふ用例を其の儘用例だとして使つて宜しいのでございませうか。殊に憲法に於きましては意味を成さないやうな言葉を此の中に入れると云ひますことは、非常に後々に悪い影響を与へるものでございますからして、国語の立場の上から行きましても、私には非常に疑問があるのであります。此の点に付きまして金森国務大臣の御答弁を得たいと思ひます。

国務大臣　金森徳次郎君

法律上の用語は、自ら一定の意味を立法の趣旨、前後の関係から導き出されるに至る。「戦争抛棄」には既に用例もあり、これに代るべきものが見付からないから、これを選んだ

只今御尋を戴きました「戦争の抛棄」の言葉でありますが、私も嘗て何かの機会で申上げましたやうに、言葉を分離して考へて見まするると、可なり落着かない言葉であることは確かであらうと考へて居りますが、此の法律の方で用ひます文字の中には、多少さう云ふものが混つて居りまして、各〻斯様な文字が出来るには色々の由来はありますけれども、出来上つてから用ひまするると、自然それが自ら一定の意味を前後の関係、立法の趣旨等から導き出されまして、其の範囲の空気に侵つて居るものには特別な疑惑を持たないやうに存

じて居ります。今回の憲法草案の中に「拋棄《ほうき》」の言葉が用ひられましたのは、大体其のやうな考へ方から来て居りまするのと、他の一面には、既に斯様な言葉が世に行はれて居りまする時に、取つて之に代るべき更に良き言葉が色々過不及がありまして、良きものが見付からないからして、相相《ママ》応して此の言葉を選んだのであります。第二は用例として此の「戦争の拋棄」と云ふ言葉は、不戦条約、或はケロッグ条約の時に、大体今回の憲法の中に現はれて居りまするとと同じやうな文例の中に用ひられて居る。詰り其の条約の前文の中にも用ひられて居りまするし、本文の中にも用ひられて居る。戦争を拋棄することとか、共同拋棄とかと云ふやうな字が使はれて居ります。其の拋棄と云ふ言葉は、先程御質疑になりましたやうに、当時枢密院に於て直つたかどうかと云ふやうな気持の御質疑と思つて居りましたが、非常に正確には記憶して居りませぬけれども、私はそれは枢密院に於て直つたのではなくつて、政府の原案に含まれて居つたものと記憶して居ります。して、新聞紙等に「廃棄」と云ふ字があるにも拘らず、此の条約に拋棄となつて居るのはどう云ふ訳であるかと云ふ顛末は存じませぬ。が併し当時此の言葉は外務省に於て相当の研究を積まれて、此の形を以て条約案が順次手続を運んで、最後に枢密院の御諮詢《しじゅん》を経、御裁可を得ることになつたものと思つて居ります。又其の問題の中に「拋棄」と云ふことに忌はしき聯想を特に加へるやうな根拠は全然なかつたと私は記憶致して居ります。

用例は、不戦条約及び民法第五編相続に関する規定等にある不戦条約中にこの語を用ひるに至つた経緯

次に此の「拋棄」と云ふ言葉がどう云ふ訳で此のケロッグ条約の翻訳の場合に用ひられたであらうかと云ふこと迄遡《さかのぼ》つて見なければなりませぬが、是等の事情は其の翻訳に従事した人、又それを監督、管理した

人々の綜合的意思の結果とも謂ふべきものでありまして、今日之を辿つて調べると云ふことは容易ではないと存じて居りまするが、微《かす》かに私の記憶して居りまする所では、之に類似した用例が民法法典の中にありまして、御承知の如く民法が編纂せられまする時に、当時の第一流の識者が一字一字用語を選択して起案をされたらしいのでありますが、其の中の相続の所に可なり幾つも相続の抛棄《ほうき》と云ふ言葉が使つてあります。例へば千三十八条、千三十九条、千四十条等にありまするし、又其の表題を成して居る第三節と云ふ所にも其の字が使つてあるのであります。是から先は私の記憶を辿つて、半ば想像を加へたのでありまするが、此のケロッグ条約を翻訳する時に、どうも此の場合にぴつたり当嵌る文字がない、遡つて見れば、民法に抛棄と云ふ字が使はれてある、全然同じことには使はれて居ないけれども、思想の組合せ方をして見れば類例であると言へないことはない、そこで特に此の字を選んで翻訳文にせられたことと解釈して居ります。さうして今回の憲法の草案は同じやうなことで、もう既に国民的に、部分的ではありまするにしても使はれて居る文字であるから、其の儘受継いだと、斯う云ふ趣旨と考へて居ります。

牧野英一君（無所属）

私は此の九条に付て五つばかり疑を抱きましたのですが、其の中の二点はもう大分御評議になりましたのですが、兎に角五つのものを列べて当局の御説明を仰ぎたい。

衆議院の修正はポツダム宣言の新秩序の三原則を聯想せしむ。同院が三原則の一、「安全」を「秩序」と替へた理由如何

先づ第一に、「日本国民は、正義と秩序を基調とする国際平和を誠実に希求し」とあります。是は衆議院の修正であります。ポツダム宣言には新秩序の三つの原則として、平和、安全及び正義と云ふことを言って居ります。それを直ちに私は聯想致したのであります。此処では其の安全、セキュリティに替へるのに秩序と云ふ言葉が用ひられて居ります。私自身「ポツダム」宣言の新秩序の三つの原則を聯想したことが、甚だしく聯想として当を失することでありませうか、如何でせうか。それに関聯して、若し私の聯想が必ずしも無理でないと云ふ風に御考へ下さるならば、其の安全を秩序と書直されたと云ふ所に何か意味のあるものでございませうか。それを御伺ひ致したい。

国務大臣　金森徳次郎君

その思想上の途行は了知しない

此の修正が衆議院で行はれました結果を我々が承知致したのみでありまするが故に、斯様な思想上の途行のことは実は了知致しませぬ。

牧野英一君（無所属）

御尤もに存じます。若し私の聯想した処が、多少でも意味があると云ふ風に御認め下さるならば、此の文字を連絡を付けると云ふことが如何なものであらうかどうかと云ふことに付て一つ御考慮を仰ぎたいと思ひます。第一問はそれであります。

「国の主権の発動」と「国権の発動」とどれ程違ふか

第二問は、国の主権の発動と云ふことと国権の発動と云ふこととはどれ程違ひますかと、是も衆議院の修正を伺ふ趣旨でありましたが、是は既に問題になつて当局の釈明がありましたから、是は此の儘に致して置きます。

戦争と武力の行使とはどれ程違ふか

第三の質疑は、此の「国権の発動たる戦争」と、其の外に「武力による威嚇又は武力の行使」と云ふことがありますが、「戦争」と云ふことと、「武力による威嚇又は武力の行使」と云ふこととはどの位違ふのでありませうか。之を一つ御釈明願ひたい。

国務大臣　金森徳次郎君

言葉の精密なる分析は甚だ困難。国際法的にも自ら一定の意義があり、大体常識的に判断される

言葉の精密なる分析は私に取つては甚だ困難で、知識が少しく此の場合に於てまだ熟成して居りませぬが、唯大体私共の理解して居りました処は、戦争と云ふ言葉は自ら国際法的にも一定の意義があると思ふのであります。それから其の後を覗きますると、武力に依る威嚇と云ふのは、現実の武力行使の段階に至つて居ない状況でありまして、其の武力の行使が或はあるかも知れぬと云ふ状況の下に人の意思に対して圧迫を加ふる姿を言ふものと思つて居ります。其の後の此の武力の行使は前後の関係から見まして、戦争と云ふ段階迄行かないで、武力を行使すると云ふ意味に了解して居りまするが故に、言葉通りに武力の中味も、時に依つては違ひませうけれども、大体常識的に武力の境が作れますから、行使も自ら分ることと考へて居ります。

牧野英一君（無所属）

武力の行使等は戦争の延長に過ぎない。簡単に、戦争は之を拋棄《ほうき》すると言つては如何

一応了解致しましたが、要するに「武力に依る威嚇又は武力の行使」と云ふことは戦争の延長に過ぎないので、若し戦争と云ふものが根本的に拋棄せられますれば、当然の結果として武力を用ひて威嚇をする、或は戦争に至らない程度に於て武力を行使すると云ふやうなことも許されない訳であらうと思ひまするので、私自身の考へとしては極くさつぱりと戦争は之を拋棄する、斯う云ふことに短かくした方が宜いのではないかと考へて居るやうな次第でございまするが是も尚一つ御考慮を願ひたい。

自分だけが拋棄するのではなく、戦争は全面的に之を否定する、わが国も否定するが、世界の諸国も否定せよと云ふ積極的意味を現はしたい

第四番目には拋棄と云ふ言葉でございます。今山本委員より詳細の御意見がありました。私も此の拋棄と云ふ言葉が、言葉としては矢張りどうも少し滑かさが足りないと云ふことを考へて本会議でも申上げた次第でございましたが、併し言葉として拋棄と云ふのが形の上で面白くないばかりではなく、もつと積極的に、此の憲法全体の精神が消極的であるのを、もつと積極的に踏出したい、斯う云ふ精神から考へまして、寧ろ否定する、斯う云ふ所迄行きたい、戦争は之を否定するのである、世界全体に亙つて否定するのである、我が国も否定するが世界の諸国も否定しろ、自分だけ権利を拋棄するのでないと云ふ意味を現したい位に思ひますが、是もまあもう御答へは分つて居る次第で、拋棄で宜しいと云ふことでおありになるのでございますから、是れ以上特に御釈明を煩しませぬ。私が疑ひを抱いて居ると云ふことだけを御承知を願つて置きたい。

戦力を保持しないことにしながら、更に交戦権を認めないと云ふ理由如何

第五と致しまして第二項でございますが、「戦力は、これを保持しない。国の交戦権は、これを認めない。」特に交戦権に付て断りがしてあると云ふのは、戦力を保持しない以上に、何か特別の意味があるのでございませうか、其の点に付て御説明を伺ひたい。

国務大臣　金森徳次郎君

戦争の段階に至らない武力の行使等も、避けるやうにしなければならない

遡つて前の方で御意見を御示しになりましたる点に付て一応御答へを申しまするが、戦争と威嚇と行使、此の三つを列べてありまして、之を戦争だけに集約しても宜いのぢやないかと云ふやうな御気持であつたと考へて居りまするが、是はケロッグ条約等に於ては戦争と云ふことを主題に供して居る訳であります。戦争だけでは言葉が少ない、戦争に未だ至らざる段階に於きましても武力の威嚇及び使用と云ふものを避けるやうにしなければならぬと云ふ訳で、特に附加へた趣旨と考へて居りまするが故に、之を俄《にわか》にケロッグ条約の段階の簡単な言葉を以て言ひ現すと云ふことが果して宜いのであらうか、悪いであらうか。此の表題の所は唯戦争の抛棄《ほうき》だけですが、是は表題でありまして、中味に於て多少或程度発展せしむると云ふことが宜いのではなからうかと、斯う云ふ風の気持を持つて居る次第であります。

第一項は外国の憲法中にも類例があり、原則を規定したに止まる

次の第二項に於きまして、戦力は保持しない、交戦権は之を認めないと云ふ此の二段備へになりましたのは、午前中にも申しましたやうに、此の条文の第一項に当るべきものは、既に或諸外国の条約、憲法に此の趣旨が現れて居ります。併しそれだけでは唯一つの極り文句のやうであつて、実際的な此の平和の実現の手段を伴つて居ないのであります。

第二項は新しき主題を含み、原則を実現する手続上の手段を規定したもの

そこで此の第二項と云ふものが新しき主題を含みまして、独り原則を認めるばかりではないが、原則を実現する手続上の手段、或は利用法となるべきものは之を廃棄して、そこで武力は持たないと云ふことと、交戦権と云ふのは、私は此の語を詳しく知りませぬが、聴いて居ります所では、戦争を行ふと云ふことに基いて生ずる種々なる権利であると存ずるのでありまするが、斯様な規定を置くことに依りまして平和の現出が余程確保せらるるのではないか、若し此の交戦権に関する規定がないと、相当程度迄事実上戦争状態を現出せしむる、是がなければなかなかさうは行かない、戦争中に外国の船舶を拿捕《だほ》することも出来ないし、戦争と云ふのは事実上の戦争の如きものを始めましても、外国の船を拿捕すると云ふことも出来ないし、或は又其の占領地と云ふものも、国際公法に認める保護を受けないし、俘虜などと云ふことも起つて来ないと云ふことに依りまして、大分平和の実現に近い条件になるものと考へて居ります。

牧野英一君（無所属）

戦力を保持しない、交戦権は之を認めないと云ふことは同じ事柄の表裏に外ならず、重複こそして居れ、特別の意味がないのではないか

今の御説明に依ると云ふと、私誤解をしたのかも知れませぬが、説明の前半分では戦力を保持しないと云ふ原則の適用を示すが為に、国の交戦権は之を認めないのである、斯う云ふ風に御説明になつたかのやうに伺ひました。要するに同じ事柄を裏と表とから書いた規定で、結局重複こそして居れ、此の国の交戦権と云

ふことに特別な意味がないのかと云ふ風に伺ひましたが、後の半分ではさうではないので、拿捕と云ふやうな例を御持ちになつて、矢張り之に特別の規定があるやうに御説明になりましたが、既に戦争と云ふものを抛棄《ほうき》致しますれば、もうそれでさう云ふ拿捕と云ふやうなことは出来ない筈でありまするので、矢張り結局之には特別の意味がないことになりはしますまいか。

「戦争抛棄」は、当然に「武力の行使」をも含む。これを並べて規定するは、無用の言葉を重ねたものではないか、交戦権云々と云ふのも亦同様ではないか

私としては只今の御説明の中で、矢張り戦争の抛棄の外に、武力に依る威嚇又は武力の行使と云ふことがあつて、更に周到に規定が設けられるのであると云ふ御説明に対しては、既に戦争が抛棄されゝば戦争を以て人を嚇《おど》かし、又武力の行使と云ふことが戦争に至らないでも、結局更に一歩を進めれば戦争になるべきもの、まあ我々のやつて居る日常の法律で申しますれば、執行の時の仮処分とか、仮差押のやうなものになるのであらうと思ひますので、矢張り訴訟を抛棄すると言へば、さう云ふものは出来ない訳なんであります。戦争を抛棄すると言へば、戦争の抛棄と云ふ原則の下に当然武力に依る威嚇、武力の行使と云ふ戦争前の行為も許されないことになるので、是は無用の言葉を重ねたものと考へるのでありまするが、それと同じやうに国の交戦権と云ふことも無用の言葉を重ねたことのやうにも私は理解するのでございますけれども、どうも何か之には意味がありさうに思はれてなりませぬので、御伺ひを致した訳でございますが、尚私も此の言葉に付ては研究致します。どうも今の御答の程度では、それでさう心得て果して宜いものかと云ふことに付て誠に懸念がありまするので、之を是れ以上論ずることも如何かと存じまするが、どう云ふものでございませうか。

国務大臣　金森徳次郎君

私の申上げ方がはつきりして居なかつたことはないと思ひまするけれども、或ははつきりして居なかつたかも知れませぬ。

戦争と威嚇と行使の三段階を抑へて置く方が趣旨が徹底する

第一項に於きまして戦争と、威嚇と、行使と、此の三つを挙げましたのは、矢張り此の三つの段階を抑へて置くことの方が、能く場合を尽し得るのである。戦争迄至らない段階に於て、武力の行使を不法にやつても、それはいけないことでありまするが故に、矢張り不法なることを、詰り悪いことを防止すると云ふ時には、色々悪い段階を抑へて置く方が、趣旨として徹底するものではなからうかと思つて居る訳であります。

前段は事実の変化を起し得る有形的なものを考へて居る。後段は法律上の保護を規定する。両者は内容的に重複する可能性はない

第二項の所は重複すると云ふ風に御取になりましたが、さう云ふ風に申上げたのではなくつて、前後《段?》は事実力を持ち得ざらしむるのであります。武力と云ふのは事実の変化を起し得る物的なものと、物的とは限りませぬが、或は人的も含みますが、兎に角何か働きをする、有形的なものを考へて居ります。後段の方は法律上の保護を現して居ります。それで決して此の二つのものは内容的に重複する可能性のあるものではございませぬ。是は規定致します時に、物的の面だけで戦争の防止をするやうに考へる、又併せて法律的な方面のもの、手段迄も封鎖して、戦争の起らないやうにすると云ふこと、が問題になるのでありまして、原案者は矢張り物的と法律的との両方面から、戦争の起らないやうにすることが、適当であらうとしたのだと思ふのであります。尚何か深い意味があるかと云ふことを仰せになりましたが、特別に深い意味はないと考へて居ります。

第一項には、紛争の解決の手段として、とあるので、防禦戦争を含まない。但、第二項に於て、一切の場合に於ける手段を封鎖して居る

唯強《し》ひて申しますれば、第一項は「他国との間の紛争の解決の手段として」と云ふ条件が附いて居ります。従つて防禦的戦争と云ふものが、此の中に入つて居るか、入つて居らぬかと云ふ疑問が起る訳であります。言葉としては入つて居ないと云ふ風に解釈出来るだらうと思ひます。処が第二項の場合に於きましては、一切の場合に於ける手段を封鎖して居ります。物的に武力を持つてはならぬ、並に人的に武力を持つてはならぬと云ふことと、法律上交戦権を認めないと云ふ、二段のものがありまして、是は戦争類似行動が如何なる種類のものであるとを問はず、働いて来るのでありまするが故に、相当の影響がありまして、第一項よりも第二項の関係する所が、幅が広いと云ふことにはなると思つて居ります。

牧野英一君（無所属）

少ししつこいことを御尋ねするやうなことになるかも知れませぬけれども、尚心得の為にもう一度御釈明を願ひたい。

若し、重複関係がないとすれば、「戦力を用ひない交戦権」と云ふものがあり、それをも封じようと云ふわけであるか

第二項は重複関係ではない、一つは戦力の実体を規定し、一つは法律上の関係を規定したのであると、斯う云ふ風に御話を伺つたやうに心得ますするが、それはどうも矢張り一つは現実の力の方面から、一つは現実の力を法律に依つて行使する適用の方面から、矢張り楯を両面から御説明になつたのであらうと考へるのであります。若し是が重複関係がないと致しますると、戦力がなくても交戦を行ふ場合が想像し得られるので、さう云ふ場合には戦力を用ひない交戦権と云ふものがある、それをも封じて居る、斯う云ふ意味にならねば論理を全うし得ないやうに思ひまするが、さう云ふ特別な場合があると云ふ風に心得て宜いものでございませうか。

国務大臣　金森徳次郎君

「戦力のない戦争」を予想することは、甚だ困難。但、二段構への規定を設けることには、理由がある

戦力のない戦争を予想することは甚だ困難であります。併し法は飽く迄法でありまして、其の違反のある場合も法の上では予見しなければなりませぬ。まあさう云ふ考も起つて来ると思ふのであります。だから二段構へで防衛すると云ふことは理由があるのである、平素から武力を保存してはならぬ、是は明瞭なことでありまます。併し極く切羽詰つた場合に、此の規定の精神を破つて、急に間に合せの武力を何等かの方法で手に入れて、事を始めると云ふことがあるとは申しませぬけれども、懸念をすれば有り得るのであります。其の時にさうすれば国際法上の交戦権を得つつ、戦さが出来るとするのが宜いのか、さう云ふ場合にそんなことをやつて見たつて、国際法上の利益を持ち得ない。国内的秩序の建前から言へば、持ち得ないとする方が宜いかと云ふ、斯う云ふ問題でありまして、此の双方面よりして規律することが宜くはなからうかと思つて居ります。

牧野英一君（無所属）

竹槍を以てする場合にも、交戦権を許さない趣旨と心得る

只今の御説明で大分理解することが出来ました。結局竹槍を以て交戦権を行使すると云ふ場合も、想像出来る訳になりますが、其の場合に於ても其の交戦権は許さない、斯う云ふ意味になり得るものかと心得ました。即ち此処で文字の議論を致しましたのは、事柄の実体に非常に大きな影響がありますので、言葉は余り露骨に用ひまするこことは、注意を要する事柄で、午前に於ても金森国務相から此の点に付ては御注意がござりましたが、そこに私も重きを置いて、寧ろ交戦権と云ふ文字は取去つて欲しいと迄思ふ。

戦争は廃める、否定する、戦力は保持しない、と大筋だけを言ひ放ち、交戦権と云ふ文字を削除して余裕を残せ

交戦権を退けて此の規定を説明することに依つて、矢張りそこに重大なる国民思想の確立と云ふものを考へることが出来ると思ふのであります。前の方の第一項に付ても、私は矢張り用意周到に、戦争、威嚇、行使とせられないで、もうケロッグ条約を承けて、戦争は廃める、断念する、否定すると簡単に書き、従つて戦力は之を保持しないと、簡単明瞭に大筋だけを言ひ放つて置いて、さうして後は余裕を残すと云ふ所に、私は望ましいものがあると云ふことを考へるのであります。

規定の形式は簡単・明瞭なることを尊しとする

決して卑劣な考をそこに貯へようと云ふ積はございませぬけれども、矢張りそこに或るものを予想することが出来ると思ひまするので、規定の形式は簡単にして明瞭なることを、此の場合に尊しとするのではない

かと思ひまするが、斯うなりまするると見解の相違と云ふことになりませう。私の質問は是で打切ります。

高柳賢三君（研究会）

第二章第九条と不戦条約

九条の一項、二項に付きまして、第一項の字句を読みまして所謂ケロッグ・ブリアン条約を思ひ出すのであります。尤も其所では国策の手段としてと云ふ文字が使つてあるのに対して、此処では国際紛争を解決する手段と云ふ風に変つて居ります。又不戦条約では戦争のみが抛棄《ほうき》されることになつて居りますが、此所では不戦条約の解釈に付て学者の間に非常な争ひがあつた。武力に依る威嚇、武力の行使、是が所謂平和的手段、パシィフィック・メヂャーと云ふことが言へるかどうかと云ふことは国際法学者の間に非常に議論が分れて居つたのが、此処では其の一派の意見に従つて、それが廃棄の対象として此所に入つて居る、さう云ふことが之を読んで感ずるのであります。

戦争を廃棄する憲法の条項は必ずしも珍らしいものではない

自衛権は、国内法に於ける正当防衛権とは違ふ

此の不戦条約の後に出来ました千九百三十一年のスペインの憲法には矢張り戦争の廃棄が謳つてあり、更にラテン・アメリカの祖国の憲法の中にも同様な規定があり、更にずつと古く遡つて言へばフランス革命後の千七百九十一年の憲法の中にも、戦争を廃棄すると云ふ条項が見出だされる。それ等の意味で必ずしも戦争を廃棄すると云ふ憲法の条項は珍らしいものではないと思ふのでありますが、併しそれ等の総ての過去に於ける憲法の戦争抛棄に関する条項と云ふものは自衛権と云ふものが留保され、不戦条約に於ても自衛権と云ふものが留保され、而も其の自衛権と云ふものは国内法に於ける正当防衛権と違ふのでありまして、国内法に於きましては、正当なりや否やを決定すべき第三者たる裁判所と云ふものが最高の決定権を持つて居る。

従来の憲法の戦争抛棄《ほうき》に関する規定に於ても、不戦条約に於ても、自衛権は保留されて居る

然るに国際社会に於てはさう云ふ第三者に自衛権の行使の判定と云ふものを委せることを、従来孰れの国と雖も承諾しなかつた、従つて不戦条約に於て戦争は棄てられましたけれども、自衛戦争と云ふものは棄てられない、而も自衛なりや否やは、各国の自衛権を行使する国の判断と云ふものが最終的なものである、是は国際法の一般的に了解された国際法規でありますから、不戦条約と云ふものは大した意味はないのだと云ふのが当時の国際法学者の通説であつたのであります。唯昔は正当な戦争と正しからざる戦争との区別であつたのが、侵略戦争と防衛戦争との区別に言葉が変つただけだ、斯う云ふことが言はれたのであります。のみならず戦争は廃棄しましたけれども、戦力を廃棄すると云ふことは何処の国でもやらない、斯う云ふ訳でどうも不戦条約と云ふやうな条約が出来て之を基礎にした憲法が出来ても大した実際上の意味と云ふものが出て来ないと云ふことが国際関係と云ふものを研究して居る人達の十分に熟知、認識して居つた所であると考へます。

第二章第九条は従来の条約及び諸国の憲法に見出される戦争抛棄とは本質的に異り、非常に劃期的

然るに私共第二項を読みまするも、従来のそれ等の戦争抛棄とは非常に違ふので、第一は戦力を抛棄する、是は何処の国でもやらなかつたことである。第二は国の交戦権を抛棄する、是で恐らくは自衛権も抛棄する、斯う云ふ意味合が出て来るのであります。さう云ふやうな意味で此の九条の第一項と第二項と云ふものを併

せて読みまするに、従来の条約或は憲法の条項に於て見出される戦争抛棄《ほうき》とは本質的に違つた条項であると云ふことを感ずるのでございます。

原子爆弾の発明により従来の武装せる主権国家はナンセンス
将来の世界、世界聯邦と云ふものに照らして、はじめて意味がある

さう云ふやうな意味で私は此の条項は非常に劃期的なものである、併しながら現代に於ては戦争の分野に於て陸軍や海軍、従来のやうな意味の陸軍や海軍が何処迄役に立つかと云ふことが段々怪しくなつて来た、アトミック・ボーム、原子爆弾と云ふものの発見以来、武力の問題に付ても従来の考へ方と云ふものに革命が起つて来て居る。之に依つて従来武装された主権国家と云ふものが殆どナンセンスになつて来たのではないか、寧ろ世界と云ふものが聯邦となつて、そこに警察力と云ふものが、何処の国にも属しない警察力と云ふものが世界の平和を確保する、さう云ふ時代に向ふべきものではないか、さう云ふやうな意味と照合致しまして初めて此の条項と云ふものが活きて来るのである、さう云ふ世界と云ふものが来れば是は孰れの国家も此の条文のやうな条項を採用しなければならない、丁度アメリカの各州と云ふものが武力を持たないと同じやうに、各国と云ふものは武力を持たないと云ふことが原則になると云ふことが世界平和確保に対して必要なことであると云ふ風になる、さう云ふ一つの将来の世界と云ふものに照して此の条項の意味があるのだらうと云ふことを総会で簡単に申上げました。さうでありますので此の規定は非常に重大だと思はれますが、併し一般の国民は此の条項の意味と云ふものを十分に恐らくは理解しないのではないか、少くも法律家でも是はどう云ふ意味合があるのであるかと云ふことを十分に理解すると云ふことはなかなか困難だと思ひます。

侵略を受けた場合に於ても、この原則によれば武力抗争をせず、一時は侵略に委ねることになると思ふが、どうか

併しそれはどう云ふ事態が来るのかと云ふことをはつきり我々の意識に上ぼせて置くと云ふことが必要なことではないかと思ふのであります。そこで数個の点に付きまして、政府の見解を御尋ねしたいと思ふのであります。極めて具体的な点から申上げます、日本が或国から侵略を受けた場合でも、改正案の原則と云ふものは之に対して武力抗争をしないと云ふこと、即ち少くも一時は侵略に委せると云ふことになると思ふが、其の点はどうですか。

国務大臣　金森徳次郎君

武力なくしての防衛は自ら限度があり、自然さう云ふことになる

ちよつと聴き落しましたが、多分戦争を仕掛けられた時に、こちらに防衛力はないのであるからして、一時其の戦争の禍を我が国が受けると云ふことになるのではないかと云ふこと、それは場合に依りましてさう云ふことになることは避け得られぬと云ふことに考へて居ります。武力なくして防衛することは自ら限定されて居りますからして、自然さうなります。

高柳賢三君（研究会）

第九条の精神はガンヂーの無抵抗主義にあるものと理解して宜しいか

即ち謂はばガンヂーの無抵抗主義に依つて、侵略に委せる、併し後は世界の正義公平と云ふものに信頼してさう云ふことが是正されて行く、斯う云ふことを信じて、一時は武力に対して武を以て抗争すると云ふこ

とはしない、斯う云ふことが即ち此の第九条の精神であると云ふ風に理解して宜しうございますか。

国務大臣　金森徳次郎君

武力以外の方法に依つて或程度防衛余地は残されて居る。戦争以外の方法でのみ防衛する。其の他は御説の通り

実際の場合の想定がないと云ふと、之に対してはつきり御答は出来ないのでありまするが、第二項は、武力は持つことを禁止して居りますけれども、武力以外の方法に依つて或程度防衛して損害の限度を少くすると云ふ余地は残つて居ると思ひます。でありますから、今御尋になりました所は事の情勢に依つて考へなければならぬのでありまして、どうせ戦争は是は出来ませぬ。第一項に於きましては自衛戦争を必ずしも禁止して居りませぬ。が今御示になりましたやうに第二項になつて自衛戦争を行ふべき力を全然奪はれて居りますからして、其の形は出来ませぬ。併し各人が自己を保全すると云ふことは固より可能なことと思ひますから、戦争以外の方法でのみ防衛する、其の他は御説の通りです。

高柳賢三君（研究会）

憲法に依つて自衛戦争を抛棄《ほうき》しても、国際法上の自衛権を喪失しない。自衛戦争は憲法違反になるが、国際法違反にはならない

此の憲法に依りまして自衛戦争と云ふものを抛棄致しましても、それだけでは右の場合に日本は国際法上の自衛権を喪失せざるものと思ひますが、此の点はどうでありますか。即ち侵略者に対して武力抗争をすればそれは憲法違反にはなるけれども、国際法違反にはならないものと解釈致しますが、此の点はどうですか。

国務大臣　金森徳次郎君
法律学的に申せば、御説の通り
法律学的に申しますれば御説の通りと考へて居ります。元来さう云ふ徹底したる自衛権抛棄《ほうき》の方が正当なことかとも思ひますけれども、是は憲法でありまするが故に、其の能ふ限りに於てのみ効果を持つことになるのであります。……

高柳賢三君（研究会）
交戦国の権利義務に関する条約等は、憲法の規定にかかはらず、依然存続するものと思ふがどうか
交戦国の権利義務に関する色々な条約、それから俘虜の待遇に関する日本の国際法上の権利義務、それ等は此の憲法の規定に拘らず、其の儘日本に存続するものと云ふ風に私は理解しまするけれども此の点は如何ですか。

国務大臣　金森徳次郎君
国際法的には存続する
国際法的には存続するものと考へて居ります。

高柳賢三君（研究会）
正式に国際法上の要件を備へた「群民蜂起」の国際法上及び国内法上の地位はどうか
外国の軍隊に依つて侵略を受けた場合に、所謂国際法で知られて居る群民蜂起と申しますか、ルヴェー・

アン・マス、正式に国際法の要件を備へた群民蜂起の場合には防衛の為に群民蜂起が起る、さう云ふやうな場合に、其の国際法上及び国内法上の地位はどうか、私は国際法的には是は適法であつて、交戦者は戦闘員として矢張り取扱はれ、又俘虜になれば俘虜たる待遇を受けると云ふことになると思ひますが、国内法では国の交戦権を否認した憲法上の規定に反することになると云ふことになると思ひますが、其の点はどうでありますか。

国務大臣　金森徳次郎君

正当防衛の原理が解釈の根拠となるものかと考へる

左様の場合はどう云ふことになりますか、新らしき事態に伴ふ種々なる法律上の研究を要すると思ひますが、緊急必要な正当防衛の原理が当嵌つて、解釈の根拠となるものかと考へて居ります。

高柳賢三君（研究会）

今の御答は国際法的に……《ママ》

国務大臣　金森徳次郎君

国内法的に……《ママ》

高柳賢三君（研究会）

侵略に対する共同制裁を目的とする条約等も憲法違反と思ふが、どうか

此の憲法の条項に依つて所謂攻守同盟条約、又所謂侵略国に対する共同制裁を目的とする国際的な取決め、国際条約と云ふものを締結することは、憲法違反になると思ひますが、其の点はどうですか。

国務大臣　金森徳次郎君

第九条に違反する趣旨の条約は憲法違反

当然に第九条第一項第二項に違反するやうな形に於ける趣旨の条約でありますれば、固より憲法違反になると存じます。併し場合に依りましては、或は第一条第二項のやうなことをしなくても済むやうな条約が結べるとすれば、其の場合には又別に考へなければならぬと思ひます。

高柳賢三君（研究会）

自衛戦争拋棄《ほうき》は、自衛の名の下に侵略の行はれた通弊に照らして為されたものか

自衛権を拋棄したと云ふ言葉は、是は自衛の名の下に所謂国策の手段としての戦争が行はれる国際間の通弊に照して為されたものと云ふ御説明がありましたが、其の通りでございませうか。

国務大臣　金森徳次郎君

全くその通り

全く其の通りでありまして、従つて第一項で正式に自衛権に依る戦争は拋棄して居りませぬ。併し第二項に依つて実質上拋棄して居る、斯う云ふ形になります。

高柳賢三君（研究会）

共同制裁を目的とした戦争を抛棄《ほうき》するは、戦争そのものが人類の福祉に反すると云ふ根本思想に基くのではないか

共同制裁を目的とした戦争への加入と云ふものを封じて居ると云ふことは、共同制裁と云ふものを目的とする、戦争も矢張り国策の手段として行はれると云ふ弊害に照してなされたものと見て宜いか、即ち自衛権或は共同制裁と云ふやうな名目の下に戦争が行はれるのであるけれども、それは名目であつて戦争其のものがいけないのである、戦争其のものが人類の福祉に反すると云ふ根本思想に此の規定は基くのではないか、其の点を御説明願ひたい。

国務大臣　金森徳次郎君

普通の形を予想すれば御説の通り

是も実際の具体的な形を想定しないと正確には御答へ申し兼ねるのでありますけれども、普通の形を予想しますれば御説の通りと考へます。

高柳賢三君（研究会）

国聯憲章の平和思想と改正案の平和思想

改正案は国聯憲章を断乎排撃せむとするものであるか

国際聯合の憲章と云ふものは、是は自衛戦争、それから共同制裁としての戦争と云ふものを認めて居るのでありますが、此の改正案は其の孰《いず》れをも断乎排撃せむとするのである、従つて国際聯合憲章の世界平和思

想と、改正案の世界平和思想とは、根本的に其の哲学を異にするものであると云ふ風に思ひますが、其の点はどうでありませうか。

国務大臣　金森徳次郎君

本条は自ら見て正しいと思ふ所を規定したもので、国聯憲章を批判したものではない。国聯との関係は、別途将来の問題として研究する

国際聯合の趣旨と此の条とが如何なる点に於て違つて居るか、同じであるかと云ふことに付きましては、必ずしも一括して之を解決することは出来ないと思つて居ります。此の案は国際聯合の規定して居りまする個々の趣旨を必ずしも批判することなくして、日本自身が適当と認むる所に於て限界を定めて規定をした訳であります。衆議院に於きましても、其の関係に於きまして御質疑があつて、国際聯合に入る場合に於て、何処かに破綻を生ずるのではないかと云ふやうな御尋がありました。政府の只今の考へ方は、自分達の見て正しいと思ふ所に規定を置きましたから、それより起る国際聯合との関係は別途将来の問題として必要があれば研究すべき余地があると思ひます。

高柳賢三君（研究会）

日本は、新憲法の独自の世界平和政策に鑑み、国聯に加入せざる方が、国策に忠なる所以ではないか

スイスは永世中立国たる地位に鑑みて、国際聯合に加入しないことに決したと云ふ風に伝へられて居ります。日本は新憲法の独自の世界平和政策と云ふものに鑑みて、国際聯合とは全然哲学を異にする、国際聯合には寧ろ加入せざる方が憲法を認めて居る我が国策に忠なる所以ではないか、或は又もう少し妥協的に此の

中に入り込んで行つて、此の憲法の趣旨を全世界に伝播しようと、斯う云ふ御考へでありませうか、其の点に付て政府の御考を承りたい。

国務大臣　金森徳次郎君

憲法の趣旨と国聯憲章の趣旨とは違ふ所がある。これを如何に調節するかは将来の問題

此の憲法の趣旨が国際聯合の趣旨と違ふ所のあることは、今仰せになりました如くであります。従つて今後日本が国際聯合との関係に於て、如何なる態度を執るかと云ふことは、広い視野からして多角的に考ふべき余地を残して居ると存じますが、現実の問題として今日考ふるのは未だ其の時ではないのでありまするが、若し必要が起れば此の二つのものの間に、適当なる調節を図り得る途も色々あると云ふ風に考へて、研究と云ふ迄の段階にはなつて居りませぬけれども、心の中にはそれを描いて居ります。

高柳賢三君（研究会）

戦争抛棄《ほうき》の結果、中立国としての義務履行が出来なくなり、日本が戦場化する危険が濃厚ではないか

次に第三国の間に戦争が勃発した場合に、日本の中立の問題が起りますが、中立国と云ふものは中立国としての義務がある。例へば一方の交戦国の飛行場を日本に作らせると云ふやうなことをしてはいかぬ、或は海軍根拠地を提供してはいかぬと云ふやうな義務を中立国として当然負ふことになると思ひますが、日本は武力を全然抛棄した場合に於きましては、此の中立国の義務は、実質上に於て履行すると云ふことは出来なくなり、従つて他の交戦国は一方の交戦国に対してさう云ふことを許したと云ふので、同様なる行為を報復的にやると云ふやうな状態になつて、其処で日本が戦場化すると云ふやうな危険が相当濃厚ではないか、其の点を一応御説明を御願ひ致します。

国務大臣　幣原喜重郎君（男爵）

一言私の意見だけを申上げます。是から世界の将来を考へて見ますると、どうしても世界の輿論と云ふものを、日本に有利な方に導入するより外仕方がない、是が即ち日本の安全を守る唯一の良い方法であらうと思ひます。日本が袋叩きになつて、世界の輿論が侵略国である、悪い国であると云ふやうな感じを持つて居ります以上は、日本が如何に武力を持つて居つたつて、実は役に立たないと思ひます。

国聯加入に際しては、第九条の精神に基き、国聯憲章による再軍備及び制裁戦争への参加を保留しなければならない

我等の進んで行く途が正しければ「徳孤ならず必ず隣りあり」で、日本の進んで行く途は必ずそれから拓けて行くものだと私は考へて居るのであります。只今の御質問の点も私は同様に考へて居るのでありま す。日本は如何にも武力は持つて居りませぬ。それ故に若し現実の問題として、日本が国際聯合に加入すると云ふ問題が起つて参りました時は、我々はどうしても憲法と云ふものの適用、第九条の適用と云ふことを申して、之を留保しなければならぬと思ひます。是でも宜しいかと云ふことでありますれば、国際聯合の趣旨目的と云ふものは実は我々の共鳴する所が少くないのである、大体の目的はそれで宜しいのでありますから、我々は協力するけれども、併し我々の憲法の第九条がある以上は、此の適用に付ては我々は留保しなければならない。即ち我々の中立を破つて、さうして何処かの国に制裁を加へると云ふのに、協力をしなければならぬと云ふやうな命令と云ふか、さう云ふ註文を日本にして来る場合がありますれば、それは到底出来

ぬ、留保に依つてそれは出来ないと云ふやうな方針を執つて行くのが一番宜からう、我々は其の方針を以て進んで行きますならば、世界の輿論は翕然《きゅうぜん》として日本に集つて来るだらうと思ひます。

軍備を、持たないこと、交戦権のないことは、日本の権利、自由を守る最良の方法

兵隊のない、武力のない、交戦権のないと云ふことは、別に意とするに足りない、それが一番日本の権利、自由を守るのに良い方法である、私等はさう云ふ信念から出発致して居るのでございますから、ちよつと一言附加へて置きます。

高柳賢三君（研究会）

国民が個人として、第三国間の戦争に参加するを禁止する立法が必要ではないか

能く分りました。最後に此の条項は国に関する規定でありますが、国民に付ても此の同じ精神で、例へば他国間に戦争がある場合に於て其の一方の国の軍隊と云ふものに入つて戦争をやると云ふやうなことは之を禁止する、丁度イギリスのフオーレン・エンリストメント・アクトと云ふのが千八百七十年でしたかの法律でありますが、それと同種類のやうな法律と云ふものを拵《こしら》へて、日本人が外国の軍隊に入つて外国の武器を使つて戦争をすると云ふやうなことをもしないやうにすること迄国内法的に徹底させると云ふことが此の憲法の精神の上から必要であると思ふが、其の点に付てどうでせうか。

佐々木惣一君（無所属）

私の戦争抛棄《ほうき》と云ふ午前に御伺ひしましたことは実は時間上非常に端折つてやつたのですが、併し只今高

柳さんからの質問及び之に対する御答弁で実は私が言はなくても宜かつたと云ふことをはつきりしましたが、唯此の戦争抛棄の問題は一面外国、詰り国際的と、それから一面国内的と両面に亙りますから非常に複雑な問題が起るのであります。

幣原氏の所謂留保を申出る時期は何時か。独立前か、若くは独立後か

それで実は今私が午前に御尋ね致しましたのは、詰り目下国際聯合と云ふやうなこととの関聯に於て日本が何かそれに対して働き掛ける、意思表示をすると云ふやうなことがないかと云ふ風に申上げたのは、結局入つても入れないことになる、入つても役に立たないですから、共同制裁の戦力《争?》に加入すると云ふことが出来ないことになりますから、それは併し今幣原国務大臣の御答弁でさう云ふ事情を言うて、と云ふことになりまして、それは非常に宜いですけれども、其の事情を言ふと云ふことが、併しながら前以て言ふのですか、国際聯合に入るとか入らぬとか云ふことが具体的に問題になつた時に至つて言ふのであるか、さう云ふやうなことはまだ問題として残つて居ります。それは例へば今の、詰り外交関係に日本が認められるやうになつてから言ふのであるか、それ前に今でも言ふのであるかと云ふやうなことがまだ残つて居りますけれども、それはまあ御尋ね致しませぬ。

第九条の規定により、日本だけが不当の挑戦に対し武力抵抗を許されないやうな場合が実際に生じた時に於ける国民感情

それよりも、一つもう一点御尋ね致したいのは、詰り外国から不当に戦争でも日本に挑んで来ました時に、それでも今の不戦条約に依ると云ふと、さう云ふ即ちセルフ・デフェンスの手段としての戦争抛棄は是は決

して許されぬのではない、牢固として残つて居るんだと云ふ意味であるやうであります。さう云ふ許された客観的に誰が見ても許されるやうな時でも、日本は国内的にはどうも今の憲法の規定があつて戦争することが出来ないと云ふ状態に今置かれて居る。私は其の時に、今度国際関係でなしに国内の国民がさう云ふ場合にどう云ふ感じを持つであらうかと云ふやうなことも懸念をして昼前御尋ねしたのでありますが、其処迄言ふ時間がなかつた。そこで誰が見ても客観的に日本が攻められることが不当である、日本を攻めることが不都合だ、許されることではない、従つて日本から言へばパーミシブルに許されたセルフ・デフェンスと云ふ時でも、尚憲法の規定に依つてじつとして居らなければならぬと云ふ、さう云ふ場合が出て来ると云ふことは考へられるのですが、国民はどう云ふ感じを持つだらう、斯う云ふことをちよつと御尋ね致したいのであります。昼迄の問題に関係するから金森国務大臣に《ママ》……さう云ふ時に果して国民はそれで納得するだらうかと云ふやうなことですが。

国務大臣　金森徳次郎君

第二章は、捨身になつて国際平和のために貢献しやうとする大乗的規定。それより起る若干の故障は予め覚悟の前。御質問の点は、架空に予想することは困難

此の第二章の規定は実は大乗的にと云ふことを繰返して言ひましたし、本当に捨身になつて国際平和の為に貢献すると云ふことでありますから、それより起る普通の眼で見た若干の故障は予め覚悟の前と云ふ形になつて居る訳であります。従つて今御示になりましたやうな場合に於て自衛権は法律上は国内法的に行使して、自衛戦争は其の場合に行ふことは国内法的に禁止されて居りませぬけれども、武力も何にもない訳でありますから、事実防衛は出来ない、国民が相当の変つた状況に置かれるやうになると云ふことは、是は已むを得ぬと思ふ訳であります。併し其時に国民が何とか考へるであらうと云ふことは、今から架空に予想することは困難でありますが、国民亦斯くの如き大きな世界平和に進む其の道程に於て若干の不愉快なことが起つて来ることは覚悟して、之を何等か適切な方法で通り抜けようとする努力をするものと考へて居ります。

佐々木惣一君（無所属）

架空な想像と考へず、これを採入れて立法すべし

是れ以上別に御尋ねすることはないですが、唯私共はさう云ふ場合を架空な想像と考へずに、立法の場合はさう云ふことをも採入れて立法すべしと云ふ意見を持つて居ります。ちよつとそれを加へます。是で私の質問を打切ります。

澤田牛麿君（同和会）

地方治安の維持上、兵力の必要を生ずることは、実例があり、仮定の事実ではない

……私は警察の問題、即ち地方の治安問題に付て、地方長官が出兵を要求する権利を持つて居る訳で、仮想のことではない、現に私が福岡県知事をして居つた時分、大震災が起つて実は出兵を要求したのでありま す。朝鮮の労務者が沢山居るので不穏な噂が伝つたので、公式文書ではないけれども、出兵を要求したら、旅団長が承諾して適当な処置を執つたと云ふやうに、仮定の事実ではない。さう云ふ場合には矢張り軍隊が少しある方が宜いぢやないかと云ふことを申上げた処が、総理大臣は仮定の事実には返答出来ないと云ふやうな御話があつたから、私は前に質問したのです。又平塚君の御質問は多分それと同じだらうと思ひますから是は尚機会があつたら私も承知したいことであります。

パリ会議の模様を見れば、聯合国側も若干の兵力保有を許すものと想像される。それ迄遠慮する必要はないぢやないか

それと同時に是も総理大臣兼外務大臣から何の御答もなかつたのでありますが、パリー会議の進行の模様を見ますと、旧枢軸側の国に各々陸軍海軍、イタリーには海軍を許すやうであります。まだはつきり分つて居りませぬが、私外交のことは知りませぬが、新聞の見る所では矢張り枢軸側にも多少の軍備を認める様子でありますから、世界で日本だけ一つ軍備を聯合国側から禁ずると云ふことはどうもちよつと想像しにくいのであります。若し国内の警察の裏付として一万なり二万なりの兵でも置いて構はないと云ふやうに講和条約でなつた時に、憲法に先決つて居ると云ふと一万も五千も置けないと云ふことになる、それ迄に遠慮する必要はないぢやないかと云ふ考を持つて居るのであります。若し御差支がなければ幣原国務相から其の点に付て御意見を願へれば結構だと思ひます。

国務大臣　幣原喜重郎君（男爵）

警察力を充実することは差支ない。外国と戦争することが出来るやうな兵力を持つことは出来ない

直接私御答になるかならぬか能く分りませぬが、衆議院の方で修正を致しました之を御覧下されば能く分ります。即ち「日本国民は、正義と秩序を基調とする国際平和を誠実に希求し」と其の目的が書いてあり、日本国内の秩序を保つと云ふことは是には関係無いことであります。又第二項には「前項の目的を達するため」「戦力は、これを保持しない」と斯う書いてあります。警察力を充実することは差支ないと思ひます。併し外国と戦争することが出来るやうな兵力を持つと云ふことは出来ない、此のことは明瞭であると思ひます。其の点だけちよつと附加へて置きます。

澤田牛麿君（同和会）

第九条は、軍備を全然持たないと云ふのではなく、条約で許されれば幾らか持つと云ふ意味であるか

さうすると、第九条は日本の軍備を全部持たないと云ふ意味ではないのでありますな。条約で許されれば幾らか軍備を持つと云ふ意味でありますか。ちよつと私にはつきり聴取れなかつたのであります。無論外国と戦争する為の軍備はいけないけれども、さうでない場合に、若し平和条約に於て幾分の軍備を許される場合には、其の軍備は保持して差支ないと云ふ趣旨でありますか、ちよつともう一度伺ひたい。

国務大臣　幣原喜重郎君（男爵）

外国との戦争に関係ある戦力を持てないことは明瞭。併し国内警察力充実のため、機関銃を持つことまで禁止するものではないと思ふ

其の問題は結局、兵備はどう云ふものであるか、軍力はどう云ふものであるかと云ふ問題が掛つて来はせぬかと思ひます。是は戦力であると云ふことになりますと之を保持しないと云ふことになつて居ります。詰り国際平和を希求する目的を達する為に戦力は持たない、斯う云ふことになつて居ります。だから外国との戦争に関係のあるやうな戦力は是は持てないと云ふことは明瞭であります。併し国内の警察力の充実と云ふことは是は戦力と認めるかどうか、戦力と云ふ言葉を例へば機関銃一つ持つて居ることも戦力と云ふことであるならば、是は警察力を持てないと云ふことになるかも知れませぬが、此の趣旨はさう云ふことは禁止してあるのぢやないと思ひます。日本に兵力を許すと云ふことになりましても、僅か一個師団二個師団と云ふやうなものを許して呉れると云ふならば、それは何も有難いことはない、私はそんなことは恩恵と考へて居りませぬ。却て非常に累をなす所以と私は確信して、平和を希求する其の精神から発達して居るのだから、

僅かの兵力を持つことを許して呉れても私はさう云ふものを何も利用する必要はないと思ひます。併し国内の秩序を保つ為の力、是は謂はば警察力と名を附けて宜いものであります。是は持つことは当然であらうと私はさう云ふ風に考へて居ります。

澤田牛麿君（同和会）

外国と戦争するための軍備はいけないが、警察力と云ふ意味での軍備は宜いと云ふ意味か

警察力と云ふ意味での軍備、それはあつても宜いと云ふことになるのでありますか、はつきり御伺ひして置きたいと思ひます。何か此の九条を読むと、陸海空軍と云ふものだから総て軍備と云ふものは絶対にいけないやうにちよつと読まれるのですが、さう云ふ意味でなく、外国と戦争する為の軍備はいけないけれども、さうでない兵力、一個師団にしても二個師団にしてもそれは置いても宜いと云ふ意味でありませうか。ちよつと少し疑を持つのであります。

国務大臣　幣原喜重郎君（男爵）

国民同士戦争するための軍備はあるべきものではない。警察力で沢山

国内で国民同士互に戦争する為の武力とか軍備と云ふものはあるべきものでないと思ひます。是は警察力で沢山なものである、私はさう思つて居る。軍備は固よりいけませぬ。軍備と云ふものは詰り外国と戦争する為の戦備である、日本の国内で戦争する、戦闘する、さう云ふものを考へる必要はないと思ひます。

澤田牛麿君（同和会）

騒擾《そうじょう》等に際し、現に軍隊が出動した場合がある。治安維持のための軍備は置く方がよいではないか

私はさうは考へませぬ。現に先程申上げたやうな例があつて、騒擾の際に於ては、警察力が足りない場合は軍隊が治安の維持に、警察に尽力する為に出動する、国内で戦争すると云ふ意味でなく、治安維持、警備等の為に今迄は軍隊が実際出動して居る場合がある。理想としてはどうか知りませぬけれども、現にさう云ふ場合は時にあるです《ママ》から、さう云ふことの為に若し多少の軍備が許されるならばそれは置いて置く方が宜いと私共は思ひます。そこは意見の相違になりますけれども、国内で戦争すると云ふやうなことは私共も考へて居りませぬ。戦争ではないので、治安の維持であります。其の意味で御聴きしたのであります。

国務大臣　幣原喜重郎君（男爵）

治安維持のための力は、警察力と言へばよい、軍備とは言へない

同じことでありますが、度々申しますが、要するに治安の維持の為の力は何も軍備と云ふ名前を付ける必要はないと思ひます。私はさう云ふものは軍備と言へないものだと思ひます。唯警察力と云ふ名前を付けて置けばそれで宜いぢやないか、私はさう云ふ考で居ります。

織田信恒君（子爵・研究会）

私は実は先程牧野委員の御質疑の関聯質問として御尋ね致したいと思ひますが、議事の進行を御妨げしてはいけないと思ひまして、御遠慮して最後に廻して戴いたのであります。

戦力と云ふ言葉の内容は近代科学文化を標準にするのか、竹槍をも武力と見るのか、戦力の意味如何

それは牧野委員がさつき御述になりまして、其の後他の委員からも質問が出たのでありますが、戦力と云ふ言葉の内容であります。大体武力と同じやうに使つて居ると云ふ話でありまするが、戦力と云ふのはどう云ふ意味を持つて居りませうか、纏めて私の方から御尋ねして御答弁の便利を図りたいと思ひますが、或一つの兵器、科学的兵器と云ふものと、それに伴ふ戦争を目的とした組織体、それを合せたものが戦力と言ふのでありませうか、それが一つ。それから次には戦力と云ふものが今仮定しましたやうなことにして、武器の内容と云ふものが特に科学文明の或一定の文化を中心にして、それを兵器と申しますのですか。例へばさつき牧野委員の御話に竹槍を持つて行つてやるのも武力だと云ふやうな御話がありましたが、そこ迄広く広範囲に見るのですか。近代科学文化を目標にして或一つの兵器と云ふものから考へるものでありますか。是は矢張り将来の取締に影響すると思ふのでありますが、如何でありますか。先づ其の二点を伺つて置きます。

国務大臣　金森徳次郎君

「戦力」とは、戦争又はこれに類似する行為に於て、これを使用することによつて目的を達成し得る一切の人的及び物的力と言ふ。竹槍は戦力にはならぬ

此の戦力と申しますのは、戦争又は之に類似する行為に於て、之を使用することに依つて目的を達成し得る一切の人的及び物的力と云ふことにならうと考へて居ります。従つて御尋になつて居りまする或戦争目的に用ひることを本質とする科学的な或力の元、及び之を作成するに必要なる設備と云ふものは戦力と云ふことにならうと思つて居るのであります。又次に竹槍の類が問題になりましたが、斯様な戦力と云ふものは、其の国其の時代の文化を標準として判断をしなければならぬのでありますから、臨時に拵《こしら》へた竹槍と云ふものは戦力にはならぬものと実は思つて居ります。

織田信恒君（子爵・研究会）　それではつきり致しました。只今の御答弁の結果としましては、或科学的文明と言ひますか、科学文明が戦力化する其のプロセスをストップすると云ふ場面が矢張り起つて来る。

ウラニューム等、科学的文化の戦力化防止のための管理が問題。その限界を明確にして学者の疑懼《ぎく》を除くことが必要

さう考へますと、非常に範囲が狭くなりますが、或は少数の科学者でありますとか、少数の工場とか云ふものに限られて来るかも知れませぬが、其の必要な発明を戦力化する其のプロセスをしよつ中ストップするそれを法律に依りますか、どうなりますか、恐らく国際的には一番今後重要な点として残るのだらうと私は想像します。何年間か日本を管理すると云ふのは、全般を漠然と管理するのでなくて、戦力の根源、今のやうな或学者、例へばウラニュームならウラニュームの日本の学者、それに対する注意を払ふ、それが平和の方面に使用されるのはいゝが、戦力化することを国際的に監視する、さう云ふ問題が起つて来るのだらうと思ふ。現に新聞を見ますと、ウラニュームは平和的に研究することは許すのだ、戦力化することは禁ずるのだと云ふやうなことがパリー会議かなんかの結果で出て居つたと思ひます。今後科学的発明と云ふやうなものは色々なものが、新奇なものが発明されませうが、それが戦力化する方はチエックされる、さうでない方は自由に研究が継続される、それを矢張り国内的にも或程度取締つて、又国際的の疑惑を受けないやうにすると云ふやうな場面が相当起ると思ひます。之をはつきりして置きませぬと、是からの色々の科学的の研究の上にも学者が疑懼を懐《いだ》くやうなことがあると私は之を非常に心配することなんで、実は非常に自由に研究して戴かなければならぬと思ふ問題で、はつきりして置かなければいけないと思つて伺つて居る訳でありま

す。政府の所見を伺ひます。

国務大臣　金森徳次郎君

専ら戦争に用ひることを本体とするものは不可。その用途の広いものは其の儘では戦力とは考へられない

私は先に申しましたやうに戦争に用ひることを本体とするものがいけないのでありまして、其の用途が広くして、或場合に合理的な転換を経て戦力に供せられると云ふ段階のものであれば、物自身其の儘戦力になるとは考へられませぬ。例へば化学肥料を拵《こしら》へます一つの工業施設と云ふものが其の儘戦力であると云ふ判断は出来ない、斯う云ふ風に見解を取つて居ります。併し是等の問題は事実上は相当面倒な判断の問題になりませうけれども、考へ方は戦争に用ひることを本体とすると云ふ所に重点を置いて考へて居ります。

織田信恒君（子爵・研究会）

関聯質問は終ります。

大河内輝耕君（子爵・研究会）

自衛の戦争と雖も、当然禁止されて居るものと思ふが、どうか

先程ずつと間が開いたので分らなかつたのですが、私の伺ひ違ひだといけないから、一つ簡単に確めて置きます。自衛の戦争は国際法上でも自由であると斯う云ふやうな風に私は伺つて居りますが、さう私は簡単に片附けるべきものでないと思ふ。ポツダム宣言を受諾した前後の経緯から、如何に自衛のものだつて日本としてはそれは禁止せられて居ると思ふのが当然のことぢやないかと思ふ。斯う云ふ規定あれば勿論、此の

規定の意義を又ほじくることは止しますが、自衛と雖も戦争は出来ないと云ふ風なことでずつと来て居るものだと云ふ風に私は解されるやうに思ひますが、如何なものでせう。

国務大臣　金森徳次郎君

事柄としては、その通り。第一項では出来ることになつて居るが、第二項では出来なくなる

仰せになりました所は、大体のと言ひますか、事柄としては其の通りであります。唯私の方の説明が第一項では自衛戦争は出来ることになつて居ります、第二項では出来なくなる、斯う云ふ風に申しました。第九条の第一項では自衛戦争が出来ないと云ふ規定を含んで居りませぬ。処が第二項へ行きまして自衛戦争たると何たるとを問はず、戦力は之を持つていけない、又何か事を仕出かしても交戦権は之を認めない、さうすると自衛の目的を以て始めましても交戦権は認められないのですから、本当の戦争にはなりませぬ、だから結果から言ふと、今一項には入らないが、二項の結果として自衛戦争はやれないと云ふことになります。

大河内輝耕君（子爵・研究会）

国際的に考へても、戦争は一切やるべきものではないと見るが穏当ではないか

能く意味は分りましたが、私の伺ふ所は国際的に考へても日本は自衛戦争はやれない、戦争は一切やるべきものでないと云ふやうな風に国際の形勢の動き方からさう云ふ風に見るのが穏当ぢやないかと斯う云ふ意味なんです。

貴族院帝国憲法改正案特別委員会

昭和二一年九月一九日（木）

結城安次君（研究会）

第二十六条（教育を受ける権利、教育する義務）の規定があれば、戦争抛棄《ほうき》しても宜い

私のは第二十六条でありますが、此処に金森国務大臣と書いてありますが、私は文部大臣に御質問する積りで書いて出してありますから、誤りでありますから文部大臣に御願ひ致します。……実は此の憲法の草案を拝見しましたに戦争抛棄と云ふ条項では実に驚いたのであります。併し段々中を読んで参りますと、此の二十六条を見ました時に、是があれば戦争を抛棄しても宜いのだと云ふやうな考を私は持つたのであります。戦争、所謂軍備を撤廃する、軍備と云ふものは大体従来に於ては国力の基準になつて居る。国交、通商共に国力をバックとして居つた。其の国力と云ふのは主として軍備、戦力であると云ふ時に、今の日本が仮に軍備を持つて宜いと言はれた処、大した軍備は現在の状態としては当分の間は出来ないでありませう。さうすると日本はどうなるのだらう。

少しばかりの軍備は抛棄するに如かず

丸で裸で外国からどう云ふ目に遭ふだらうかと思ひましたが、併し更に翻《ひるがえ》つて考へますと、少しばかりの軍備を持つた所で何にもならぬ、それなら寧ろ進んで抛棄して、従来の国力観念、外交観念を百八十度転回して、日本は武力を背景とする外交をするのぢやない、国交をするのぢやない、所謂此の戦争抛棄の条項に

ある「正義と秩序を基調とする国際平和を誠実に希求」すると云ふ此の観念を以て我々はやるのだと云ふことを主張して、而も現実に行へば十分に日本は今迄以上の国になれる、併しそれには現在の如き状態では到底いけない、国民の教養、文化の点に於て、又産業に於てどこの国にも負けを取らないと云ふ位迄国民の力を引上げると云ふ為にはどうしても本当に教育を拡充する。

第九条と第二十六条とは表裏一体

立派な人間を造ると云ふ所に行つて、それを外国が認めたならば必ず日本は従来以上の日本になれると云ふことを考へました時に、初めて戦争抛棄《ほうき》と此の二十六条と云ふものは謂はば表裏一体を成すものだと云ふ考を持ちました時に、戦争抛棄はちつとも苦にならぬ、安心して棄てられると云ふ考を持つたのでありますが、併し現在の日本の状態を見ますると、最早私から申上げる迄もなく皆様御承知の通り、道義頽廃有らゆる方面に於て殆ど我々が想像して居らなかつた程ひどい有様であります。

教育を受ける権利と共に義務を負はせ、同時にその義務を国家が履行させることが必要

是等を十分に直して本当に日本人を造る、武器のない外交として、軍備のない日本が世界に浮び上るには特別に教育と云ふ所に力を注がなくちやならぬとすれば、此の際此の二十六条に教育を受ける権利ばかりでなく義務を負はせ、同時に其の義務を国家が履行する必要があるのぢやなからうか、此の点に関して文部大臣の御所見を伺ひたい。

文部大臣　田中耕太郎君

教育を受ける義務迄規定すれば、国民の負担は過重となるので、憲法としては権利を規定するに止めるが妥当

御答へ申上げます。只今縷々御話がありましたやうな趣旨で、教育の充実と云ふことが将来極めて必要であることは申す迄もありませぬ。処で第二十四条の第一項が権利のみを規定して義務を規定して居ないではないかと云ふ理由を御尋ねになりました、此の点に付きましては義務教育は第二項が之を決めて居るのでありまして、第一項は詰り能力に応じて教育を受ける権利を有する、其の受けることを得る所の教育の種類は是は学校に関する法規で以て別に決められなければならない訳であります、で是は詰り国民学校から大学に至る迄色々学校系統がございまして、それ等の細目に付ては法律で以て決められる訳であります。処でそれ等の教育を受ける権利が更に義務迄伴ふと云ふことになりまするると、国民に非常な負担を負はせることになりますし、又国家と雖も負担を過重する訳になるのでありまして、従つて教育を受ける権利のみを全般的に与へて、国家はさう云ふ教育施設を整備して置く、義務の方面は併し必要な限度に止めると云ふことにするのが憲法の建前から申しまして妥当であると考へます次第であります。

貴族院帝国憲法改正案特別委員会

昭和二一年九月二六日（木）

織田信恒君（子爵・研究会）

戦争放棄の精神に鑑み、総理大臣、国務大臣等は、軍人を避け、シヴィリアンによつて、その地位が占められることを確保して行きたい

……私は総論の時から御質問して居るやうに、私一人の観方かも知れませぬが、新憲法の一番の山は国際平和、第二章戦争放棄、此の平和の山に登る為に我々は一つのデモクラシー体制を採つて国際間に伍して行かうと云ふ、非常に国際的な性格を之に持つて居ります。此の平和の条章、之に相反するやうなことは絶対に避けなければならぬ。そこで起つて来るのは、総理大臣とか国務大臣、政治の最高級に立つて政治をする人が、平和と相反するやうな人が立つたならば、是は国民として許されないでせうし、国際的にも許されないことだと思ひます。それで是は少し取越し苦労になるかも知れぬけれども、国際的には日本が又元のやうな形になりはせぬかと云ふ心配、疑念は誰しも持つだらうと思ひます。無論今度は日本は武装を解除して居りますから、総てはシヴィルでありますけれども、将来矢張り総理大臣とか国務大臣と云ふものは昔みたいに軍人がなると云ふことを避けて、シヴィリアンに依つて其の地位が占められて行くと云ふことが、矢張り第二章を中心として考へても将来確保したい一つの行き方だらうと思ひます。（拍手）此の点一つ御意見を伺ひたいと思ひます。

国務大臣　金森徳次郎君

……国務大臣、総理大臣が軍人がなると云ふことはどうか、斯う云ふ御質疑であつたのであります。御説の通り此の憲法は、第二章に於きまして戦争の放棄と云ふ規定を設けまして、将来日本は国際関係に於きまして最も平和的な態度を執ると云ふことを闡明《せんめい》して居ります。

旧職業軍人を国務大臣等の地位から、制度として排除することは、非常に無理があるが、成るべくはさうする方が宜いのではないかと考へる

又統帥に関する規定とか、其の外之に関聯する一切の規定を省きまして、国内の必要を満たして居ることは勿論、国際関係に於ける疑惑を解くことに十分努め、其の趣旨は前文にも明かにして居る次第であります。そこで今迄過去に於きまして職業的なと申しますか、本来それを望んで軍人となつて、軍人として大いに世の中に努力せられたと云ふことは、其の当時々々の立場としては極めて正当であつた場合が多からうと存じまするけれども、此の憲法の建前を執りまする限り、左様な職業軍人の方々が若干の世の疑惑の空気を持つて居らるる。単り日本人が疑惑の空気を持つと云ふ訳ではなく、何となく世間の目で疑惑の目を持つて居らるると云ふことはないであらうかと云ふ懸念が起つて来る訳であります。戦を好む立場であるか、平和的であるかと云ふことは、其の人其の人の個性に依つて決るのでありまして、過去に於て軍人であつたからどうと云ふことは、純粋なる理論と致しましては筋違ひのものと思はれまするけれども、事自身が非常に重大なることであり、何としても矢張り過去の経歴が其の人の精神に対して影響を持ち得る可能性は多いのでありまするが、其の点に付て若干の考慮を用ふべき余地があり得ると考へて居るのであります。が、其の中で最も神経質に考へられまするのは、行政権を主管致しまする内閣の構成に……むづかしく申しましたけれども、

結局内閣総理大臣と其の他の国務大臣と云ふものは非常に限られた人でありまして、其の人達が或一つの特殊なる考を持ちまするると、自然国政全般の行き道に大きな影響を持ちまするので、過去の閲歴に依つてさう云ふ職分にならるることの途を閉すと云ふことは、一面に於て非常に無理な点があるかも知れぬとは思ひまするけれども、併し他の面から申しまするると、世の疑惑を解いて、又国家を極度に安定に導いて行く。

改正案には特別の規定は設けて居ないが、実際の場合に、恐らく妥当なる途が講ぜられて行くのではなからうか

兎に角社会的に見て略〻許され得る範囲の判断を以て考へて行きまするると、相成るべくはさう云ふ人達が総理大臣及国務大臣になられないやうにする方が宜いのではないかと考へて居るのであります。併し此の憲法はそれに付きまして特別なる規定は設けて居りませぬ。是は御承知の通りであります。唯第三章等の規定を噛合せて実際の場合に恐らく然るべき妥当な途が講ぜられて行くのではなからうか、斯う云ふ風に考へて別段の規定を設けて居りませぬ。精神に於きましては大いに考ふべき問題があると斯う考へて居ります。

貴族院帝国憲法改正案特別委員会

昭和二一年一〇月三日（木）

橋本実斐君（伯爵・研究会）

小委員長報告

小委員会の委員長報告を申上げます。只今議題となりました小委員会に於ける議事の経過並に結果を御報告申上げます。小委員会は去る九月二十八日以来四回之を開きまして、御委託の五案に付終始慎重に検討を加へ、昨十月二日之を討論に付し、次いで採決致しまして、多分只今御手許に配付申上げてあると存じまする前文の修正案外第十五条に於て第三項と致して、「公務員の選挙については、成年者による普通選挙を保障する。」を挿入致し、第四十三条は其の儘、第六十六条は第二項として「内閣総理大臣その他の国務大臣は文民でなければならない」を加へ、第七十九条に付ては、其の第二項、第三項及び第四項を削るべきであると云ふことに多数意見の一致を見ました。

議事は非公開、新聞発表は小委員長より行ふ

此の間小委員会の議事は終始懇談の形式を用ひまして、速記は必要の場合の外之を附しませぬでした。議事は又議員を除く外非公開と致しました。而して新聞発表は小委員長より之を行つて参ることに致しました。又其の間金森国務大臣は三回、総理大臣は一回出席を求めまして、其の説明を聴取致しました。是より各案に付きまして簡単に御説明を加へて参りたいと存じます。

前文修正の方針

先づ前文でありまするが、修正の方針を努めて衆議院修正の原文を維持しながら、文章の簡易、平明化を期しましたる関係上、文章の大きな移動は之を避けまして、文字の修正に止めたのであります。又努めて英文の文意を忠実に伝へることを期した次第であります。御手許に小委員会の修正案文を御配付致しましたから、之に就て御覧を願ひたいと思ひます。……

第六十六条の修正は第九条戦争放棄の規定と相照応

次に第六十六条でありますが、先刻も申上げましたるが如く、其の第二項に「内閣総理大臣その他の国務大臣は文民でなければならない」と云ふことに修正意見が纏りましたが、是は第二章第九条の戦争放棄の規定と相照応致しまして、世界平和を末永く続かせて行く為の考慮から出たものと思ひます。茲に「文民」と申しますることは、武臣に相対する言葉で、之を英語で言へばシビリアンズとでも云ふ積りの文字であります。聊《いささ》か慣れない感なきにしもあらずでございまするが、慣熟して参りますれば、段々シビリアンズの気持が滲み出て来ることと考へる次第であります。委員会に於きましては、初めは「文人」であるとか、「文治人」であるとか、「文臣」であるとか、「平人」であるとか、「民人」であるとか、色々の案が出たのでございまするが、結局「文民」に落ち著いた次第でございます。又委員の一人は、之を内閣法に書くことに致しまして、憲法上の規定を避くることの意見もございました。更に将来の国民を拘束するやうな修正に対しても賛成を留保したいとの御意見もございましたが、結局是も多数を以て、以上申上げましたやうな修正案に落ち著いた次第でございます。……

私の報告申上げますことは是で終ります。……

松村真一郎君（研究会）

第六十六条の修正案に反対。既に戦争が放棄された以上、日本国民は総て文民である筈

私は反対でございます。元来既に第二章に於て戦争を放棄し、戦力を保持して居ないとなつて居る以上は、日本の国民は総て文民であります。若し第六十六条第二項の修正案の如くするならば、日本国民の中には文民に非ざる者と云ふものがあると云ふことを想はせる規定になると思ひます。若し文民なりや否やと云ふことが問題になつた場合には、国務大臣が任命されたことが無効であるかどうかと云ふ問題も私は茲に起ると思ひます。さうして、其の国務大臣が為した行為それ自身が無効であると云ふやうな問題を起し、延いて裁判所の問題になると云ふことになると思ひますが故に、此の規定は存置することを不適当なりと考へます。国民中に、所謂文民と云ふのはどう云ふ意味か存じませぬけれども、此の趣旨に適さない者があつたなれば、それは任命されないでありませう。さう云ふこと迄細かいことを私は書く必要はないと思ひます。今日公職に適せざる者として、公職から所謂追放と云ふものの境遇に置かれて居られる方があります。斯う云ふ方は、只今直ぐに国務大臣に任ぜられると云ふやうなことは、是はないことは当然であると存じます。

所謂公職追放は一種の公権剥奪

併し元来、所謂公職の追放と云ふ地位に居られる方は、身分をどう云ふ法律関係に置かれて居るのであるかと云ふことを、私は法律で規定される必要があると思ひます。是は一種の公権剥奪であると考へます。それでありますから、如何なる場合に、其の公権は復権せらるゝものであるかと云ふやうなことも、私は想像することは必要であると思ひますから、さう云ふやうな規定が出来たならば、さう云ふ公権剥奪者は、自然国務大臣にもなれないと云ふやうなことになるのでありますから、斯くの如き規定を置くと云ふことは、私

は宜くないと考へます。殊に嘗て所謂職業軍人であつた人は、是はどう云ふことに解釈するのであるか、非常に是は曖昧なことになりますから、何と致しましても、斯くの如き規定の存することは当を得ないものでありますから、私は反対致します。

山田三良君（無所属）

国務大臣が文民でなければならぬとすれば、憲法第十四条と矛盾しはしないか

私は此の案を審議する際に気が附かなかつたのでありますが、斯う云ふ風に国務大臣が文民でなければならないと云ふことにしますと、此の憲法第十四条に「すべて国民は、法の下に平等であつて、人種、信条、性別、社会的身分又は門地により、政治的、経済的又は社会的関係において、差別されない。」此の政治的関係に於て差別されないと云ふ条項に、是は矛盾するやうに思ひますが、此の点を御説明を願ひます。

国務大臣　金森徳次郎君

文民と云ふ条件が入れば、第十四条と矛盾するが、致し方がない。これこそ憲法の眼目

第六十六条に「文民」と云ふ条件が入りまするど、今仰せになりましたやうに、一般の資格に、斯様な区別があると云ふやうな結果になるのであります。而して左様な結果をはつきり憲法の上に明かに致しまして、此の場合に於ては、左様な点に於て区別されても致し方がない。それこそ、憲法の眼目として居る所である。斯う云ふことの意味が出て来るのでありまして、若しも此の六十六条の今回御改正の案に上つて居りまするやうな規定がありませぬと、場合に依りまして、過去に於て職業軍人であつた人を排除致しまする場合に、憲法上の論議の余地が発生する虞ありと考へて居ります。

山田三良君（無所属）
提案者の説明を求む

今ので分りました。私は国務大臣の説明を求めたのではないのでありまして、此の提案者の説明を求めたのであります。

織田信恒君（子爵・研究会）
論理上面白くない点もあるが、熱心なる討議の結果ここに至る

此の「文民」の言葉に付きましては、申上げる迄もなく、山田委員も同じ小委員で一緒に我々と御研究になつた訳でありまするが、先程松村委員からも仰しやつたやうに、論理上甚だ面白くない点も起るかと思ふのであります。併し之に付ては、色々此の憲法の戦争放棄の条章に関聯して、斯う云ふやうな規定を入れた方が将来日本の国家の為に有利ではあるまいかと云つたやうな観点から、小委員会に於ても態〻《わざわざ》総理大臣の御出席を求めて、各委員から熱心に此の問題に付て御討議があつた結果、此処に収つた、斯う云ふことを私、御報告申します。

委員長　安倍能成君（同成会）
第六十六条修正案採決

それでは決を採ることに致しませう。第六十六条第二項として左の如く加ふ、「内閣総理大臣その他の国務大臣は文民でなければならない。」之に御賛成の方は御起立を願ひます。

〔起立者多数〕

委員長　安倍能成君（同成会）
多数を以て可決
多数でございます。……
委員長　安倍能成君（同成会）
前文及び第六十六条修正案可決
……小委員会付託の案の中で、前文の修正案は可決になりました。……それから第三に「第六十六条第二項として左の如く加ふ、「内閣総理大臣その他の国務大臣は文民でなければならない。」是は可決になりました。……以上を以て修正の決定した点を除き、衆議院送付に係る所の帝国憲法改正案全部を問題に供します。
委員長　安倍能成君（同成会）
修正の決定した点を除く帝国憲法改正案全部の採決
他に此の全体に対する御意見はございませぬか。……それでは修正の決定した点を除き、衆議院送付に係る帝国憲法改正案、全部を採決に付します。御賛成の方は御起立を願ひます。
〔起立者多数〕
委員長　安倍能成君（同成会）
帝国憲法改正案多数を以て修正可決
多数でございます。仍《よっ》て本委員会に付託となりました帝国憲法改正案は多数を以て修正可決されました。

貴族院本会議

昭和二一年一〇月五日（土）

安倍能成君（同成会）

委員会における経過

本院に於ける憲法改正特別委員会は、八月三十一日から憲法改正の審議に入り、前後二十二回の会合を開きました。九月二十六日に質疑を終了して、懇談会に入つて、其の結果、小委員会を設けて、各委員から提出せられた修正案の審議を行ひました。小委員会は四回に亙つて開かれまして、其の修正案を得て、十月三日に之を委員会に報告し、同日委員会は本案及び各修正案に付討論を行ひ、結局本案及び修正案を可決したのであります。其の間に於ける質疑応答の概要及び修正案文に付ての説明を致したいと思ひます。……

第二章戦争抛棄《ほうき》に関する政府の見解

第二章でありますが、第二章は、此の改正憲法にのみあつて、外国の憲法にない規定であります。学者の説に依りますと、第一項の戦争抛棄は外にも稀なる例があるさうでありますが、戦力並に交戦権否認と云ふことは、未だ嘗て何処の国の憲法にも見ざる所だと言はれて居ります。之に対する政府の所論を御紹介致しますと、先づ世界恒久平和は全人類に与へられた宿題であるが、我が国の現状は積極的に其の達成に付て国際的努力を払ふと云ふ、さう云ふ所迄は許されて居らない。そこで差当り可能なることは、此の憲法改正に当つて、我が国の徹底的なる平和主義の態度を内外に闡明《せんめい》して、之を世界に先んじて為さむとするものである。此の点我が国に対する聯合国の疑惑の払拭と云ふことは、是は結果であつて必ずしも目的ではない。又逆に斯様な規定を憲法に掲げることに依つて世界を瞞著《まんちゃく》するものだと云ふさう云ふ非議《難?》に対しては、今後に於ける我が国の態度が終始最も明確に之を反駁することにならうと云ふことでありました。

自衛権の問題
国聯憲章との関係

併し本条は固より国内法であつて、国際的には政治的な意味を持つに過ぎないのであつて、法律的なる意義を持つことは出来ない。尚所謂自衛権の問題が大分問題になりましたが、此の自衛権は戦力撤廃、交戦権否認の結果として自ら発動が困難になるのでありまして、外国と攻守同盟条約を締結することも結局不可能となり、国際聯合憲章の規定する自衛戦争、共同防衛戦争等との関係は、将来国際聯合に加入することとなつた場合に別個に考へるべきではあるが、寧ろ其の際は我が国としては、兵力の提供義務を留保すると云ふことを考へることになるであらう。要するに此の戦争の抛棄《ほうき》、戦力の撤廃、交戦権の否認と云ふことを此の憲法の中に入れたと云ふことは、是は全く捨身の態度であつて、身を捨ててこそ浮ぶ瀬もあれと云ふ、さう云ふ風な異常な決心に基くと云ふ政府の開陳でありました。……

第十章最高法規

第十章最高法規は、或は他の法規と重複し、或は自明の理であるとして全章を削除すべしとの論も強かつたのでありますが、政府は其の存置の必要を主張し、又委員の間にも政府と所見を同うする向もあつて、此の点は其の儘になつたのであります。

特別委員会の修正案

次に此の特別委員会に於て修正せられた修正案に付て申上げます。……第六十六条、「内閣は、法律の定めるところにより、その首長たる内閣総理大臣及びその他の国務大臣でこれを組織する。内閣は、行政権の行使について、国会に対し連帯して責任を負ふ。」

文民の意義と文民の条件をつけた理由

此の第一項と第二項との間に「内閣総理大臣その他の国務大臣は、文民でなければならない。」斯う云ふ修正が下されたのであります。是は第二章、第九条の戦争抛棄《ほうき》の規定と相照応して世界平和を末永く続かせて行くと云ふ、さう云ふ考慮から修正されたものであります。文民と云ふ言葉が多少不熟な感がありますが、此の文民に代るものとしては或は文人、文治人、文臣、平人、民人と云ふやうな、さう云ふ風な案も提出されたのでありますが、其の中で比較的一番良いと思はれる文人と云ふのは官吏に限られると云ふ、さふ云ふ風な虞があるので、文民と云ふ所に落著いたのであります、文民は武臣に対する所の言葉であります。……

帝国憲法の改正は必然的

此の憲法改正と云ふことが、現行憲法と云ふものを自ら毀《こぼ》つた、我が国民の過去に於ける所の行跡から考へて免るべからざる所の必然的なものであると云ふことは、是は言ふ迄もないことでありまして、其の点に付ては一般の民衆は兎も角として、政府者も議員も学者も、それからして官吏も、皆悉く其の責任を免れることは出来ないものであつて、今後の新しい憲法と云ふものを実現する所の責任は、さう云ふ風な過誤を犯した所の日本国民全体が之を負ふべきものであると考へるのであります。私は此の憲法を審議するに当つて、実に感慨無量なものがありまして、此の新憲法に対して必ずしも欣びを感ずることは出来ないのでありますが、併し唯之を履《ふ》まへて此の憲法の良き精神を発揮して、さうして日本の将来に於ける所の欣びと幸とを拓いて行きたいと考へるのであります。（拍手起る）

佐々木惣一君（無所属）

帝国憲法改正案に反対。今回提案の如く改正することは賛成しない

私は帝国憲法改正案反対の意見を有する者であります。此の私の意見を我が貴族院の壇上に於て述べますことは、私に取つて実に言ひ難き苦痛であります。今日帝国憲法を改正することを考へること其のことは、私も政府と全く同じ考でありまするが、唯、今回提案の如くに改正することは、私の賛成せざる所であります。

賛否を決するに当つての標準二項

一、改正案の個々の規定を取上げて見ても適正なる判断を下すことは出来ない。全部を関聯させて見なければならない

二、敗戦による内外の要求を充たすに必要な改正に止め、この必要に応ずることの出来る規定を変更したり、若くはこの必要に応ずることの出来ない規定を新設することは避けねばならない

冒頭、私が帝国憲法改正案に対しまして、賛否を決するに当つて如何なる点に標準を置くかと云ふことに付て一言致します。次の二つのことを考へる必要があります。其の一つ、今回の改正案は、改正とは申しますけれども、憲法中の一部を特に定めて改正せむとするのではありませぬ。其の全部に亙つて改正せむと

するのであります。改正の名の下に新制定をなさむとするのであります。故に其の案全体の是非を判断するに当つては、改正案の規定中、特定の或ものだけを取上げて見ても、決して適正なる結果を得ることは私には出来ませぬ。改正案の規定を全部を関聯せしめて見て、其の改正案の規定せむとする事項の軽重を考へるの外はないのであります。我が国として重んずべきものが捨てられますならば、他のものに採るべき点がありましても、改正案全体としては之を不可とせざるを得ないと信ずるのであります。其の二つ、今回我々が帝国憲法の改正を考へると云ふことは抑ゝ如何なる必要に依つて生じたことでありませうか、それは要するに次のことに帰著致します。我々は最近の経験に徴して、将来の活動に付て痛切なる要求を持つに至りました。即ち我が国は終戦前迄執つて居た所の軍国主義的、極国家主義的の誤れる態度を捨てて、平和主義的、道義的の正しい態度を執り、人類の幸福を増進することを使命とせなくてはならない、此の使命を達するが為には、先づ国家の活動に於て破壊されて居るデモクラテイック体制、即ち民意主義体制を復活強化しなくてはならぬ。次に国民の自由が実際に尊重され、其の基本的人権が確保されなくてはならぬ。民意主義的体制の復活強化と国民の自由の実際の尊重とに依り、近年の如く軍国主義的、極国家主義的の傾向を持つ者が政治を担当すると云ふ事実の再び現れて来る余地をなくしなくてはならぬ、是が我々の痛切なる要求でありますます。斯う云ふ考は我々国民自身の間に起つたのでありまするが、是は当然のことであります。加ふるに敗戦して受諾しました彼のポツダム宣言が厳粛に之を命じて居るのであります。即ち右に述べました要求は、内外の事情から我々が今痛切に感じて居る要求なのでありまして、我々は此の要求を満す為に適当なる活動を為さなければなりませぬ。然るに此の要求を満す為の適当なる活動は、現在の儘の帝国憲法の下では十分に行ふことが出来ない、そこで帝国憲法の改正と云ふことを考へたのであります。以上述べました所を結んで申せば、今帝国憲法の改正を為すと云ふことに付ては我々の今後の活動上の要求、詳しく言へば民意主義体制の復活強化と国民の自由の実際上の尊重、而して之に依り軍国主義的、極国家主義的の傾向を有する者の政治担当と云ふ事実の再現を防止すると云ふ要求を満す為に必要な改正であると云ふことを忘れてはならぬのであります。

帝国憲法改正案を全体として見て不可と断定する理由十項

故に或は此の必要に応ずることの出来る現在の規定を変更したり、或は此の要求に応ずることの出来ぬ規定を新設したりすることは、今回の帝国憲法の改正に於ては努めて避くべきことであります。右の如き見地に立つて私は今回の帝国憲法改正案に付て討究し、且政府の説明を聴き、又政府に質疑し、其の結果、帝国憲法改正案を全体として見て不可と断定するに至つたのであります。頗《すこぶ》る遺憾に存じます。其の理由の主なるもの次の通りであります。

我が国今後の平和主義的、道義的使命の達成は、国家の個性を基礎とする活動によらなくてはならない。この点に関する注意が、改正案に於ては不十分

……第九、我が国の今後の平和主義的、道義的の使命は、我が国家の個性を基礎とする活動に依らなくては、之を達成することは出来ないと云ふ点が注意されなくてはなりませぬ。帝国憲法改正案に依れば、右の注意が不十分であると思ふのであります。我が国家は、今後国内生活に於きましても、国際生活に於きましても、平和主義的、道義的国家として、人間社会の平和、道義を実現することを使命とするのでありますが、其の使命を達成するには、我が国家の個性に基礎を置いて、そして活動するのでなくては、到底有効なる結果を齎《もたら》すことは出来ないのであります。固より人間は、総ての社会の人間が普遍的な性質を持つて居る

ことは言ふ迄もありませぬけれども、今日斯くの如く幾多の国家が相分れて、各各其の国家群として社会生活をなして居りまする以上は、其の活動の様式に於きましても、必ず其の国家々々に存在して居りまする所の個性に基礎を置かずしては、其の活動は結局無効に終ると思ふのであります。此のことに付きましては、もう時間もありませぬから詳しく申上げることは止めて置きます。此のことは唯、我が国の国内生活のみでなく、国際生活に付て特に感ずるのであります。それで世界の人間は、皆一様に平等的、道義的の社会生活の実現に努力しなくちやならぬのでありまするけれども、併しながら其の努力は、各国家々々に特別なる所の個性に相応しきものでなくては、到底其の効果を挙げることは出来ないと思ふのであります。将来我が国が従来の誤れる所の国際的態度を改めて、大いに世界と相提携しまして、平和的道義を実現すると云ふことは当然のことでありまするが、それであればある程、我が国の活動の状況を、我が国の個性に適合したものとせなくてはならないと考へるのであります。此の点に於きまして、帝国憲法改正案では、少しく其の用意が不十分であるかと思ふのであります。反対せざるを得ませぬ。

改正案に対する可否を決するに当つては、之を全体として、一体として見なければならない。個々の条項としては賛成するものもあるが、全体として見て、これを不可とせざるを得ない

第十、帝国憲法の改正案の個々の条項の可、不可と云ふことは、それ自身では、私の判断する立場に於きましては、帝国憲法改正案を一体として見て其の可、不可を決定するの材料とはなりませぬ。帝国憲法改正案の条項を個々のものとして見まする時は、可なるものも不可なるものも色々あります。私の大いに賛成するものも決して少くはありませぬ。併しながら何れに致しましても、今回の如き改正案に対する判断と致しましては、之を全体として、一体として見て、其の可否を決定しなくては、ならぬと私は思ふのでありまするから、私が今回の改正案中、可とするものがある、従つて其の点に於ては賛成するものがありましても、而も全体として其の改正案を不可とするのは已むを得ない、斯う云ふ意向であります。其の理由は、前刻来申上げた通りであります。……

内閣の努力に敬意を表す

翻つて思ひますれば、現内閣が前内閣の志を継がれて、今回の帝国憲法改正案を帝国議会に提出せられてより今日に至る迄、或は説明に、或は其の維持の為に、多大の努力を払はれたことは、私の衷心、敬意を表する所であります。固より私は此の案に反対する者でありまするけれども、此の諸公の苦衷の存する所は能く分つて居ります。衆議院に於きましては先に可決致しました。我が貴族院に於ても久しく審議を致し、今将に其の議決に至らむとして居るのであります。斯かる憲法案と云ふが如きものに付きましては、出来るならば、一人の不可とする者の存在せざることが勿論望ましいのであります。私も固よりさう云ふことは分つて居る、内閣の諸公、我が貴族院の議員諸君も同様であらうと思ふのでありまするが、併しながら私は前に述べました所の意見に依りまして反対の意を此処で表明せざるを得ないことに相成つたのであります。実は誠に苦痛の至りであります。若し之が為に我が貴族院の同僚諸君の御気持を損ふやうなことがありましたならば、私は唯々、諸君に向つて私の頑愚なるを笑つて御許し下されむことを御願ひするのであります。斯かる強く、又弱き思ひを懐きながら、私は今此の壇を降るのであります。（拍手起る）

松村真一郎君（研究会）

本案に賛成

私は本案に賛成する者であります。大日本帝国憲法は全部改正せられて、新たに日本国憲法が生まれむとするのであります。何故に憲法を改正するの必要があるのであるか、我等国民は心に之を問ひ、大日本帝国憲法と本法案とを心を以て読み、本法案の成立を可とすべきや否やを我々各自は各自の心に懐く所の法理に依りて判断せなければならないのであります。私が本法案に対する賛否を決するが為に準拠する素朴、未熟なる法理として私の心に懐く所のものは、是より陳述する通りのものであります。凡そ国体なるものは国の存在と共に定つて居るのであります。国在れば即ち国体があります、而して国在れば即ち法が存在します、ウビ・ゾツィエタス・イビ・ユスであります。……

日本民族は過去の過誤を悔い改め、神の国を建設しなければならない

法案第二章は戦争の放棄を規定して居ります。人の国は戦争を放棄することは出来ないでありませう。併し良心の神の国にして初めて戦争を放棄し、世界平和を齎《もたら》し得るのであると考へます。「人新たに生れずば神の国を見ること能はず」、日本民族は過去の大なる過誤を悔い改め、神の国を建設せねばなりませぬ。日本が神の国であると云ふのは、道徳上の神の国、即ち良心の国であるべきことを意味すると思ひます。惟神の国、良心さながらの国を見むことを冀《こいねが》ふのであります。

戦争権は天賦の国権ではない

凡そ国の存する以上は、自衛権は存するのであつて、自衛権は国の固有権であると考へ、従つて自衛権行使として戦争を行ふことは、国存在上当然であるとの考も存するでありませう。基本的人権が天賦の人権であるが如く、戦争権は国の根本的本質権である、故に一時は戦争を放棄しても、何れは従来の面目に復帰す

べきものであるとの考も起るでありませう。併し戦争権は天賦の国権ではありませぬ。神と悪魔とは両立を許さざるが如くに、平和と戦争とは両立を許さざるものと私は考へます。……

新憲法の三要綱

一、戦争放棄

二、三権分立、国会最高、責任内閣制

三、基本的人権の確立、尊重

要約すれば新憲法は三要綱を骨子として居ります。第一、日本国は各国に率先して戦争を放棄し、文化国家として、世界永遠の平和の成立に貢献せむとするものであります。第二、日本国の国体は天皇を中心とした主権集中国体であつて、新憲法に依りて日本国は新たに中央分《ママ》政権、国会最高、内閣全責任、民主主義、憲政の政体を樹立するのであります。第三、基本的人権が広く深く尊重せられ、国民の自由福祉が永久に確保せらるるのであります。我等国民は敗戦に至る迄に陥りたる大なる過誤を、未来永劫重ねてはならないのであります。我等国民は一層深く広く国政に関心し、政治上の責任の益ゝ重加し来れることを心に銘じ、和楽、協働して平和日本建設に勇往邁進し、世界の福祉増進に貢献せむことを期するものであります。以上の見地に立脚して本法案に賛成致します。（拍手）

大河内輝耕君（子爵・研究会）
憲法改正案に対して賛成を表する

遅く迄皆さんを御引留めして相済みませぬ。只今諸先輩から色々賛成論、反対論を伺ひました。誠に一々御尤も、誠に私も良い教訓を受け、政府に於ても、又社会一般に取つても大変良い影響を与へたこととして、茲に感謝を致します。……

新日本建設の目標は民主主義と平和主義

偖《さて》然らば将来新日本の建設に対して如何なる所に我々は目標を置くべきであるか、是は申す迄もなく民主主義と平和主義とでございます。それで此の憲法の中を通覧して見ますると、成る程御話の通り、文章も甚だ上手ではないやうである。殊に文法などもどうかと云ふと、此の文法に付ては、私は余計なことを言ふやうですが、それは恕《ゆる》さなければならないので、今口語体の文法と云ふものは決つて居らないから、多少とも滅茶苦茶になつて居るのは仕方がない。それを無理に決めたり、口語体に持つて行つて本居の文法を嵌めるより、口語体をもつと発達させて、其の発達した処で文法を決めた方が宜いのですから、文法上は仕方がないので、文章は上手ではないと思ひますけれども、併し此の憲法に於て平和主義と民主主義が明白に現れて居ると云ふことは申上げて宜い。……

少し御うるさいやうでございますが、中へ入つて一つ其の事例を二三言はして載きたい、二三ぢやない、事柄が少し多いから恐縮します。そこは悪しからず。

前文には、平和主義と民主主義が立派に現れて居る

前文に於ては平和主義と民主主義が立派に現れて居る。成る程文章はどうか知りませぬけれども、其の何を言つて居るのかと云ふことは能く分る。第一章に於きましては、天皇の権威を明かにし、且其の第六条以下には天皇の権限を明確に致しまして、天皇を御安泰の地位に置く。第二章に於ては、自衛の戦争と雖も之

を禁じて、さうして平和主義の大宣言を世界に向つて致して居ります。……

内閣大臣が穏健な思想者でなければならないことを明かにするため、第二項を挿入し、これを文民に限ることにした

内閣の規定に付きましては、内閣員が穏健なる思想者であると云ふことを明かにせむが為に内閣大臣が文民に限ると云ふことの規定を挿入されました。是は委員長から御説明もございましたが、私は一つ是は私の見解を述べさして戴きたい。委員会で議して居りまする中に、どうも皆さんの御意嚮が、内閣の大臣は穏健な思想の所有者でなけりやいかぬと云ふ空気がぼつぼつ現れて来た。

第二項挿入の経緯
文民と云ふ訳語の由来

それで誰言ふとなく、それを綜合して見ると云ふと、それは文章の此の中へ入れても宜いぢやないか、此の中へ入れて宜いのぢやないかと云つてどんな言葉が宜いだらうかと言つて居ると、或人が言ふには、それは英語ならある、シヴィリアンと云ふ字なんだ、斯う仰しやつた。それで成る程それが能く穏《おだやか》な思想の所有者だと云ふことを表して居る。能く表して居るが、偖之を日本語に訳したらどうだと云ふことで、色々御苦心になつた結果、文民と云ふ字が現れて来たのでございます。誠に此の字は今迄ない字でございまして、さうして、其の点から言ふと余り何ですが、文化人と申すと、其の儘受取れば宜しうございますが、少し斯う何か平家の公達みたいなものを聯想して参ります。それから文人と云ふのも文人墨客と云ふので何だかをかしい。それはさう云ふ言葉は宜いのですから、虚心坦懐に取ればそれで宜いのですけれども、穏健な思想の

所有者と云ふことは表れませうけれども、どうも外にも意味があるものですから使ひ難い。

文民の字義は、委員会では決定しなかつた。文民の意義かく解して然るべし

遂に斯う云ふ言葉に落著いたのでございますが、是は私と致しまして御伺ひした時此の字義はいかぬ、此の字義は実は委員会では御決定はなかつた。私は併し皆様の御研究、皆様の教を仰ぐ便宜の為に、此の私の解釈を申上げたいと思ふ。文民、此の意味は前文にすつかり表れて居る。前文は何かと云ふと、民主主義と平和主義とを唱へて居る、さうして専制と、隷従と、圧迫と偏狭とを地上から永遠に除去しようと努めて居ると斯う書いてある。其の民主主義と平和主義を体得し、そして専制と隷従と、圧迫と偏狭とを排除する、是が所謂シヴィルの思想です。シヴィルとかシヴィライズとか、シヴィリゼーションとか云ふのは皆斯う云ふやうな思想であらうと思ひます。

第二項を挿入したのは、現に不穏なる思想の所有者を排除するためであつて、過去に於て或官歴を持つた者を、その官歴の故に排除するためではない。これを明かにして本案に賛成

即ち文民と云ふものは、積極的に言へば平和主義、民主主義を体得し、専制、隷従、圧迫、偏狭を排除する。それから消極的に申せば、偏狭なる思想、軍国主義、或は偏狭な、極端なる国家主義を排除する、此の人達の中から取らなきやならぬと私は斯う解釈して、然るべきと存じます。従つて先達て新聞にございました如くに、或官歴を持つた人は排除するなんて云ふやうなことは私は到底そんな心は起りませぬ。嘗てどんな職に在つた人でも穏健なる思想の所有者であれば、是は大臣とするも何とするも少しも差支ない、大手を振つて大臣になり得るものと私は確信致して居ります。是は私は此の賛成理由を述べるに付きまして必要と存じまするから、私の解釈を茲に明かに致して置きます。……

貴族院本会議

昭和二一年一〇月六日（日）

松本學君（研究会）

憲法改正案には日本的性格が十分に現はれて居るものと解して、委員長報告に賛成

私は憲法改正案の委員長報告の修正に賛成の意を表する者であります。……

先づ第一に主権が国民に在ると云ふことが前文及び第一条に明記されて居ることであります。……

第九条は、世界各国に対する堂々たる平和宣言と解釈する。日本的性格、日本本来の面目はここに存する

其の第二の点は九条の規定であります所の戦争放棄と云ふあの平和宣言、私はあの九条は憲法に規定せられたる一箇条ではありますけれども、我が国が世界各国に向つて堂々たる平和宣言をしたものだと解釈致すのであります。戦争を放棄して恒久の平和を維持すると云ふことを、捨身になつて世界に宣言をして居る是は大宣言であります。処が、或は之を評して日本は全部武装を解除し、軍備を持たない国でありながら、今更戦争放棄と云ひ、世界平和を宣言するなんと云ふことはユートピヤに過ぎない、引かれ者の小唄である、負けた者の負け惜しみぢやないかと云ふことで評せらるるかも知れませぬ。又我々が侵略国民である、或は帝国主義的な、好戦的な国民であると云ふことを世間から、之を是迄世界各国から思はれて疑はれて居つたから、其の疑を解く為に戦争放棄と云ふやうなことを箇条として書き上げて居ると云ふが如き考の方もあるかも知れぬと思ふのであります。そこで私は決して左様な意味でなく、此の戦争を放棄して平和日本を作り、而も日本が平和であり、文化国であると云ふだけでなく、世界に向つて此の平和の大きな旗を翻へして呼び掛けて行くと云ふ其の根本には、先刻申上げました所の私の申す日本的性格、日本本来の面目が存して居ると云ふことを信ずるのであります。……

内閣総理大臣　吉田茂君

吉田内閣総理大臣挨拶

只今本院に於て憲法改正案が可決せられました。此の機会に政府を代表致しまして一言御挨拶を申述べたいと思ひます。去る八月二十六日衆議院より送付せられました憲法改正案が本院に上程せられまして以来、本会議委員会等を通じ、議員各位が終始慎重且熱心な御努力に対しましては、心から政府と致しまして敬意を表する次第であります。申す迄もなく本案は新日本建設の礎石を築き、世界平和を招来せむとするものでありまして、本院に於ける議員各位の御発言は、即ち国民の知識階級の総意を代表するものとしまして、内外に反響をし、本案の意義特色を能く内外に了解せしめたことと確信して疑はないのであります。誠に欣快に堪へない所であります。本案は是より更に衆議院の審議に付せられることとなるのでありますが、茲に議員各位の御努力に対して、政府と致しまして感謝の意を表する次第であります。（拍手起る）

議長　徳川家正君（公爵・火曜会）

是にて帝国憲法改正案を議了致しました。

Ⅳ 附録

大日本帝国憲法改正案

━━は衆議院修正
┅┅は貴族院修正

日本国憲法

日本国民は、国会における正当に選挙された○〔○国会における〕代表者を通じて〔行動し、〕、我ら自身〔われらとわれらの〕と子孫のために、諸国民との間に平和的協力を成立させ〔協和による成果と〕、日本〔わが〕国全土にわたつて自由の福祉〔もたらす恵沢〕を確保し、政府の行為〔行動〕によつて再び戦争の惨禍が発生〔起ることの〕しないやうにすることを決意し、ここに国民の総意が至高なものである〔主権が国民に存する〕ことを宣言し、この憲法を確定する。そもそも国政は、国民の崇高〔厳粛〕な信託によるものであり〔あつて、〕、その権威は国民に由来し、その権力は国民の代表者がこれを行ひ〔行使し、〕、その利益〔福利〕は国民がこれを受けるものであつて、〔享受する。ものである。〕これは人類普遍の原理であり、この憲法は、この〔かかる〕原理に基く○ものである。〔○ものである。〕我ら〔われ〕らは、この憲法〔これ〕に反する一切の○法令と詔勅〔○憲法、法令及び詔勅〕を廃止〔排除〕する。

日本国民は、常に〔恒久の〕平和を念願し、人間相互の関係を支配する高遠〔崇高〕な理想を深く自覚するものであつて、我ら〔われら〕の安全と生存をあげて、平和を愛する世界の諸国民の公正と信義に委ね〔信頼して、われらの安全と生存を保持し〕ようと決意した。我ら〔われら〕は、平和を維持し、専制と隷従と〔、〕圧迫と偏狭を地上から永遠に払拭〔除去〕しようと努めてゐる国際社会に伍して〔おいて、〕、名誉ある地位を占めたいもの〔い〕と思ふ。我ら〔われら〕は全世界すべての国〔全世界〕の国民が、ひとしく恐怖と欠乏から解放され〔免かれ、〕、平和のうちに生存する権利を有することを確認する。

我ら〔われら〕は、いづれの国家も、自国のことのみに専念して他国を無視してはならぬ〔ない〕のであつて、政治道徳の法則は、普遍的なものであると信ずる〔あり、〕。この法則に従ふことは、自国の主権を維持し、他国と対等関係に立たうとする各国の責務であると信ずる。

第二章　戦争の抛棄（放棄）

第九条　日本国民は、正義と秩序を基調とする国際平和を誠実に希求し、国権の発動たる戦争と、武力による威嚇又は武力の行使は、国際紛争を（他国との間の紛争の解決の）解決する手段としては、永久にこれを抛棄（放棄）する。

○前項の目的を達するため、

○陸海空軍その他の戦力は、これを保持してはならない（しない）。国の交戦権は、これを認めない。

第五章　内閣

第六十二（六十六）条　内閣は、法律の定めるところにより、その首長たる内閣総理大臣及びその他の国務大臣でこれを組織する。

○内閣総理大臣その他の国務大臣は、文民でなければならない。

内閣は、行政権の行使について、国会に対し連帯して責任を負ふ。

第六章　司法

第七十七（八十一）条　最高裁判所は、終審裁判所である。

最高裁判所は、一切の法律、命令、規則又は処分が憲法に適合するかしないかを決定する権限を有する。終審裁判所である。

第十章　最高法規

第九十四（九十八）条　この憲法並びにこれに基いて制定された法律及び条約は、（は、）国の最高法規とし、（であつて、）その条規に反する法律、命令、詔勅及び国務に関するその他の行為の全部又は一部は、その効力を有しない。

○日本国が締結した条約及び確立された国際法規は、これを誠実に遵守することを必要とする。

対日理事会におけるマックアーサー元帥の演説（抄）

（昭和二十一年四月五日）

（前略）

新しい憲法は、自由と民主の線に沿つて編成され、日本政府はこれをつぎにくる議会の討議に附する意向である。この新憲法草案は、日本国民の間に広くかつ自由に論議され、この全条項を新聞とラジオを通じて全国民の批判に委せようという傾向がみえている。かく広く公衆の討議にのぼせた結果、または議会ならびに連合国の最後的熟慮の結果、形式と細目にわたつては当然相当の変更が予想されるにかかわらず、最後に採択される際、その根底を流れる原則に実質的に変更がなければ、この憲法は日本に、民主国家を産むべき骨格を与えるであろう。もしわれわれがさきに述べた政策実現を堅持するならば、日本国民がこの線に沿つて生活ならびに制度を再建するに際して、これを奨励し援助しないわけには行かない。そしてその動機や目的について皮相にして皮肉な批評はつとめて避け、かれらをしてなさしむべしとわれらの堅く決意するところをかれらがなさんとするに当つて、これに破壊的な力を加えることは、慎重に避けなければならない。採択されんとする憲法の起草は、一口にいえば、精神の問題にすぎず、これだけで民主主義の確立ということはできない。しかしこれは、日本の国民生活の形態および精神の双方に向つて変更の企画を与えるもので、これなくしては、かかる根本的改革は不可能である。

これあつて初めて、民主的ならびに個人的性格の改造が成しとげられる望みがあり、民主国がよつてもつて立つに欠くべからざる国民支柱の強力な基礎ができるのである。かかる改革に含まれている理想が、日本の社会的および政治的生活にどのくらい深い根をおろすかを、多少正確に予言するにはまだ早い。しかし、日本を民主化せんとする連合国の政策達成のために描かれたこの道程のみが、成功への唯一の道であることは紛う方なき真理である。また、この成否は、大体において、われ〳〵自らこの試験のために進んでなす忍耐と奨励にかかつているとことも疑いない。

提案されたこの新憲法の条項はいずれも重要で、その各項、その全部が、ポツダムで表現された所期の目的に貢献するものであるが、私は特に戦争放棄を規定する条項について一言したいと思う。これはある意味においては、日本の戦力崩壊からきた論理的帰結に外ならないが、さらに一歩進んで、国際的分野において、戦争に訴える国家の主権を放棄せんとするのである。日本はこれによつて、正義と寛容と、社会的ならびに政治的道徳の厳律によつて支配される国際集団への信任を表明し，かつ自国の安全をこれに委託したのである。皮肉家は、かかる行為を夢の如き理想への示威的な、しかも小児的な信仰と見るかもしれないが、実際家は、これをもつと深い意味にみるであろう。実際家のみるところでは、社会進化の行程において、人類は国家をつくる際、その構成員である自分達を支配する統治権を国家に与えるために、人間本来のものであるある種の権利を投げ出さねばならなかつた。その政治体に譲り返した権利の第一番目のものは、隣人との争いの解決に、力をもつてするという、人間としての原始的な権利であつた。社会の進化につれて、団体または州国家は、同じ方法で一諸になつて集合国家をつくり、本来の権利を投げ出して、集合意思の表示である統治権力に服従することにした。こんな方法で北米合衆国は出来上つたのである。国家の統治権をつくるために、個々の州は本来の権利を放棄した。最初は州が各個人の人格を認め、その保証者となり、後には国家が各州の独立権を認め、その保証者となつたのである。

日本政府は、今や国家の政策としての戦争が、完全な失敗であることを知つた人民を支配しているのであるが、この日本政府の提案は、事実上人類進化の道程における更にもう一歩の前進、すなわち国家の戦争防止の方法として、相互間に国際社会道徳上、または国際政治道徳上，さらに進んだ法律を発達させねばならぬということを認めたものである。文明の進歩および存続は、疑いもなくかかる前進の一歩が絶対必要であることを、良い時期に認めるか否かに専らかかつている。いゝかえれば、国際係争の判定者としての武力が全然無益のものであることを、各国家が認めるか否か、力による脅迫、国境侵犯、秘密行動、および公共道徳蹂躙などから必然的に由来する猜疑、不信、および憎悪などを、国際関係から除くか否か、戦争の場合、その怖るべき大殺戮の重荷を主として担う大衆の厭戦心を具体化するだけの道徳的勇気をもつた世界的大指導者が出現するか否か、地上の各国民が支持しかつ従属するより高い法律があり、日本のような国が安心してその独立をそれに委しうるような世界秩序ができるか否か、にかかつている。そこにおいてのみ、初めて永遠の平和への途があるのである。

故に私は、戦争放棄の日本の提案を、世界全国民の慎重なる考察のため提供するものである。これは途を――ただ一つの途を指し示すものである。連合国の安全保障機構は、その意図の賞讃すべきものであり、その目的は偉大かつ高貴であることは疑えないが、しかし日本が、その憲法によつて一方的に達成しようと提案するもの、すなわち国家主権の戦争放棄ということを、もしすべての国家を通じて実現せしめ得るなら、国際連合の機構の永続的な意図と目的とを成就せしむるものであろう。

日本の新憲法

——総司令部民政局報告書 Political Reorientation of Japan, September 1945 to September 1948——

小島和司
久保田きぬ 訳
芦部信喜

戦前の日本国——略——

改正の基礎

日本の降伏と、戦に勝つた連合国軍隊によるその占領とは、国際法上に新しい問題を提起した。降伏は、もちろん、全面的なものであつたが、国の併合や破壊は意図されていなかつた。反対に、その時の政府は存続し、将来兵力が撤退したときに平和的日本を保障すべき一定の政治的経済的諸改革を実現するために、占領軍の管理に服しつつ活動することをみとめられた。

過去の軍事占領における通常の事例は、被占領国の完全な併合か、或は占領軍に好意的とみられる政権樹立かの、何れかであつた。特に枢軸諸国の侵入の場合はそうであり、そこでは、つねに被占領国出身の「キスリング」によつて占められる傀儡政府が樹立された。だが、これらの場合、何れにも、占領軍によつて課された、国家組織上の主要な変革は包含されていなかつた。法的紛争は多かつたが、第一次大戦中でさえ、被占領国の基本的な国内法はそのままに残置せられた。ハーグ規約第四三条は規定している。

「国の権力が事実上占領者の手に移りたる上は、占領者は絶対的の支障なきかぎり、占領地の現行法律を尊重して、なるべく公共の秩序および生活を回復確得するため施し得べき一切の手段を尽すべし。」

軍事占領者は、被占領国に対して軍事的権威を行使しうるが、全主権を持つに至るのではないことが、一般的に認められている。戦勝者の意図を十分熟知した上でなされた全面降伏が、この原則をどの程度まで変更するように作用するかは、未だ確定されていない。それにしても、軍事命令による憲法改正が非常に望ましくないということには、正当な理由があつた。第一に、かくの如き試みは、その変革案がいかに恩恵的に見えたとしても、被占領国民の反対を惹起することは確かであるし、第二に、連合国は、一再ならず自決主義の固守を声明してきた。もし、デモクラシー——自らの政治形態を自由に選択する権利はこれに内在する――の主要提唱者が、自ら政治組織を被占領国に課したとすれば、それは奇妙であつただろう。

日本における、日本人による政治的改革――憲法改正――の基礎は、一九四五年七月、ドイツのポツダムにおいて、主要連合国によつて発表せられたポツダム宣言にある。この文書は述べていわく。

「吾等は、無責任なる軍国主義が世界より駆逐せらるるに至るまでは平和安全および正義の新秩序が生じ得ざることを主張するものなるをもつて、日本国国民を欺瞞し、これをして世界征服の挙に出ずるの過誤を犯さしめたる者の権力および努力は、永久に除去せざるべからず。」

またいわく。

「吾等は、日本人を民族として奴隷化せんとし、または国民として滅亡せしめんとするの意図を有するものに非ざるも、吾等の俘虜を虐待せる者を含む一切の戦争犯罪人に対しては、厳重なる処罰を加えらるべし。日本国政府は、日本国国民の間における民主主義的傾向の復活強化に対する一切の障礙を除去すべし。言論宗教および思想の自由並びに基本的人権の尊重は、確立せらるべし。……………

「前記諸目的が達成せられ、かつ日本国国民の自由に表明せる意思に従い、平和的傾向を有し、かつ責任ある政府が樹立せらるるにおいては、連合国の占領軍は直に日本国より撤収せらるべし。」

換言すれば、連合国が、日本国民が自らの改革を行うことを期待したことは、最初から明白に述べられてあつた。この明白な宣言に従つて、合衆国政府は、連合国最高司令官として日本占領中のマックアーサー元帥を指揮すべく、初期戦後政策指令を作成した。その文書はいわく。

「日本国に関する連合国の窮極の目的は、日本が再び世界の平和と安全との脅威とならず、かつ終局的には、責任あり平和的な成員として国際社会に参加せしめ得るとの、可能なかぎり最大の保障を与える如き諸条件を助成することにある。この目的達成のために重要ないくらかの方法は、ポツダム宣言に述べられている。すなわち、その方法は、とりわけ、カイロ宣言の遂行と日本の主権を四つの主要な島および連合国が決定する諸小島に限ること、あらゆる形態における軍国主義と国家主義との廃絶、日本の武装解除とその戦争遂行能力に対する不断の抑制による非軍事化、政治的経済的および社会的諸制度における民主的傾向と手続との強化、および日本における自由主義的政治傾向の助長と支持、を含んでいる。合衆国は、日本政府が、民主的自治の原理にできるだけ密接に一致することを望むが、日本国民がその自由に表明した意思によつて支持しない何らかの政治形態を日本に強要することは、占領軍の責任ではない。……………

「降伏実施の為に行動が必要ならば、貴下は最初より直接行動に訴える権利を持つ。そうでなくとも、天皇その他日本当局が、有効に行動することを希望せず或はそれが出来ない場合において、直接行動をとることは、常に最高司令官としての貴下の権利に属するが、貴下は、天皇或は中央地方の日本政治機構を通じて、貴下の最高権威を行使すべきである。この政策は、日本の現存政治形態を利用するのであつて、決してそれを支持するものではない。政治の封建的かつ権威的な傾向を修正せんとする方向への変革は許さるべきであるし、また望ましいところでもある。かかる変革を実効あらしめるために、日本国民または日本政府が、その反対者達に対して武力の行使をなす場合においても、最高司令官としての貴下は、自らの軍隊の安全および他の占領目的達成を確保するに必要な場合にのみ、干渉すべきである。状況によつては、貴下は、直接軍政の施行をも含めて、自らの最高権力および最高権威を最大限に行使してよい。もし日本の何れかの部分に直接軍政が必要となれば、貴下は直ちに統合参謀本部に助言せよ。貴下は、統合参謀本部との事前協議、およびそれによつて貴下に発せられた助言なくして天皇を廃止してはならず、かつ、それへの何らの歩みもとつてはならない。………

「貴下は、適当なる方法により、あらゆる階層の日本国民に対して、彼らの敗北の事実を明瞭にせねばならぬ。彼等の災禍と敗北とが、日本の無法無責任な侵略によつてもたらされたこと、および、日本人の生活と制度から軍国主義が駆逐せられた時にのみ、日本は、国際社会への参加を許されることを知らさねばならない。彼らは、他国民の利益と、日本の国際的義務とを尊重する、非軍国的にして民主的日本を発展せしめるよう期待されていることを、告げらるべきである。」

その後二度程、政治改革一般、および特に天皇に関する非公式書面が、情報として最高司令官にもたらされた外には、ワシントンからそれ以上何らの指示もなされなかつた。

民主的制度の発展を促進する重大な責任を与えられて、最高司令官は、その遂行のための二つの方法に直面した。彼は、まず、憲法改正を包摂しない政治的改革が、まじめに考える価値のないものであることをはつきり認めた。問題は、㈠ まず、地方民主制度と政治的成熟との緩やかな成長を是認奨励し、次に、新制度を吸収し反映する基本法の発展を勧告するか、或は、㈡ 基本法の早期かつ徹底的な精査を促進し、その新しき基礎の上に建設するか、の何れをとるかであつた。あまりにも時期尚早にして、あまりにも徹底的な変革は外国支配の烙印を伴うし、また、土着の制度の成長を妨げるだろう。けれ共、他方、土着の制度の緩漫な自然的成長と、国民における政治的成熟の徐々たる発達を待つためには、当時小学校にいたジェネレイションが成人するまでの長い期間にわたり占領をつづけなくてはならないだろう。一九四五年九月当時においては、ポツダム宣言の諸条件が完遂せられたことを連合国が確認するまで占領が維持さるべきであるということはかなり確かに思えたが、考え方においていかなる変化が起るだろうかということについては、誰も確実にいうことはできなかつた。そこで、あらゆるファクターの比較考量の末、日本政府に憲法の即時改正こそ最も重要であることを促がすことが、最も賢明な方策であると思われたのである。

基本法を直ちに改正することの大利益は、それが、国民に、その向うべき目的と、その建設のための鞏固な基礎とを与えるということであつた。一九四五年九月に存した諸条件の下にあつては、反動的な内閣や枢密院、或は天皇が、獲得された利益を一夜にして拭い取つてしまわないという保障はありえなかつた。正確に言えば、このようなことは三〇年代の始めにあつたことで、その時日本は政治的自由主義に最も近接したにもかかわらず、この近接を悲惨にも終焉せしめてしまつたのである。こういういや応なしの理由だけからいつても、マックアーサー元帥の決断は非常に賢明であつたといえる。

当初の四ヶ月間、最高司令官は、日本政府に対し、数回にわたつて本件への関心を伝達した。日本人に対して、可能な最大限まで、占領軍による一般的な指導と監視とのもとに自らの改革を行うことを許し、かつそれを奨励すべきであるというのが、元帥の、占領使命に対する基礎的考えであつた。この考え方は、確かに、軍事占領史中始めてのものであり、かつリベラルなものであるが、これは、権威や優越せる軍事力によつて課せられたものは、抑圧の色彩を帯びるのみならず、真の民主主義の反対物《アンチテーゼ》でもあるという、彼の固い信念から出ていた。かくて、九月、いわゆる降伏内閣の総理大臣東久邇宮は、最高司令官が憲法改正を第一肝要事としていることを、知らされた。その直後同内閣の無任所大臣だつた近衛公はマ元帥に会見する機会をもち、政治的改革についての助言を求めた。この短い会見についで、最高司令官附合衆国政治顧問、故ジョージ・アチソン（George Atcheson, Jr.）と近衛公との間に非公式会談が行われ、そこで、憲法改正の問題がある程度細かく討究された。アチソン大使は、SCAPが基礎的と考えている諸点を、日本人のために略述した。それは次の如きものであつた。

ア、衆議院の権威、特に予算に対する権威の増大。
イ、貴族院の拒否権の撤回。
ウ、議会責任原理の確立。
エ、貴族院の民主化。
オ、天皇の拒否権廃止。
カ、天皇の、詔勅、命令による立法権の削減。
キ、有効な権利章典の規定。
ク、独立な司法府の設置。

ケ、官吏の弾劾並びにリコールの規定。
コ、軍の政治への影響抹殺。
サ、枢密院の廃止。
シ、国民発案及び一般投票《リファレンダム》による修正の規定。

（＊）原註。これら二度の会談の結果、近衞公の心中には、奇妙な混乱が起つた。すなわち、実際は、彼は、最も一般的な言葉で話しかけられたばかりでなく、単に日本の内閣の責任ある一員として話しかけられたに過ぎなかつたにもかかわらず、彼はやがて、マックアーサー元帥が彼個人に憲法改正の任務を与えたと、勝手に思い込んでしまつた。最高司令官は、最後に、近衞の主張を明瞭に否定して事態を明らかにさせることを余儀なくせられた。

十月中旬、幣原男《ママ》の内閣が東久邇内閣に代つた時、マックアーサー元帥は、新首相に、日本が遂行せねばならぬ改革は「当然、憲法改正を含む」ことをつよく忠告した。間もなく、松本烝治博士が、改正憲法起草の責任を明確に与えられた委員会の長として任命された。この時までに、問題はややひろく知られるようになり、冬になるや、多くの団体や個人が憲法改正についての見解を起草し始めた。松本委員会は非公開裡に活動したが、政党や他の関心ある個人、集団等は、自らの意見をためらわず公表したのである。

SCAP総司令部側においては、一九四五年一〇月二日附、同年一般命令第八号によつて設置せられた民政局が、「日本における民政の機構について」調査研究し、最高司令官に助言する権限を与えられた。憲法改正問題の非公式な研究をも含めて政治改革問題の研究が同局によつて遂行せられたが、日本政府との間の公的接渉は何ら行われず、また、その実行のための詳細なプランも用意されていなかつた。——後略——

民間改正草案——略——

松本草案

憲法問題調査委員会が、一九四五年十月、幣原内閣総理大臣により、松本烝治博士を委員長にして設置され、直ちに調査を始めた。内閣からは何の指示も与えず、仕事をすすめることは、無任所国務大臣松本の指導に任せられた。委員会は、三ヶ月間着実に仕事をし、屢々内閣とも協議した。委員会の審議は公表されなかつたが、はつきりした意見の一致をみなかつたと信ずべき理由がある。松本博士は、天皇制と国体の教義の維持を最も熱心に信じた徹底的な保守主義者で、当然調査の仕事を大きく支配した。一月の始め、彼は二つの案を提出した。この二つの案が、逐条詳細に論議され、表決に附された。一九四六年二月一日、毎日新聞は、一月二十六日の委員会で暫定的一致をみたと報じ、その試案とされるものを公にした。その後、「憲法改正の要旨」および「政府起草の憲法改正に対する一般的説明」と題する二つの文書が、非公式に最高司令官に提出された。詳細な草案の正式提出はなされなかつた。

「試案」「要旨」および「説明」を一括して検討すると、松本委員会の政治的見解がはつきりわかる。改正草案は、明治憲法の字句の最も穏かな修正にすぎず、日本国家の基本的な性格はそのまま変らずに残されている。「説明」そのものが述べているように、

「この憲法改正草案の根本精神は、それ故、憲法をより民主化し、前記ポツダム宣言第十条の目的の完全な履行を容易ならしめることとである。」

提案せられた改正案は、最も保守的な民間草案よりも、さらにずつとおくれたものである。意図されたところは、明治憲法の字句を自由主義化することによつてSCAPの容認しうるものにし、実際の憲法は、従来どおり漠然として弾力性のある形で、支配層が適宜に適用し、解釈できるようにしておくことにあつたことは、全く明瞭である。——中略——

「説明」は教示に富む文書である。それは、従来よいと認められていた事態の、可能な改革を必要とする問題の日本的な扱い方をはつきり示している。明治憲法の現実の、広汎な改革問題に直面して、松本委員会は、漠然として実質的には無意味な字句の二三の修正のかげにかくれ、それとともに、それ以上のことはできない、ということを理由づけようと苦心した。次の引用で、このことが十分わかるであろう。

憲法から『陸軍』および『海軍』の語を抹殺し、単に『軍』と改める。

「連合国の占領が完了して、日本が再軍備を許される時がたとえ来るとしても、その軍は、国内の治安と秩序の維持に必要な、ごく制限された範囲のものであろう。さらに国家自身としても、かつて持つたようないかなる陸軍や海軍も、再び持つ意思を抱いてはならない。従つて『陸軍』および『海軍』という語を削除することが提案される。」

明治憲法の改正に関して、一九四六年一月末に達していた状態は、一般的な政治状勢を高度に反映していた。最高司令官は、日本の政治の再建と自由主義化および民主主義国家の基礎の確立をなしとげるための最大限の責任を、日本人の手中におくことを決意していた。政府および国民は、その責任を十分に勧告されていた。国民は、非公式な私的な道をとおして、これらの改革に対し心づよい反応を示していた。他方、政府は、日本国民の明白な希望と要求に完全に答えることができず、伝統的な原理および古い慣習を固執し、改革を行うという望をほとんど示さず、問題を、言葉の見せかけと西方に向つてのお辞儀だけで、解決しようとしていた。彼らが問題の内容を理解していたことは、疑う余地がない。構造上の何らの改造を伴わずに、ただ正面先だけを巧妙に作り上げる彼らの技倆は、注目す

べきものであつた。二月三日の日本タイムズは次の記事をのせた。「かくして、諸政党およびその他の草案はすべて、憲法の民主化を要求していることが明らかである。しかるに、松本博士が起草した政府案は、憲法の民主化への意図を全く示していない。従つて、もし政府が松本案の採択を主張するなら、世論は反対して立つであろう……。」

松本草案に対する SCAP の解答

総司令部は、いろいろな非公式な道から、松本委員会における草案の討議が、一月半までに決定的な段階に達したことを知つた。一月二八日日本タイムズは、その一面に、委員会は憲法改正草案に承認を与えたと報じた。二月一日「毎日」(英文毎日—訳者)は、「試案」の訳を発表し、次の社説をのせた。

「政府は、連合国司令部および極東委員会《ファー・イースト・コミッティ》(Far Eastern Commission)に憲法改正草案を提出するため、委員会の決定を急いでおり、一月三〇日の臨時閣議に緊急附議し、松本国務大臣は逐条説明を行つた。一月三十一日も臨時閣議を開き、各大臣は、活潑に意見をのべ、討議を行つた。」

同日(二月一日)、非公式の「要旨」および「説明」は、最高司令官に提出された。外務大臣吉田は、二月五日火曜日、提案を検討する非公式会談を民政局長に求めた。二月一日の夜、内閣書記官長楢橋渡は、毎日草案が松本委員会の草案を示したものであるということを、公式に否定した。(*) 二月二日、外務省の代表は、吉田が求めた会談の延期を申し入れた。一週間の延期が許された。いかなる議論も全く非公式の記録外のものたるべきことが、明らかにされた。しかし、松本草案なりとされたものに対するはげしい世論の反対に鑑み、最高司令官が基本的と考える諸原則に基き、内閣の方針を変えさせることが必要だと考えられた。

(*)原註。共同通信、日本タイムズ、両新聞によれば、松本博士の改正草案と、毎日草案とは、全く同じ語句のものであつた。

二月一日、二月五日に仮会談が行われるという報告をうけたマックアーサー元帥は、民政局長ホイットニー准将に、松本草案を拒否する詳細な解答書を作成し、その会談において日本政府に手交することを命じた。その午後、政治課(Government Powers Branch)は、この拒否の準備をする仕事に着手した。しかし、最高司令官は、二月二日——三日にわたり問題をさらに慎重熟慮した結果、彼が基本的と考える諸原則の性質および適用につき、日本政府に教示する最も有効な方法は、この諸原則を具体化した憲法草案を用意することであろうという結論に遂に到達した。彼は、この決定をその日ホイットニー准将に伝え、なお、民政局に完全な自由裁量権を与えるが、草案の中に重要な三点をいれたい、と勧告した。この三点とは次のごときものであつた（**マツクアーサー元帥自身のノートより**）。

一

「天皇は、国家の元首の地位にある。

「皇位の継承は、世襲である。

「天皇の義務および権能は、憲法に基き行使され、憲法の定めるところにより、人民の基本的意思に対し責任を負う。

二

「国家の主権的権利としての戦争を廃止する。日本は、国家の紛争解決のための手段としての戦争、および自己の安全を保持するための手段としてのそれをも、放棄する。以上のことは世界の防衛と保護につき、今や世界を動かしつゝある崇高な理想に依存するものである。

「いかなる日本陸海空軍も決して許されないし、いかなる交戦者の権利も日本軍には決して与えられない。

三

「日本の封建制度は、廃止される。

「皇族を除き華族の権利は、現在生存する者一代以上におよばない。

「華族の授与は、爾後どのような国民的または公民的な政治権力を含むものではない。

「予算の型は、英国制度に倣うこと。」

この決定は、ホイットニー准将から、憲法および法律改正の責任者である民政局の三人、すなわち行政課（Public administration Division）長チャールス・L・ケーディス大佐、法規課（Legal Branch）長マイロ・E・ローウェル中佐およびアルフレッド・R・ハッセー海軍中佐に伝えられた。この三人は主題と提示された諸問題を研究し、この仕事を行つてゆく上のプランを立てた。運営委員会（Steering Committee）と一連の専門委員会から構成される仮組織が提案され、各専門委員会には、運営委員会に報告しそれと討議するため、各専門分野の下調べの仕事が割り当てられた。

仮プランは、二月四日月曜日、ホイットニー准将に提出され彼の承認をえた。その直後に、民政局会議（朝鮮部門を除く）が召集された。ホイットニー准将は、参集者に最高司令官の指令を伝え、この仕事は一切の仕事に優先して直ちに着手されるべきことを命じた。民政局への出入口は閉ざされ、極秘が要求された。この仕事の行われた満一ヶ月間、その内容に関して全く何一つも洩れなかつたことは注目に価する。

組織ができ上つて、仕事が開始された。若干の一般問題が論議され、仮りに、決定された。できるだけ日本の用語と形式を用いること、および意味を明瞭にする必要のある時だけ、英《アングロ》法《サクソン》の語句に頼ること、に意見が一致した。立法府優位の英国の制度と、抑制均衡の米国の制度と、何れを採るかの問題が論じられた。会議の意向は、日本の制度により近い英国の制度の方に傾いている感じであつた。司法審査権が審議に上つた。この点については、はつきりと意見が分れることが明らかになつた。ある大グルウプは、国会が最高裁判所をふみにじる権能をもつ制限的審査権を主張した。そういう規定は、真の議院内閣制度により調和するであろうが、過半数は、憲法解釈上の問題に関しては最高裁判所に絶対的な審査権を与えることに賛成した。

第一回の会議で、マックアーサー元帥は、一院制議会に賛成だということが分り、一般の見解も強くこれを支持した。その理由は主として、貴族院は廃止されるべく、それに類似のものは決して設置されるべきでない、と考えられたからであつた。さらに、日本側が好んで主張した職能的または組合的上院には、どのような形のものに対しても、強い反対があつた。しかし、誰もこれを基本的原則だとは考えなかつた。

二つの関連する問題が厄介となつた。議会と裁判所の両方の独立を確立し、両者の権威を高めることは、執行府を弱め無力にすることであり、殊に、議会が不信任決議を通し、内閣に辞職を余儀なくせしめた場合にそうである、と示唆された。しかし、現在の政府は、新議会が選挙されるか、新内閣が選定されるまでは、ひきつづき職務を行う、という趣旨の規定を設けること、内閣総理大臣の選定は、新しい仕事中の第一順位の仕事とされるが、現に係属中の問題は完全につぶれてしまうことを防止するため、ひきつづき処理されるということに意見が一致した。文書の中に執行府の権能を詳細に列記し、その権能はいかに行使されるかを記載しようという提案があつたが、賛成を得なかつた。

全体の構成、章の題目などの点では、明治憲法に従うことが十分了解されていた。しかし、天皇の権力、権利および権威を正確かつ詳細に規定したその憲法のやり方は、すべてあべこべにし、主権をはつきり国民におき、国民の代理人である三つの政治部門によつてこれを行使せしめることは、全員の一致したところであつた。天皇の役割は、社交的な君主《ソウシャル・モナアク》のそれでありそれ以上ではない。ついでホイットニー准将は、国際連合憲章には明示的にふれる必要はないが、新憲法を起草するにあたつては、その原則をはつきり念頭におくべきである、と勧告した。――中略――

「憲法改正に関する委員会」は、もし反動勢力が政権を獲得したとすると、この憲法は完全に無力化される重大な危険があるから、十年間改正を発案する権利を制限するという一条を提案した。しかし、運営委員会は、自由な憲法の起草は責任ある選挙民の存在を前提にすべきであり、できる限り日本人は自己の政治制度を発展させる権利を与えられるべきである、と定めた。この条項は、最終草案で、実質上自由主義化された。

――中略――

これらの議論のすべてを通じて、この仕事をした人たちは、彼らが決して単に民主的憲法を書くという抽象的な問題を取り扱つているだけでなく、ひとつの国家全体に対して最も大規模な政治上の改革を提案しているということ、および規定とか制度とかは、できる限り日本の政治情勢に適するように構想するということ、を常に念頭におかねばならなかつた。この文書は、モデルあるいは型として役立つべきものであり、一般原則の声明《ステートメント》としてではあるがその適用が容易に理解され得るような形で、提出されるべきものであつた。しかし、この声明が現実の事態とある関係をもつたものでなければ、その目的を果しえぬことは明らかであつた。

不休の活動をつづけて、行政課は二月一〇日にその仕事を完了した。作成された草案は、この仕事の基礎となつた諸原則の説明とともに、マックアーサー元帥にその承認を得るため提出された。マックアーサー元帥は、ただ一点重要な修正をしただけでこれを承認した。その草案は、二月一二日プリントされた。その翌朝、ホイットニー准将は、ケーディス大佐、ローウエル中佐およびハッセー海軍中佐とともに、外務大臣吉田、松本博士、外務省の長谷川氏および吉田博士の秘書と会見した。ホイットニー准将は、日本側代表に対し、松本委員会の提案は、全面的に受諾し難いものであり、また、日本が戦争と敗北から教訓を学びとつて、平和な社会の責任ある一員として行動する用意ができたこととの重要な証拠と連合国が見なし得る、民主的な線に沿う日本の政治機構の大規模な自由主義的な再編成としては、不十分なものだ、と伝えた。ついで彼は、最高司令官が自己の基本的と考える諸原則の詳細な声明を用意させたこと、その声明は憲法草案の形で日本政府に手交されること、および、政府はそれを最大限に考慮し改正憲法作成のための新な努力における指針として用いるよう勧告されること、を述べた。彼は、日本側代表はそれ以上のことを行うことを強制されるものではないが、最高司令官は憲法の問題を総選挙に十分先立つて国民の前に提出し、憲法改正に関し、国民に自由に論議し自由にその意思を表明する十分な機会を与えようと決意しているということを告げた。内閣が何もしない場合には、マックアーサー元帥は彼自身問題を国民に提出するつもりであつた。

——後略——

内閣草案の作成

最高司令官が、松本案を拒否し、内閣に対しその手引として大規模な海図《チャアト》を手渡したことは、明らかにショックをもつて迎えられた。幣原内閣が希望していたのは、疑いもなく、松本案が討議と妥協の基礎となり、古い制度の面影をいくらか残せるかもしれぬということであつた。SCAP の憲法改正に関する文書を一瞥しただけで、このような希望が全く失われたことは、二月十三日の会談に出席した人たちに見られた反応から明らかであつた。それにも拘らず、努力は続いた。二月十八日、松本博士は、「憲法改正に関する補充説明」を提出した。この文書は、日本の立場をワイマアル共和国下の独逸のそれに譬えようとした。長年にわたり徐々に発達し、歳月と経験の試練を経たその国固有の制度のみが永続するものである、ということが論ぜられた。「法制度は、ある種類の植物に非常によく似て、本国の土壌から移植すると退化し枯死することさえある。西洋のバラのあるものは、日本で栽培する時、その香りを失う」と述べた。補充説明は、ついで、政治のいかなる改革も民主化も、国民が自己の責任を理解し受諾しない限り、成功できぬということと、従つて、そのような民主化または再建は、国民が変化してしまはぬ以上実現は不可能であり得策でもないと主張した。松本博士は「……もし……根本的な、または（あまりにも）過激な憲法改正が、現在突然に行われねばならぬとすると、穏健な人人にあまりにも烈しい衝激を与え、民主主義自体に敵対的態度をとらせることになる」と信じて、彼の委員会は、意識して明治憲法の条項に実質上の変更を加えなかつたのだ、と主張した。(＊)

（＊）原註。いわゆる「穏健な人人」というものに気をつかいすぎ、極左に変ることに対して反対する警告のかげにかくれるのは、過去三年間、繰りかえし、超保守主義者が、民主的代表政治の建設に反対するために用いた議論の特色である。

一つの危機が、直ちに内閣に拡がつた。内閣は、形ばかりの改正の松本案を支持する者と、完全な自由主義化を必要と考える者と、五分五分に分れた。争は、明治憲法および国体に手をつけずにおくべきか否か、というただ一つの根本的な問題に関してであつた。外務大臣吉田は、松本案を支持する頑迷な政治家の筆頭であつた。内閣総理大臣幣原は、自由主義グループを支持する方に傾いていたが、妥協を成立させようと努力した。SCAPがその提案のすべてをどこまで基本的と考えるか正確に知ろうとして、幾多の努力を非公式に試みた。結局、内閣総理大臣はマックアーサー元帥を訪問し、彼の助言を求めた。最高司令官は介入することを断つた。二十二日、内閣総理大臣は、最後の手段として、吉田と楢橋を伴い天皇の御意見を伺つた。裕仁は躊躇されなかつた。彼は幣原に、最も徹底的な改革を、たとえ天皇御自身から政治的権能のすべてを剥奪するほどのものであつても、全面的に支持すると勧告された。

天皇の拝謁は午前に行われた。その午後、松本博士と吉田氏は、ホイットニー准将を訪問した。松本博士は、民政局運営委員会の四人の委員も出席した会談の始めに次のように述べた。「われわれは新憲法草案に述べてある理念を受諾したが、草案が現実化に適する形をもつかどうかについては自信がない」

と。彼と吉田は、その時、明治憲法を、改正の実行上の基礎にしようと最後のもう一度の努力を行つた。それはできなかつたので、彼らは、民主的改正を実行する法律上の手続のないことを主張しようとした。松本博士は、ついで職能的上院の設置を提案した。彼および吉田は、皇室の自治を保持しようとした。この会談が松本案の支持を得ようとする最後の試みであつたことは、明らかであつた。

二十五日に、閣内の保守派の勢力を弱めるため、根本的改正の主張者である書記官長楢橋と法制局長官石黒の両人が無任所国務大臣に任命された。その後、民政局との幾度かの非公式会談が開かれ、遂に三月四日、新しい草案が非公式審査のため総司令部に提出された。この新しい草案は、松本委員会の弱い不成功におわつた企ての、重要な改善を意味した。新しい草案は日本語で提出された。その午前十時から翌日の午後五時まで休みなしにつづいた会議で、民政局員と少数の日本官吏が、その草案を英訳し、ちゃんとした英文にととのえ、それをさらに、英訳の内容を正確に十分に伝えるような日本語に再び翻訳した。最終草案は六日の朝内閣の承認をえ、直ちに書記官長はハッセー海軍中佐の前で、その英文は日本語原文の正確な公式訳であることを証明した。

その午後、草案採択を宣言する勅語が発表され、それにつづいてマックアーサー元帥は新聞発表を行い、この草案に無条件の承認を与えると次のごとく述べた。

「余は今日、余が全面的に承認した、新しいかつ啓蒙的憲法を、日本国民に提示せんとする天皇および日本国政府の決定を宣明しうることに、深い満足を表するものである。……

「かくして、日本国民は、過去の神秘主義と非現実性に断固その背を向け、代うるに、新しい信仰と希望をもつ現実主義の将来にその面を向けている。」

ひとたび、内閣が、徹底的改正でないものはいかなるものも受諾されないということを理解するや、根本問題に関する争はほとんど起きなかつた。——中略——

これらすべての問題は、結局解決された。しかし、それについて閣内では激しい論争があり、また屢々司令部と協議が行われた。もちろん、三月一日の「日本経済」が報じたように、「幣原内閣は……実際は保守主義の代表《チャンピオン》であり、(彼らは)国体《ナショナル・ポリシイ》(polity)を保持するようなやり方で、憲法改正を行っている」ことは全く確かであつた。しかし、それにもかかわらず、真面目な努力は続けられた。困難の多くは、民主的改正に対する非妥協的な態度というより、むしろ問題に打ち勝つには、一般的にその能力が不足していたことから生じたのであつた。

改正事実となる

内閣草案に対する国民の反響は、ほとんどおしなべて好意的であつた。草案が非常に民主的進歩的なものであることは、特に、きわめて保守的であるという定評のあつた内閣によつて提出されたので、全く意外であつたようである。SCAP が関係したに違いないということは、一般に認められた。しかし、このような蓋然性が公然と論ぜられたにも拘らず、この点を理由として、草案に反対するものは全くなかつた。朝日新聞の論説にいわく。「おそらく、幣原内閣単独の力では、それを起草できなかつたであろう。それは、スキャップ、なかんずくアメリカの強力な助言によつて、できたものにちがいない」。しかし多くの新聞は、輿論の圧力もまた、一つの役割を果したと考えた。この点は確かに正当である。内閣は、SCAP ばかりでなく日本国民からも厳しい監視をうけ、責任を負うべき立場におかれていることを、十分心得ていたのである。──中略──

SCAP は早速、自由な討論が禁止されぬことを明らかにし、来る総選挙において国民は、憲法改正に従事する、すなわち草案を法律化する責任を有する代議士を選定するのである、ということを国民に知らせることが、いかに重要であるかを内閣に対し強調した。三月一日、政府は、選挙直後召集される特別議会において、新しい議会に草案が提出されることを声明した。新聞はこの声明を歓迎したが、完全、自由な討議の機会についてほ、批判的な傾きがあり、憲法議会に関し多くの提案が出された。完全な代議体に、最大の討論と行動の自由を与えることは、万人の要求するところであつた。──中略──

憲法改正問題審議のために開かれた帝国議会は、総員四六六名のすべて新しく選出された議員から成る衆議院と、すでに多数の法律学者が任命されていた貴族院とによつて、構成された。衆議院は、普通選挙にもとずき、憲法改正を目的として、日本史上最初の真に自由な総選挙により、議員が選出された。自由党一〇二名進歩党七〇名で、保守が優勢ではあつたが、決して圧倒的に保守的であつたのではない。三七五名の議員は、始めて国会に乗り出したものであり、その中には、三八名という驚くべき多数の婦人議員が含まれていた。国民は疑いなく、十分代表されていた。

選挙の結果、五月、幣原内閣に代つた吉田内閣は、議会の会期中憲法の番人として、金森徳次郎を無任所大臣に任命した。本会議では、金森はほとんど連日質疑をうけ、六月中旬まで論議が戦わされた。ついで改正案は、芦田均博士を委員長とし、修正案の作成と勧告を任務とする特別委員会に付託された。

衆議院の討議は、天皇制と国体に集中した。天皇に関する条規について、法律問題としては、あまりに異論はなかつたようであるが、大きな関心をひいたのは、多年にわたるドグマである国体──天皇と国民との基本的関係──が、変つたかどうかという点であつた。金森は最初、この問題について曖昧であつて、何ら根本的な変化はなかつたという印象を残そうと努めた。しかし、問題は草案の性格と内容に関連するものであり、特定の条規に関連するものでなかつたということを、想起することが大切である。

一九四六年八月二四日、衆議院は、四三一票対八票をもつて新憲法を採択した。反対は無所属二名、共産党六名であつた。内閣提出の草案に対し、新しく追加されたもの二ヶ条、削除されたもの一ヶ条、修正されたもの二二ヶ条であつた。ついで草案は、貴族院に送付され、そこで審議採択に一ヶ月余りを要したが、ごく僅か些細な修正がなされただけである。貴族院で二九八票対二票をもつて可決され、一〇月七日、最終案が、下院において三四二票対五票をもつて採択された。ついで改正案は、枢密院に送付され、少なからぬ討議が行われたのち、一〇月二九日天皇親臨のもとに、特別会において採択された。明治天皇の御誕日である一一月三日、新憲法は公布され、その六ヶ月後に施行されることになつた。

新憲法の採択と共に、政府はその宣伝と普及のため、大がかりな計画を立てた。新憲法普及会（Society for the Popularization of the New Constitution）という半官団体が、芦田博士会長のもとに結成された。この会は、憲法の本文およびその意味の簡単な説明をパンフレットに印刷し、四月の総選挙の時、日本の各家庭に配布した。普及会から後援された映画フィルムは、少くとも二本あり、その中一本は広汎な人気を博した。また普及会により、教育の目的で一連の講義が東京において行われ、ついで地方中心地八ヶ所で討論会が設けられ、さらにその後各県で色々な講義が行われた。さらにまた、基本法の重要な変化を描いた一連の簡単なポスターが、民政局政治課によつて考案され、民間情報教育局により作成され、普及会によつて、日本全国でポスターや幻燈板、フイルムとして用いられた。普及会は、そのパンフレットを、ブレール式点字にして発行することさえした。

SCAPは、議会が改正案を審議している期間中、その進行を監視し、積極的に干渉はしなかつた。ほとんど間断なく協議が行われ、修正の提案はすべて民政局で審査された。最高司令官が日本政府に対し、特定の措置をとるよう指令したのは、たつた一度である。夏中、憲法改正の全議題が、極東委員会で討議されていた。春の末には、政策決定の形式で、原則に関する概括的な声明が発表されていたが、この声明は、日本側の提案の基調をなすものと決して異なるものではなかつた。しかしながら、夏の末、イギリス連合代表者の主張にもとずき、委員会は、憲法が次の規定を設けることを要求する決議を採択した。すなわち、(1) 国務大臣はすべて文民（civilian）であること、(2) 国務大臣の過半数は国会議員であること、(3) 憲法に、主権は国民に存すると明瞭に誌すこと、これである。第三の条件はすでに同意されていたし、他の二つの条項を挿入することも、議会が欣然希望するところであつた。

新憲法の意義

——前略——第二章は、憲法史上まさに一時期を劃すべきものである。戦争の放棄と軍備の禁止によつて、日本における軍部の権力と勢力は破壊され、軍備の負担が日本国民にはなくなつた。さらに、外交の手段としての交戦の威嚇も廃棄された。ここに、世界に捧げられた信義の標《しるし》——すなわち、侵略に対してみずから課した法律上の禁令があり、この結果、必然的に日本は、平和的な国際紛争の解決手段を採用しなくてはならなくなる。——後略——

（「国家学会雑誌」昭二五・六、六五巻一号）

米上院におけるマックアーサー元帥の証言

法学博士　田村幸策訳

日本タイムス　一九五一年五月七日所載

マックアーサー将軍は最後の公聴会に於て、戦争の世界的非合法化と赤色勢力防止に対する新戦略とを提唱した。

「時は失われつゝある」と彼は警告した。

上院議員諸公は深く感動した。

「ワシントン発、五月六日付　共同＝AP通信」

土曜日マックアーサー将軍は戦争の世界的廃止を提唱し「時はわれわれにとつて失われつゝある」とのべた。将軍は上院軍事外交合同委員会に於て原子爆弾が広島と長崎に与えた恐るべき荒廃について述べて曰く「私は第二次世界戦争の終りに、これこそ原爆戦の最後の機会であつたと述べた。私は今日もそれを確信している。私は世界の人間の九九パーセントまでそう信じていると思う」と附言した。

ミシガン出身の民主党上院議員ムーデー（Moody）は新聞記者に語つて曰く「マックアーサーの陳述は私が曾てきいた最も感動すべき提訴であつた」と。ニューハンプシャー出身の共和党上院議員チャールス・トーベイ（Charles W. Tobey）も又この陳述をもつて「世界の将来に関する真の基本条件にふれた最も感動すべき陳述であつた」とのべている。

カネテイカツト出身の民主党上院議員ブライエン・マクマホ

ン（Brien McMahon）は「将軍は世界の問題を解決すべきフォムュラを発見すべき何等かの希望をもつているか」とその見解を求めたところ将軍は答えて曰く「それは戦争の廃止である。それを完成し得るまでには長い年月を要すること勿論である。しかし諸公はそのスタートを切らなければならない。中途半端な代用品はありえない。」

将軍曰く「この基本的問題即ち戦争の非合法化と取組むことが早ければ早い程良い。

「私はそうしなければならないと思う。その立派な証拠は日本にある。諸公は広島と長崎のことをお述べになつた。日本国民こそ世界の如何なる国民よりも原子戦争が何を意味するかを理解してゐる。日本人にとつて、それはアカデミックな問題ではない。彼等にとつては死者を数え、死者を葬つた問題であつた。日本人は、彼等自身の意志によつて、戦争を非合法化する規定を憲法に書き込んだ。幣原首相が私を訪ねて来て曰く『私は長い間この問題を解決する唯一の方法は戦争をなくすることであると考えもし、信じもしていた』と。

「幣原は極めて賢明な老人で最近死んだ。

「幣原曰く『私はこの問題を軍人たるあなたに提議することには大いに躊躇した。何となれば私はあなたがそれを受諾してくれないのではないかと信じたからである。しかし私は現在我々が起草しつゝある憲法のうちにかゝる規定をもうけることに努力したい』と。」

マックアーサー将軍曰く「そこで私は立ち上つて老人と握手し、それこそ能うかぎり最大の建設的措置の一つであると思うといわざるを得なかつた。私は幣原にいつた。世界はあなたを愚弄するかも知れない。蓋し、現在は暴露時代、皮肉時代である。また世界はそれを受諾しないかも知れない。又それは嘲笑の的であるかも知れない。現にそうであつた。またそれを貫徹するがためには偉大な精神的根気を必要とする。そうして最後にはそれを持ちこたえ得ないかも知れない。しかし、私は幣原を激励しその規定は憲法に書き込まれた。若し憲法の規定にして日本国民の一般的な感情に訴えるものがありとすればそれはこの規定である。日本人は数世紀にわたつて戦争を続け、しかもそれに成功してきた武勇に富んだ民族である。しかし、原子爆弾が彼等に教えた偉大な教訓は理解された。しかもかれ等はその教訓を適用せんと試みつゝある。

「今や世界は過去二回の戦争を省みる場合、昨日私が明かにせんと試みたことを理解するに足る常識を持つている筈である。即ち私自身の考によれば若し彼等がこの型の戦闘に従事するならば近代文明に対する自殺の方法になるということである。それ故に、私は、時は我々にとつて失われつゝあると信じている。私は第二次世界戦争の終りに、これこそ原爆戦の最後の機会であつたと述べた。私は今日もそれを確信している。」

刊行の辞

参議院事務総長　近藤英明

日本国憲法は、国の最高法規であつて、その条規に反する法律、命令、詔勅及び国務に関するその他の行為の全部又は一部は、その効力を有しないものとされている。即ち、日本国憲法は、国政運用の最高規範であり、新しい政治の規準である。

日本国憲法の期するところは、民主的で文化的な国家を建設して、世界の平和と人類の福祉に貢献するにあることは、いうまでもないが、この理想を実現するには、根本において、教育の力にまたなければならない。教育基本法は、即ち、日本国憲法の精神に則り、教育の目的を明示して、新しい日本の教育の基本を確立したものにほかならない。然らば、日本国憲法は、新しい政治の規準であるばかりでなく、同時にまた新しい教育の淵源であつて、帝国憲法下における教育勅語にも該当するものといわなければならない。既に日本国憲法が新しい教育の淵源であるとするならば、それはまたやがて国民道徳そのものであり、近来問題とされている国民実践要領でもなければならない。将来、何等かの形において、それが制定されるような場合においても、いやしくも憲法の精神に違背するものであつてはならない。即ち、日本国憲法は、単に国政運用の最高規範であるばかりでなく、国民の市民生活における格率でなければならない。

講和条約の締結に伴う祖国の主権恢復に関連して、近来往々にして憲法改正の声を聞く。憲法は、いうまでもなく、軽々にこれが改正を云為すべきものではない。けれども、よしんばこれを改正するにしても、その出発点は帝国憲法でなくして、日本国憲法である。

果して然らば、これを改正するにせよ、せざるにせよ、いづれにしても、具さにこれを研究し、その精神を堅確に把握し、体得すべきことは、ひとり、立法、行政、司法等の任に当る公務員、学者、教育者等の責務であるばかりでなく、日本国憲法下における国民一般の喫緊の要務でなければならない。況んや、日本国憲法は民族協同体としての国民を以て主権者としているにおいておやである。

そこで、憲法の研究ないし解釈に際し、用意周到にして、公正なる解説書を必要とする。帝国憲法については、勅命を奉じて、これが起草の任に当つた伊藤博文が逸早く憲法義解を公刊して、官界並に学界を裨益すること多大であつた。けれども、日本国憲法については、これに相当するものはない。これに相当するものは、即ち、帝国憲法改正草案の審議に当つた第九十回帝国議会における貴衆両院の本会議録および憲法改正特別委員会の議事速記録である。これはわが国におけるあらゆる憲法学説の集大成であるばかりでなく、政治、社会、経済、宗教、文化等諸般の諸思想の集約であり、結晶である。しかも、それは、幕末・維新以来、文明開化、民権自由の獲得を期して奮闘したわが朝野の先人の不撓不屈の努力によつてわが国諸般の文化科学の到達した最高水準の表徴でもあるわけである。のみならず、この議会においては、従来堅く禁止されてきた共産党も合法政党としてその代表を送り、完全なる言論自由の原則の下に、久しくタブーとされてきたわが国体や天皇制等に対しても、忌憚なき検討と批判とが加えられたのである。この意味において、第九十回帝国議会議事録は、ただに日本国憲法義解として、日本国民必読の文献であるばかりでなく、現代日本を研究しようとする諸外国の学者や識者にとつても、また最も重要な好個の文献であるというも過言ではない。しかも、この速記録は、談話体であり、問答体であるから、ただに読み易いばかりでなく、あたかも、プラトンの対話編を読むが如く、興味の津々として尽きないものがある。

ただ、憾むらくは、何分にもそれが尨大なものであつて、目次もなければ、索引等もなく、随時所要事項を検出するに極めて不便なことであつた。また、この速記録は極めて小範囲に頒布されたものであつて、一般大衆は容易にこれに接することを得ない不便があつた。両院の本会議録は官報号外附録として、官報の出る部数だけは出たわけであるが、委員会速記録に至つては、議員や政府委員等限られた小範囲に配布したに止るものであるから、一般大衆は、ほとんどこれに接するの機会を有しない。帝国憲法制定の際における「枢密院会議筆記」は、帝国憲法が欽定憲法である関係から、今日に至るまで厳秘に付され、久しく学界の恨事とされている。日本国憲法義解ともいうべき第九十回帝国議会の本会議および特別委員会議事録は「枢密院会議筆記」のように、その本質上極秘に付されているものではない。従つて、これを公刊して毫も差支ないものである。現に、日本国憲法制定直後、憲法普及会なるものが創設され、これが刊行を企画したのであつたが、ついにその実現を見るに至らなかつたのである。かくして、第九十回帝国議会議事録は、その本質上厳秘に付されているわけではなく、却つて、その普及が切実に要請されているにもかかわらず、その発行部数の関係からして、一般大衆が容易に繙読するの便宜を有しないという点においては、その本質上、厳秘に付されてきた「枢密院会議筆記」と殆んど異るところはないというも強ち過言ではない。これは、さきに指摘した日本国憲法の本質上、まことに遺憾なことでなければならない。況んや、今や待望の講和も将に成立して、祖国の自主独立を回復するに当り、われわれはここに改めて前回の過誤と惨禍とを回想し、将来再びこれを繰返すことなきを期しなければならない。これがためには、帝国憲法の改正、即ち日本国憲法制定の経緯と精神とを心肝に銘じて知悉して置かなければならない。これ即ち、本書の刊行を見ざるべからざる所以である。参議院事務局資料課においては、この時代の要請に応えんがため、本年四月以来、この議事速記録の合理的分類に着手し、拮据事に当り、ようやくその編纂を完了し、今回まず『戦争放棄編』の刊行を見るに至つた次第である。

本書の刊行に当り、帝国憲法改正について、補弼の重責に膺られた内閣総理大臣吉田茂氏をはじめ、憲法の改正に重要なる役割を演ぜられた朝野の各位及び、これが施行について重責を有せられる各位が、公務多端の折柄にもかかわらず、本書刊行の挙を賛して、有益なる序文若しくは題簽等をお寄せ頂いたことは、本書の価値と権威とを一段と重からしめるものであつて、まことに感佩の念に堪えない次第である。

若し夫れ、新日本法規出版株式会社社長河合善次郎氏をはじめ、同社重役諸氏および企劃部長北村光年氏が、昨今の困難なる出版事情の下にあつて、本書全十編の刊行を敢行するに至つたことは、戦後出版界空前の壮挙というべく、わが国文運の興隆に対する同社の熱意に対しては、ここに深く敬意を表せざることを得ない。

私は、本書がその本質上、日本国憲法義解ともいうべきものであり、伊藤公の憲法義解にも擬すべきものであるとの見地から、全国各市町村に少くとも一部づつは本書が普及し、もつて民主主義・平和主義・文化主義を基調とする日本国憲法の精神が徹底し、昂揚するに至らんことを祈念してやまない。本書の刊行は、もともと国家的事業であるが、一つには予算等の関係からして、いまだその実現を見るに至らなかつたものである。本来民間の企業会社たる同社がこの国家的出版を敢行するに至つたについては、これが企業としても、充分に収支相償うに至るように、江湖の絶大なる御支援と御高評とを賜わりたく、偏えに悃情してやまない次第である。

昭和二十六年十一月三日

解説

寺島　俊穂

本書の原本が公刊された一九五二年は、朝鮮戦争の真只中であり、再軍備の議論が出てくる一方、前年に結ばれたサンフランシスコ講和条約が発効し日本が主権を回復した年であった。冒頭の幣原喜重郎の「軍備全廃の決意」に付けられた「編者注」のなかに書かれているように、日本国憲法が「アメリカ製日本国憲法」だという見解(1)が皮相なものであることを示すことに編者の意図があったのだと思われる。朝鮮戦争を背景として自衛権・再軍備を肯定する言説が出てくる状況のなかで、帝国議会での審議過程の概要を広く一般国民に知らせ、共有したいという意図があったと思われる。

「まえがき」にも書いたように、改憲論のターゲットは、戦争放棄を規定した第九条にある。なぜ世界に例を見ない戦力不保持の憲法ができたかは、日本国憲法制定過程全体のなかで捉えなければならないが、帝国議会における審議過程に焦点を当てることによって立法者意思がどのように形成されたのか理解できるのではないだろうか。重要なのは、疑問や反対論との討論をとおして政府の見解が明らかにされていることである。そこで、日本国憲法制定過程の概要を示したうえで、戦争放棄の審議過程のなかから何を学ぶことができるか考えてみたい。

帝国憲法改正過程の概要

日本国憲法の制定は大日本帝国憲法（以下、帝国憲法と略記）の改正としてなされた。衆議院本会議が勅書の朗読から始まっているのは、帝国憲法の第七三条によって勅命によって議案を帝国議会の議に付さなければならないとされていたからである。しかし、日本国憲法が「新憲法」と呼ばれたように、国民主権、平和主義、基本的人権といった基本原理は、「不磨の大典」と言われた帝国憲法の内容を根底的に転換するものであったが、それはあくまで、帝国憲法に規定された帝国憲法改正の手続きを経てなされたことを想起しておく必要がある。

帝国憲法改正（日本国憲法制定）は、一九四五（昭和二〇）年一〇月にその動きが始まってから翌年の一九四六年一〇月に決定するまで約一年という短期間でなされた。四五年一〇月には幣原喜重郎内閣によって国務大臣の松本烝治を委員長とする憲法問題調査委員会が設置され、帝国憲法の調査研究・改正案作成が始まった。同じころ、民間や政党での憲法改正案の作成が始まり、一二月には憲法研究会のきわめて民主的な改正案が発表された。一九四六（昭和二一）年二月一日には「憲法問題調査委員会試案」が『毎日新聞』にスクープされ、これが旧態依然だったため、二月三日に、連合国軍最高司令官のダグラス・マッカーサーがGHQ民政局に日本国憲法草案の作成を命令し、同時に憲法草案の必須要件である三原則を示した「マッカーサー・ノート」を手渡した。民政局では「密室の九日間」と言われる二月四日から一二日のあいだでGHQ草案が作成された。その後、日本政府は民政局との協議を経て、三月二日にGHQ草案に基づいた「三月二日案」と言われる改正草案を作成し、三月六日には国民に向けて「憲法改正草案要綱」を発表した。四月一〇日に男女普通選挙による衆議院の総選挙が行なわれ、四月二二日から六月八日にかけて天皇の諮問機関である枢密院会議での審議を経たのち、帝国憲法改正案（以下、政府案と略記）が五月二二日に成立した第一次吉田内閣によって六月二〇日に衆議院に提出された。(2)

ここまでのプロセスで問題なのは、政府案がGHQ草案をもとに作成されたことが国民には公表されていなかったことである。国民のなかから憲法制定会議をつくって新しい憲法を制定すべきだという主張はなされていたし、実際に、政党や民間グループが憲法草案を発表していたので、占領軍も日本政府も民主化を急ぐ必要があったとはいえ、手続きをめぐる問題は、尾を引くことになった。

とはいえ、政府案がGHQとの協議のうえで作成されたという理解は広範に存在し、議会での修正も可能との前提のうえで審議に入ったのである。附録に収められた「総司令部民政局報告書」には、「草案が非常に民主的進歩的であることは、特に、きわめて保守的であるという定評のあつた内閣によって提出されたので、全く意外であつたようである。SCAP〔連合国軍最高司令官〕が関係したに違いないということは、一般に認められた。しかし、このような蓋然性が公然と論ぜられたにも拘らず、草案に反対する者は全くなかつた」と書かれている。もっとも、共産党や高野岩三郎は共和制の憲法案を作成していたし、政府案に対する反対集会も開かれていたので、「反対する者は全くなかつた」というのは事実とは言えないが、大多数の国民がこの草案を受け入れたことは明らかである。(3) 天皇制の存続が日本政府の最大の関心事であり、国民にとっては経済的問題のほうが切迫していたとしても、戦争放棄条項は多くの人びとに肯定的に受け止められた。

もちろん、占領期の日本はGHQによる間接統治下にあり、検閲が行なわれるなど言論活動には制約があった。また、ポツダム宣言受諾によって日本の非軍事化・民主化は既定路線であり、「日本国国民の自由に表明せる意思」によって帝国憲法改正も行なわなければならないという大前提があった。とはいえ、国民が敗戦の現実を受けとめ、戦争に対する反省をふまえて憲法改正を注視していたことが重要である。

審議過程の特色

審議過程の特色としてまずあげられるのは、帝国憲法改正の政府案は三読会制で審議されたことである。読会制とは、日本国憲法施行後の国会が委員会中心のアメリカの制度をモデルにしているのとは違って、イギリスを先例とする、本会議中心の議会制度である。三読会制とは、第一読会では議案の上程と趣旨説明が行なわれ、第二読会では逐条審議を行ない、第三読会では法案全体を改めて審議して、可否を決する制度である。読会（reading）が「法案を朗読すること」に由来することばであったように、三読会制とは、三段階の審議過程を経るとともに、法案や修正案をあらかじめ提出したうえで、慎重に審議しようとする制度である。

帝国憲法の改正は、本会議での逐条審議をふまえて、修正動議を審議するための特別委員会として帝国憲法改正案委員会を設置し、そこで修正案を審議・決定し、さらに本会議を開いて修正案についての可否を最終決定するという経過を経てなされた。[(4)] 条文の修正案は、両院に設けられた非公開の帝国憲法改正案委員小委員会（以下、小委員会と略記）で作成された。小委員会が非公開とされたのは、「各政党が忌憚なく意見を述べ合うため」と「憲法は表向き日本政府がつくったということで、ＧＨＱの関与は伏せられていた」ためだったとされる。[(5)]くに、衆議院の特別委員会は自由党の芦田均が委員長を務め、第九条の条文修正がなされたので、小委員会とでの審議内容も重要であるが、長いあいだ非公開であったため、[(6)] その審議録は原本のなかには入っていない。

次に、帝国議会は、二院制をとっており、衆議院と貴族院の双方がそれぞれの特色を生かしていたことが注目される。つまり、衆議院では、各政党の立場を代表して質疑がなされ、思想的立場による対立が顕著に見られるのに対し、貴族院では、会派には属していたが、それぞれ独自の議論を行ない、政府との論戦のなかで論点が深まっている様子がわかる。とくに戦後、公職追放された議員の補充として貴族院の勅撰議員となった憲法学者の佐々木惣一や政治学者の南原繁らは、学界の権威者でもあり、論理的に緻密で、視野の広い議論を「真理への烈しい意欲」をもって展開しているのが、衆議院には見られない特色である。[(7)] 議員が個人として自由に質疑を交わすという議会本来の機能は、貴族院のほうでよりよく発揮されていたのである。

軍備全廃の決意

日本が敗戦によって連合国軍の占領下にあったという点に留意する必要はあるが、戦争放棄がたんに日本が無謀な戦争を起こしたことに対する反省としてだけでなく、世界に向けての理想の宣言として語られていることが印象的である。

一九四六（昭和二一）年六月二一日の衆議院本会議で社会党の片山哲が述べているように、「酸鼻を極めた第二次世界戦争」の結果、「今度こそは戦争の徹底的な根絶を図らなければならない、世界恒久平和の確立を致さなければならない」という思いをもち、戦争放棄を戦争の根絶という平和の理念につなげていた議員が多かったことが窺える。また、松本學が一〇月六日の貴族院本会議で述べたように、戦争放棄条項は世界各国に向かっての「堂々たる平和宣言」であった。

「徹底した平和主義」の宣言とみなされた戦争放棄条項の制定のそもそものきっかけは、幣原喜重郎が一月二四日に連合国軍総司令官のマッカーサーと会談したさいに戦争放棄・軍備全廃を提言したことにあったとされる。幣原とマッカーサーは、戦争をなくすには、日本が率先して戦争を放棄し、世界の先頭に立って歴史を動かしていかねばならないという点で合意し、それをマッカーサーが憲法草案作成の基本原理の一つとして取り入れた経緯があるように、理想主義的情熱が戦争放棄条項の根底にあったことは確かである。

そのさい重要なのは、幣原のいう「軍備全廃の決意」がどの程度、議員たちのあいだで共有されていたかということである。もとより、憲法第九条の眼目は、戦力不保持・交戦権否認を規定した第二項にあり、この点が画期的だと認識されていた。軍備全廃の思想は、何も幣原だけに限定されず、近代日本の平和思想のなかでも確固として存在し、植木枝盛、内村鑑三、田中正造のような、徹底した民主主義者・平和主義者の流れと、社会民主党の一九〇一（明治三四）年の綱領に明記された軍備全廃の主張や『平民新聞』創刊号（一九〇三年一一月一五日）の「軍備を撤去」し「戦争を禁絶」する宣言などの社会運動の流れに辿ることができる[8]し、民間グループである憲法懇談会の改正案作成の過程で「軍備全廃」が入れられたこともある。[9] このように、戦争放棄を受け入れる素地は脈々と流れていたが、審議録から窺えるのは、議員たちのあいだでは危急の際には武力を保持できるのでないかという疑念が湧いていたことである。

自衛権をめぐる論争

戦争放棄に関する審議の中心になったのは、自衛権の問題である。枢密院での帝国憲法改正案審査会でも戦争放棄について自衛権はないようにとれることが問題にされた[10]が、衆議院では、侵略戦争を否定するのは当然だとしても、自衛のため、自国防衛のための戦争も否定するのかという議論が交わされた。自由党の北昤吉が六月二五日の衆議院本会議で自衛権は「国家の基本的権利」として否定できるものではないと述べているように、自衛権までも否定することはできないのではないかという感覚はかなりの議員たちに共有されていたようである。

自衛権をめぐる論争は、六月二八日の衆議院本会議における共産党の野坂参三と吉田茂首相のあいだで交わされた論戦で吉田首相から自衛戦争否定の言質を引き出すことになった。野坂は、戦争には正しい戦争と不正な戦争という二種類があり、不正な戦争、すなわち侵略戦争は否定すべきだが、正しい戦争、すなわち自衛戦争は否定すべきではないのでないかと問いただしたのに対し、吉田は国家正当防衛権による戦争を認めることは有害だと反論している。なぜなら、近年の戦争は自衛の名のもとで行なわれてきたので、自衛権に依拠して戦争を認めると、かえって戦争を誘発することになるという論理である。吉田のこのような論理はその後、影を潜めることになるが、戦争放棄条項の理解をとおして戦争否定を突き詰めて考える姿勢がこのときにはあったのである。

自衛権についての政府の立場は、第一項では自衛権による戦争を否定していないが、第二項において、陸海空軍その他戦力を保持せず、交戦権を否定しているのだから、自衛権は発動できず（自衛のためでも武力行使はできず）、したがって、自衛戦争はできないという論理であった。憲法担当国務大臣の金森徳次郎が七月九日の衆議院帝国憲法改正案委員会で述べているように、戦争放棄は、日本が捨身になって「世界の平和的秩序を実現する」ことを目指して土台石を作っていこうとする一大決心の表明であり、国連の理念と背反するものではないとされた。

衆議院の憲法改正案特別委員会における審議によって第九条に関して、文言の修正とともに、①第一項の冒頭に「日本国民は、正義と秩序を基調とする国際平和を誠実に希求し、」を加え、②第二項の冒頭に「前項の目的を達するため、」を挿入するという二つの重要な修正がなされた。②は、修正案を協議した小委員会の委員長の名前をとって「芦田修正」と呼ばれ、自衛のための戦力であればもつことができるようにする意図が込められていたという言説がのちに流布されることになるが、審議録を読む限り、①の第一項の修正のほうが重視されていたことがわかる。また、芦田が自衛権否定には疑念をもっていたことは窺えるが、少なくとも②の第二項の修正については、小委員会での議論でもそのような意図は確認できない[11]。芦田自身、八月二四日の衆議院本会議での委員会報告のなかで追加修正の理由は「人類の和協、世界平和の念願に出発する趣旨」を明らかにすることにあったと述べているように、①は人類的理念の表明のためであり、②はそれを補強して戦力不保持の意図を明確化するためであったと理解できる。要するに、立法者たちは「正義と秩序を基調とする国際秩序」の創設のために何ができるかを真剣に考えていたのである。

恒久平和への道

「軍備全廃の決意」が目指していたのは、恒久平和の実現である。原爆の惨禍が色濃く残るなかで、たんに日本が戦争をしないということではなく、幣原が文明と戦争を対置しているように、世界から戦争をなくしていくことが目標とされたのである。しかし、戦争の廃絶は一国で実現できるものではないから、日本が他国に先駆けて戦争放棄の決意を表明し、戦争の廃絶に向けて平和愛好国の先頭に立って進んでいく必要があるということである。つまり、戦争放棄は、戦争廃絶の前提となるということである。とはいえ、戦争放棄と危急の場合の安全確保は両立するのだろうか。審議録のなかでは、武力なき日本の安全保障の方策として、次の二つの方向が示唆されている。

一つの方向として示唆されているのは、「武力なき防衛」の可能性である。自衛戦争に代わる防衛手段についての政策論が詰められていたわけではないが、侵略があった場合にどのように対処するかという防衛論議もなされていた。九月一三日の貴族院帝国憲法改正案特別委員会で高柳賢三が、日本が軍備と交戦権を放棄したので、他国からの侵略にどう対処するのかについて、ガンディーの「無抵抗主義」に依って立ち、一時的に侵略されても「世界の正義公平」に信頼して是正していく、「武力に対して武を以て抗争する」ことはしない、ということなのかと問いただしたのに対し、金森国務大臣は「武力以外の方法」によって「或程度防衛して損害の限度を少なくするという余地は残っていると思うという旨の答弁をしている。この議論の応酬のなかで注目すべきなのは、「無抵抗主義」という和製用語によってだが、武力以外の抵抗、すなわち、非暴力抵抗の可能性は残されていると認識されていたことである。このような「武力なき防衛」の可能性について、その後、政府レベルで検討されることはなかったが、少なくとも戦争放棄に適合する防衛手段について言及されていたことは、記憶にとどめておくべきであろう。

もう一つの方向として示唆されているのが、集団安全保障体制による安全確保である。吉田が六月二八日の衆議院本会議で「交戦権抛棄に関する草案の条項の期する所は、国際平和団体の樹立にある」と述べていることに明らかなように、前年の一九四五年一〇月に設立された国際連合(国連)による集団的安全保障への期待も表明されている。もっとも、日本はまだ国連に加盟していなかったわけだから、九月一三日の貴族院帝国憲法改正案特別委員会で当時は国務大臣だった幣原は、国連に加盟するさいには、第九条の適用を優先し、国連憲章によって認められた自衛権行使および制裁戦争への参加を留保しなければならず、それでもよければ国連の趣旨目的には「共鳴する所」が少なくないとしているように、幣原の場合、あくまで憲法第九条の規定を優位に立てていたが、吉田には国連に日本の保護を委ねるという願望があり、それは、冷戦下でアメリカに日本の安全保障を依存する方向につながっていくことになった。政府のなかでもこのように微妙な違いが生じているのは、戦争放棄に対する理解の違いに由来するものであり、幣原がその理念を最もよく体得していたと言える。

審議過程のなかでは、国連への期待が表明されているだけでなく、世界連邦創設の必要性も示唆されている。原子爆弾が発明され、使用されるという時代変化のなかで、人類の生存に対する危機が語られるとともに、戦力保持の無意味性も指摘されている。南原繁は、八月二七日の貴族院本会議で、たんに戦争を放棄するだけでなく各国が協力して「世界人類共同体」を形成していくなかで正義に基づいた平和実現が可能になるという議論を展開している。現代的に言えば、このような議論は、民衆の国境を越えた交流によって開かれた世界、公正な地球社会をつくり、戦争や紛争を予防し抑制していくという平和構築の構想につながっている。

審議過程から学ぶべきこと

帝国憲法改正の審議過程から私たちは何を学ぶべきなのか。帝国議会での審議の過程で、第九条は、日本が戦争に対する深い反省のうえで平和国家として再出発しようとする意思を明確化する表現に変えられていったように、議員たちは、世界のなかで日本の果たすべき役割を意識して議論を交わし、人類史のなかで戦争放棄条項がもつ意義を明確化しようとしていたのである。

審議過程でとくに印象的なのは、率直に意見が交わされ、少数の反対票も出たうえで、大多数の議員が合意して政府案が可決されたプロセスである。枢密院の本会議では美濃部達吉がたった一人でも反対したが(12)、貴族院においては佐々木惣一が堂々と反対意見を表明している。自由に討議し、一人でも反対するという文化が議会のなかに存在したのである。一方、質問者は納得する回答が得られたら、自分の主張を撤回したり、政府側も真摯に質問に答えたりする姿勢も顕著に見られた。各議員の主張の是非は別にして、それぞれの議員が個人として意見を表明し、討論のなかで修正を重ね、よりよい憲法をつくろうとしていた、その姿勢と情熱こそ見習うべきである。

一国では戦争をなくすことはできないという南原や佐々木の認識は、日本が率先して「全世界中最も徹底的な平和運動の先頭」に立って文明を進展させていくべきだという幣原の答弁と重なっていった。戦争放棄は、戦争廃絶へと進むべき人類の歩みの一里塚であり、日本が「戦争のない世界」をつくるために積極的な役割を担うべきだということが自覚されていったのである。したがって、もしかりに今後、憲法改正を行なうとしても、人類の歴史を前進させる方向でなさねばならないということになる。

改憲論議に入る前に、帝国憲法改正に携わった議員たちがどのような意思や信念をもって戦争放棄条項の制定に当たったかを理解しておくことは不可欠なことだと思われる。もちろん、憲法を立法者意思どおりに解釈しなければならないとか、憲法学におけるその後の議論の積み重ねを無視してよいということにはならないが、どのような議論を経て戦争放棄条項が成立したのかを知っておくことは、改憲論議の前提に据えられねばならない。

【注】

(1) 占領当時、日本に滞在したジャーナリストのマーク・ゲインは、新憲法はＧＨＱ原案がもとになっており、日本国民大衆から自然に発生したものでない、という意味で「アメリカ製日本憲法」という表現を使っている（マーク・ゲイン『ニッポン日記』〔上〕井本威夫訳（筑摩書房、一九五一年）一一四―一一五頁参照）。

(2) 日本国憲法の制定過程については、高柳賢三ほか編著『日本国憲法制定の過程――連合国総司令部側の記録によるⅠ・Ⅱ』（有斐閣、一九七二年）参照。

(3) 芦部信喜ほか編著『日本国憲法制定資料全集（４）-Ⅰ――憲法草案・要綱等に関する世論調査』〔日本立法資料全集74-1〕（信山社出版、二〇〇八年）参照。

(4) 議事録や関連資料の多くはすでに公刊され、国会図書館では、帝国議会の審議録のデジタルデータを公開しており、インターネットをとおして読むことができる（「帝国議会会議録検索システム」：http://teikokugikai-i.ndl.go.jp/（二〇一七年九月一〇日アクセス）参照）。

(5) 小委員会の速記録が非公開にされた理由については、当時、内閣法制局参事官として小委員会に出席した佐藤功へのインタビュー記事（『朝日新聞』一九九五年九月三〇日朝刊）参照。

(6) 速記録は、衆議院事務局編『第九十回帝国議会衆議院帝国憲法改正案委員小委員会速記録』（衆栄会、一九九五年）として公刊されている。

(7) 佐藤功『憲法改正の経過』（日本評論社、一九四七年）二一五―二一八頁参照。

(8) 田畑忍編『近現代日本の平和思想』（ミネルヴァ書房、一九九三年）、丸山眞男「憲法第九条をめぐる若干の考察」（一九六五年）、『丸山眞男集　第九巻　一九六一―一九六八』（岩波書店、一九九六年）所収、二七〇頁参照。

(9) 憲法懇談会の草案は、憲法学者の稲田正次と弁護士の海野普吉が作成したものだが、作成過程で海野は第五条に「日本国ハ軍備ヲ持タサル文化国家トス」を入れるように提案したが、稲田の意見で削除された経緯がある（古関彰一『新憲法の誕生』（中公文庫）（中央公論社、一九九五年）七六―七八頁参照）。

(10) 枢密院会議では、政府案が検討に付され、文言の修正がなされた。四月二四日に開かれた憲法改正草案枢密院審査委員会で、戦争放棄についての疑義に対して、国務大臣の松本蒸治は「第一項は戦争を仕掛ける方の抛棄なり、この外第二項があるが、これは外国から戦争を仕掛けられたとき、立ち上らぬと云ふことではない。この場合反抗することは当然なり。只軍備をもたぬ、その結果として交戦権ももたぬと云ふ丈なり。それなら自衛権ありと書いたらどうかと云ふと、これは又自衛権の名に隠れて戦争することになる虞があるから賛成出来ない」と答えている（芦部信喜ほか編著『日本国憲法制定資料全集（５）――草案の口語体化、枢密院審査、ＧＨＱとの交渉〔日本立法資料全集75〕（信山社出版、二〇〇九年）一五九頁）。

(11)『第九十回帝国議会衆議院帝国憲法改正案委員小委員会速記録』八五―九一頁参照。

(12)一九四六年六月八日に開かれた枢密院本会議で政府案は可決されたが、そのさい崇仁（たかひと）親王は「新憲法については、大体賛成であるが、いかにも改正憲法は印象が薄く、内容、文章ともに、日本人自身のものとして受取りにくい。又憲法と典範とは密接不可であるべきだが、別々に制定されると謂ふ点が満足し難い。これを解決するには、本議会では、帝国憲法第七十三条の改正の事項だけを改め、次の議会で憲法を作ればよいと思ふ。又さうする方が全国民を納得させるものであると思ふ」という理由で棄権する意思を明らかにして退席し、顧問官の美濃部達吉は、採決に際し「起立せず」、反対の意思表示をした（村川一郎編著『帝国憲法改正案議事録――枢密院帝国憲法改正案審査委員会議事録』（国書刊行会、一九八六年）一九一頁参照）。

人名索引

1. 配列は50音順に依る。但し、議員、国務大臣、学者、わが国歴史上の人物、外国人名の順序とする。
2. （貴）は貴族院議員、（衆）は衆議院議員を表わす。
3. （議長）（副議長）はそれぞれ貴族院、衆議院の議長、副議長を表わす。
4. （委員長）はそれぞれ貴族院、衆議院の帝国憲法改正案委員会の委員長を表わす。

戦争放棄の論理構造（事項別索引）

〈編者略歴〉
寺島　俊穂（てらじま　としお）
1950年　東京に生まれる
現　在　関西大学法学部教授

〈主な著書〉
『戦争をなくすための平和学』（法律文化社、2015年）
『現代政治とシティズンシップ』（晃洋書房、2013年）
『ハンナ・アレントの政治理論 ― 人間的な政治を求めて』（ミネルヴァ書房、2006年）
『市民的不服従』（風行社、2004年）
『政治哲学の復権 ― アレントからロールズまで』（ミネルヴァ書房、1998年）　ほか

『復刻版　戦争放棄編』

参議院事務局編「帝国憲法改正審議録　戦争放棄編」抜粋（1952年）

2017年　11月　9日　　第1版第1刷発行

編　者　寺　島　俊　穂

発行者　高　橋　考

発行所　三　和　書　籍

〒112-0013　東京都文京区音羽2-2-2
TEL 03-5395-4630　FAX 03-5395-4632
info@sanwa-co.com
http://www.sanwa-co.com/
印刷／製本　中央精版印刷株式会社

ISBN978-4-86251-284-0　C3032